Sybille Breilmann, Cordula Grunow,
Michael Schopen (Hrsg.)

Computer, Internet & Co.
im Deutsch-Unterricht
ab Klasse 5

Neue Medien
im Fachunterricht

Sybille Breilmann
Cordula Grunow
Michael Schopen (Hrsg.)

Computer, Internet & Co.
im Deutsch-Unterricht
ab Klasse 5

Die in diesem Werk angegebenen Internetadressen haben wir überprüft (Redaktionsschluss Januar 2003). Dennoch können wir nicht ausschließen, dass unter einer solchen Adresse inzwischen ein ganz anderer Inhalt angeboten wird. Deshalb empfehlen wir Ihnen dringend, die Adressen vor der Nutzung im Unterricht selbst noch einmal zu überprüfen.

 http://www.cornelsen.de

Gedruckt auf chlorfrei gebleichtem Papier
ohne Dioxinbelastung der Gewässer

Bibliografische Information
Die Deutsche Bibliothek verzeichnet diese Publikation in der Deutschen Nationalbibliografie; detaillierte bibliografische Daten sind im Internet über http://dnb.ddb.de abrufbar.

Dieses Werk berücksichtigt die Regeln der reformierten Rechtschreibung und Zeichensetzung.

5. 4. 3. 2. 1.   Die letzten Ziffern bezeichnen
07 06 05 04 03   Zahl und Jahr der Auflage.

© 2003 Cornelsen Verlag Scriptor GmbH & Co. KG, Berlin
Das Werk und seine Teile sind urheberrechtlich geschützt. Jede Verwertung in anderen als den gesetzlich zugelassenen Fällen bedarf deshalb der vorherigen schriftlichen Einwilligung des Verlags.
Redaktion: Gabriele Teubner-Nicolai
Herstellung: Julia Walch, Bad Soden
Umschlagentwurf: Dagmar und Torsten Lemme, Berlin
Druck und Bindung: Clausen & Bosse, Leck
Printed in Germany
ISBN 3-589-21654-9
Bestellnummer 216549

Inhalt

Vorwort 7

Schwerpunkt Klassen 5 bis 7   9

Recherchieren mit Suchdiensten *Ute Fenske*   9
Lernen am Computer – eine Übungssoftware als Beispiel
    Cordula Grunow, Gerd Scheimann   15
Lilipuz? Klaro! - Nachrichten für Kinder *Matthias Holthaus*   29
Hexen erobern das Internet *Petra Wamelink*   40
Winterpoesie – Lyrik am PC Rainer Erhardt   47

Schwerpunkt Klassen 7 bis 10   55

Recherchieren mit Suchdiensten – in zwei Stufen *Ute Fenske*   55
„Wie viele Folien darf ich machen?" – Einsatz von PowerPoint
    Christian Holzmann   63
Deutschunterricht mit dem Laptop – zwei Beispiele
    Dietmar Schade   73
Kreatives Schreiben interaktiv *Gerd Brenner*   82
Kooperatives Schreiben im Internet *Andreas Borrmann*   92
Von der Kurzgeschichte zum Fotoroman *Petra Wamelink*   101
Theodor Storms „Schimmelreiter" digital *Rainer Erhardt*   109
Ein Webseitenprojekt zu Schillers „Kabale und Liebe" *Jan Diehm*   115
Präsentation einer Webseite zum Thema „Werbeanalyse"
    Jan Diehm   120
Multimediales Informationssystem zu Einstellungs- und Bewerbungs-
    verfahren *Günter Sämmer*   129
Textrevision per E-Mail *Gerd Brenner*   140
Einüben von Arbeitstechniken – ein Projekt zum Thema Gewalt
    Pierre Hornick, Charles Meder   148

Schwerpunkt Klassen 10 bis 13   163
Virtuelle Lernumgebung zur Berufsfindung *Michael Schopen*   163
Zeitungen in der Hand und auf dem Schirm *Sybille Breilmann*   173
Ein Mensch denkt nach ... Zum „Reichston" von Walther von der
  Vogelweide *Inge Blatt*   180
Internetliteratur – Literatur im Internet *Nino Moritz*   192
Sprachwandel – *Chat*-Kommunikation *Marco García García,
  Andreas Martin Schneider*   202

Sonstiges   212
Internetrallyes durchführen und erstellen *Ute Fenske*   212
Computerspiele beschreiben und bewerten *Ute Fenske*   215
Tipps und Tricks *Ute Fenske*   217

Die Autorinnen und Autoren   227
Register   228

Vorwort

Sollen nun sogar im Deutschunterricht die neuen Medien das Buch verdrängen? Keineswegs! Der vorliegende Band will aufzeigen, dass die neuen Medien bisher relevante Lernbereiche und Inhalte des Deutschunterrichts – wie beispielsweise Recherche, Textrezeption wie Textproduktion und -präsentation, Reflexion über Sprache und Kommunikation – sinnvoll ergänzen bzw. erweitern können. Ein medienintegrativer Deutschunterricht eröffnet zahlreiche neue Lern- und Kommunikationsmöglichkeiten: Schülerinnen und Schüler recherchieren nicht mehr allein in der Bibliothek, sondern nutzen auch kompetent das Internet. Sie verfassen und überarbeiten Texte am Computer, sie lesen und bewerten Webseiten, mit Lernsoftware können sie individualisiert und selbstständig üben, Arbeitsergebnisse werden multimedial präsentiert und besonders die neuen Kommunikationsformen wie Chat und SMS bieten Anlässe zur Sprachreflexion.

Die Unterrichtsideen dieses Bandes sind methodisch vielfältig realisiert und lassen einen Transfer auf andere Unterrichtsgegenstände zu. Eine Vielzahl der dargestellten Projekte bietet darüber hinaus Ansätze für fächerübergreifendes Arbeiten.

Das Fach Deutsch gilt häufig als eines der Kernfächer, in dem die Medienkompetenz der Schülerinnen und Schüler entwickelt werden soll. Die Fachschaften Deutsch sind dazu aufgerufen, entsprechende Konzepte zu entwickeln. Unsere Beiträge können hierfür als Anregung verstanden werden, da sie in einer strukturierten Abfolge zum eigenverantwortlichen Lernen und Arbeiten mit digitalen Medien anleiten.

Zum Abschluss ist es uns wichtig festzustellen, dass die Unterrichtsideen auch in technisch abgespeckter Form realisiert werden können. Nicht immer muss die gesamte Lerngruppe im Computerraum arbeiten, nicht jede Präsentation über PowerPoint erfolgen und Bildschirmausdrucke

(Screenshots) bieten durchaus zusätzliche interessante Unterrichtsmaterialien.

Deutschlehrerinnen und Deutschlehrern mit unterschiedlichen Erfahrungen im Bereich der neuen Medien soll dieser Band als praktische Einstiegshilfe bzw. anregende Ideenbörse für den eigenen Unterricht dienen.

Noch ein Wort zur Sprache: Wir wollten die „political correctness" nicht überstrapazieren und Wortungetüme schreiben. Deshalb haben wir auf SchülerINNEN, SchülerInnen ebenso verzichtet wie auf Deutschlehrer und Deutschlehrerinnen. Wir schreiben von Schülern, Schülerinnen, Lehrern, Lehrerinnen und Lehrkräften. Gemeint sind immer beide Geschlechter.

Sybille Breilmann
Cordula Grunow
Michael Schopen

Schwerpunkt Klassen 5 bis 7

Ute Fenske

Recherchieren mit Suchdiensten

Themenbereich: Internetrecherche, erste Einführung in den Umgang mit Suchmaschinen für Kinder
Klasse: 5, 6
Stundenzahl: jeweils 3–4 Stunden (mit einer Einführungsstunde in Grundbegriffe und Grundfertigkeiten im Umgang mit dem Internet)
Voraussetzungen: erste Erfahrungen mit PC, Tastatur, Maus, Textbearbeitungsprogrammen, vorzugsweise Word
Technische Ausstattung: Internetzugang
Ziele: Einführung in den Umgang mit Suchmaschinen für Kinder

Die Nutzung des Internets als Recherchemedium ist für den Unterricht von großem Vorteil. Wenn Rechner mit Internetanschluss zur Verfügung stehen, können die Schülerinnen und Schüler bei auftauchenden Fragen unmittelbar selbst die Suche aufnehmen, die Suche in Bibliotheken oder anderen Institutionen wird ergänzt. Es ist möglich, schnell eine lohnende Antwort zu finden, die sofort für den Unterricht genutzt werden kann. Voraussetzung ist allerdings, dass die Schüler schon frühzeitig daran gewöhnt werden, gezielt zu recherchieren und ihre Rechercheergebnisse zu notieren oder zu speichern. Ein Problem bei freien Internetrecherchen stellt die Fülle von angebotenem Material dar. Für Schülerinnen und Schüler ist es sehr schwierig, gezielt Internetadressen auszuwählen und die Qualität und den Informationsgehalt von Internetseiten zu bewerten. Das im Netz angebotene Material ist – mit wenigen Ausnahmen – natürlich nicht speziell für Kinder oder Jugendliche gemacht und in keiner Weise didaktisch aufbereitet, wie es sonst bei Unterrichtsmaterial der Fall ist.

Da die gezielte Recherche im Internet selbst unter Anwendung der verschiedenen Hilfsmittel wie Suchmaschinen und Kataloge nicht einfach ist, sollten die Schüler schrittweise in das Verfahren eingeführt werden. Wenn man davon ausgeht, dass im Deutschunterricht nur wenig Zeit für das Einüben zur Verfügung stehen wird, ist folgendes progressives Vorgehen denkbar:

In der Jahrgangsstufe 5/6 sollten die Internetrecherchen von der Lehrperson unbedingt gut vorbereitet werden. Die Schülerinnen sollen hier das Gefühl bekommen, dass sich eine gezielte Suche im Netz auch lohnt und kein Frust entsteht, weil keine erfolgreichen Suchergebnisse zu bekommen sind. Die Nutzung spezieller Suchmaschinen für Kinder und Jugendliche ist dabei hilfreich.

In der Jahrgangsstufe 7/8 können die Schüler schon selbstständiger recherchieren. Suchdienste für Erwachsene können eingesetzt werden, wobei die Lehrkraft immer noch die Recherchen vorbereiten sollte. Erste Übungen zu der Suche mit mehreren Begriffen sind sinnvoll. Die Schüler sollten in diesen Jahrgangsstufen auch die Suchmaschinen miteinander vergleichen.

In der 9./10. Klasse recherchieren geübte Schülerinnen selbstständig, wenden Suchstrategien an (z. B. unter Beachtung der Boole'schen Operatoren), protokollieren ihre Ergebnisse, vergleichen ihre Suchergebnisse mit denen anderer und bewerten schließlich die Suchstrategien.

Im Deutschunterricht gibt es zahlreiche Anknüpfungspunkte für lohnende Suchübungen im Internet: zu in Jugendbüchern angesprochenen Themen, nach Informationen zu Sachthemen, zu im Unterricht behandelten aktuellen Themen, Suche nach zusätzlichen Texten (z.B. Märchentexte).

Suche nach Buchtipps, Rezensionen, Informationen über Autoren

Einen Einstieg in den Umgang mit Suchmaschinen kann man sinnvoll an das Unterrichtsvorhaben „Bücher, Bibliothek" anknüpfen. Für das Suchen nach neuen Büchern, Rezensionen oder Beispielen für Buchvorstellungen ist das Internet durchaus geeignet. In der ersten Stunde führt man in die Grundbegriffe für den Umgang mit dem Internet ein. Den Schülerinnen und Schülern wird gezeigt, wie man überhaupt ins Internet kommt und wie man Seiten im Netz aufrufen kann. Die ersten Fachbegriffe werden eingeführt (Server, Browser, Web-Adresse) – evtl. mit einem vorbereiteten Arbeitsblatt. (Bereits fertige Arbeitsblätter mit entsprechendem Lösungsblatt finden sich in: Rund ums Internet. Kopiervorlagen für den

Recherchieren mit Suchdiensten

Deutschunterricht. Erarbeitet von Ute Fenske. Berlin, Cornelsen 2002). Man sollte diese ersten Schritte nicht auslassen, damit auch diejenigen die Scheu vor dem Computer verlieren, die selbst keinen PC besitzen oder noch nicht geübt sind. Die erfahreneren Nutzer können herangezogen werden, um den Mitschülern die Vorgänge zu erklären und zu helfen. Die ersten Versuche, im Internet nach Informationen zu suchen, sollten von der Lehrperson vorbereitet sein. Dazu stellt man am besten auf einem Arbeitsblatt einige Fragen zusammen, die mit Hilfe von angegebenen Internetseiten beantwortet werden können. Dabei ist darauf zu achten, dass die Anzahl der Fragen überschaubar ist und die vorgegebenen Fragen eindeutig zu beantworten sind. Die Fachbegriffe sollten von den Schülern richtig verwendet werden. In der zweiten Stunde werden dann erste angeleitete Recherchen zum Unterrichtsvorhaben, z. B. Bücher vorstellen oder nach Buchtiteln zu einem bestimmten Thema suchen, durchgeführt. Hier bieten fast alle gängigen Suchmaschinen für Kinder Anregungen. Bei der Suchmaschine *Die Blinde Kuh (http://www.blinde-kuh.de)* kann man eine freie Suche mit Eingabe von Stichwörtern durchführen, aber auch im Webkatalog suchen. Für die ersten Rechercheversuche im Internet bietet sich das Arbeiten mit dem Webkatalog an. Hier findet man bei *Die Blinde Kuh* unter der Rubrik *Medien* das Stichwort *Bücher* sowie Buchtipps (z. B. am 21. 1. 2002: Bücher zu Fernsehserien). Bei *WDR 5 online* gibt es eine Art Suchmaschine mit Lesetipps aus dem Programm Lilipuz *(http://www.wdr5.de/lilipuz/Lesepuz/index.html)*. Unter verschiedenen Kategorien wie Bilder und Märchenbücher, Krimis, Neue Bücher erhält man Lesetipps mit kurzen Rezensionen. Auch die Suchmaschine *Trampeltier (http://www.trampeltier.de/kidsearch)* hat eine Kategorie *Bücher*. Haben die Schülerinnen und Schüler die Suche mit dem Webkatalog geübt, können sie die freie Suche ausprobieren. Gibt man z. B. bei *Die Blinde Kuh* bekannte Buchtitel oder Autorennamen ein, bekommt man entsprechende Hinweise auf Internetseiten zu diesen Büchern oder Autoren/Autorinnen, z. B. Erich Kästner, Astrid Lindgren, Harry Potter.

Informationen zu einem Jugendbuch suchen

Für die 5. oder 6. Klasse steht der erste Umgang mit einem Jugendbuch auf dem Lehrplan. Hier lassen sich Rechercheübungen mit dem Internet anknüpfen – im Folgenden z. B. Informationen zum Thema „Robben". Dies kann im Zusammenhang mit Jugendbüchern erfolgen, in denen Robben vorkommen, oder dafür genutzt werden, um Sachtexte zu lesen und zu verstehen. Die Schüler können auch Material suchen, um eigene Texte zu verfassen, z. B. im Rahmen eines Projektes über die Arktis. Die Einheit ist so angelegt, dass sie leicht durch andere Tierarten bzw. andere Themen verändert werden kann.

Erfahrungsgemäß ergeben sich eine ganze Reihe von Fragen bei einem Text, in denen Robben im Zentrum stehen. Jeder Lehrer, jede Lehrerin kennt die Situation, dass der Wissensdurst kaum zu befriedigen ist und man Mühe hat, genügend Medien herbeizuschaffen, damit alle Fragen geklärt werden können. Hier bietet das Internet ausgesprochen informative Seiten, zum Teil sogar speziell für Kinder. Die Einführung in die Internetrecherche erfolgt spielerisch und ergibt sich aus den Fragestellungen des Unterrichts heraus. Wenn die Schülerinnen und Schüler z. B. das Jugendbuch von *Dieuwke Winsemius: Das Findelkind vom Watt* (dtv-junior) lesen, tauchen erfahrungsgemäß viele Fragen über Robben und ihre Lebensumgebung auf z. B. Wie sehen Robben aus? Welche Robbenarten gibt es? Wie und wo leben Robben? Was ist überhaupt ein Heuler? Was macht man, wenn man einen Heuler findet?

Neben der Materialsuche in Bibliotheken kann bereits das Internet genutzt werden. Auf ein oder zwei vorgegebenen Internetadressen kann gezielt nach Informationen zur Beantwortung der Fragen gesucht werden. In der nächsten Unterrichtsstunde erklärt die Lehrerin den Umgang mit Suchmaschinen für Kinder. Viele dieser Suchmaschinen erlauben die freie Suche mit Eingabe eines Stichworts oder auch die Suche nach einem Webkatalog. Sucht man im Katalog, muss man den Schülern zunächst erläutern, dass sie hier ähnlich wie bei einem Schlagwortkatalog in der Bibliothek zuerst nach einem Oberbegriff suchen müssen, unter dem das gesuchte Stichwort untergeordnet sein kann.

Am Beispiel der Suchmaschine *Blinde Kuh* werden im Folgenden Möglichkeiten aufgezeigt: Im Eingabefeld wird das Stichwort „Robben" eingegeben. Man erhält 4 Treffer. Man sollte darauf hinweisen, dass diese Suchergebnisse Links zu Internetseiten enthalten, die das gesuchte Thema behandeln. Die Schüler sollten an dieser Stelle der Unterrichtseinheit darauf aufmerksam gemacht werden, dass es oft sehr zeitraubend (und eventuell auch kostspielig) sein kann, wenn man tatsächlich alle Suchergebnisse anklickt. Man muss daher auf die kurzen Hinweise zu den Suchergebnissen verweisen.

So kann manches Suchergebnis von vornherein als unbrauchbar ausge-

Recherchieren mit Suchdiensten

schlossen werden. Wenn z. B. ein Schüler etwas über das Aussehen von Robben erfahren will, ist sicher das Suchergebnis 3 „Eskimo-Seite der Traisaer Schule in Darmstadt" weniger sinnvoll. Für Recherchen zur Lebensumgebung von Robben ist das Suchergebnis 4 „Antarktis online" ein Volltreffer. Man kann die Schüler dazu anhalten, die Suchergebnisse zu bewerten und dafür ein Schema entwickeln:

Suchergebnisse bei http://www.blinde-kuh.de am 21.1.2002

Such-ergebnis	Internetadresse	Bewertung	Ausprobiert
1	www.zoo-am-meer-bremerhaven.de	Zoo am Meer Bremerhaven	keine Bilder, wenig Infos, nur über den Zoo
2	www.groenland-durchquerung.de	Grönlanddurch-querung, Expedition, verbunden mit Grundschulprojekt (Erdkunde)	Infos über Grönland, wenig über Robben
3	www.darmstadt.gmd.de/schulen/TRAISAERSCHULE/Robben.htm	Eskimo-Seite einer Grundschule	eine Seite von Schülern über Robben
4	www.antarktis.here.de	Antarktis online: Seite über Polar-forschung, (Erdkunde)	Unter „Flora und Fauna" Informationen über Robben

Weiteres Beispiel: Die Schüler lesen ein Buch, das von Indianern handelt (z. B. Scott O'Dell: Insel der blauen Delphine. dtv junior 7257). Mit der Suchmaschine *Blinde Kuh* findet man bei der freien Suche 27 Treffer. Man kann aber auch den Webkatalog des Suchdienstes nutzen. Hier erhält man unter der Kategorie *Kulturen* → *Indianer* viele Hinweise und Links zu Indianern.

Die Unterrichtseinheit sollte so geplant sein, dass eine Stunde für eine Einführung und ein erstes Ausprobieren vorgesehen ist, mindestens eine Stunde der eigentlichen Recherche vorbehalten bleibt und in einer weiteren Stunde die Ergebnisse präsentiert und kommentiert werden. Über das jeweilige methodische Vorgehen soll gemeinsam reflektiert werden. Nur so können die Schüler auch voneinander lernen und ihre Fähigkeiten im Umgang mit dem Internet verbessern.

Informationen für das Schreiben von Sachtexten

Auch hier muss die Lehrperson sich zunächst ansehen, ob es zu dem gesuchten Thema genügend Treffer gibt und ob die dort aufgeführten Internetadressen die gewünschten Ergebnisse bringen. So kann man z. B. zum Thema „Dinosaurier" recherchieren und bei *Die Blinde Kuh* zahlreiche Links finden. Die Schüler können sich eine bestimmte Dinosaurierart aussuchen und einen Steckbrief verfassen (Angaben zu Dinosaurierarten z. B. bei *http://www.kidsweb.at/dinosaurier* oder *www.dinosaurierinteresse.de/web/Kinder1.html*).

In einem Schreibprojekt können Texte zu einem Sachthema wie z. B. „Wald" geschrieben werden: Texte über Tiere und Pflanzen, Waldsterben, Wald als Lebensraum usw. (vgl. das Projekt in einer Grundschule: *http://www.schulen.wien.at/ice/gs/projekte/su/wald/index. html*). Bei jeder Recherche werden die Schüler angehalten, die Adressen mit lohnenden Informationen zu notieren. In Stichworten sollten auch Angaben über Besonderheiten (z. B. gute Bilder, gute Linktipps) notiert werden.

Internetrecherche von Kerstin Müller
Thema: Dinosaurier
Datum: …….

Internetadresse	Beschreibung, Anmerkungen	Bewertung
http://www.kidsweb.at/ dinosaurier	viele Beschreibungen von Dinosauriern; Abbildungen; Zeittafel, Spiele (!)	gute Seite, viele Informationen

Die Unterrichtseinheit verläuft wie beim ersten Vorschlag: Nach einer Einführung recherchieren die Schülerinnen und Schüler selbst. Es schließt sich eine Phase an, in der sie ihre Ergebnisse präsentieren. Informative Internetadressen werden ausgetauscht und notiert. Die Schüler beschreiben danach ihr eigenes Vorgehen, vergleichen es mit dem der Mitschüler und bekommen so Hinweise für Suchstrategien.

Weitere Anregungen

- einen Besuch im Zoo/im Museum vorbereiten
- Online-Spiele beschreiben, die Spielregeln erklären
- Märchentexte aus dem Internet heraussuchen, sich über Märchen informieren, ein Märchenbuch zusammenstellen
- eine Gedichtsammlung zusammenstellen.

Cordula Grunow, Gerd Scheimann

Lernen am Computer – eine Übungssoftware als Beispiel

Klasse: 5
Stundenzahl: jeweils 4-5 Unterrichtsstunden (gegebenenfalls mehr)
Voraussetzungen: Binnendifferenzierung ist möglich
Technische Ausstattung: Beamer/Fachraum mit Computerausstattung/ Kopfhörer, Systemanforderung für die Einzelplatz- und die Netzwerkinstallation: Pentium-PC; 200MHz (besser 350), 32MB Arbeitsspeicher (besser 64); freier Festplattenspeicher: Schul-Mehrplatz-Version:70MB/netzwerkfähige Version: 480 MB (Server), 70 MB Client); 8fach-CD-ROM-Laufwerk; DirectX-fähige Grafikkarte; DirectX-fähige 16bit-Soundkarte; Windows 95/98, ME, Windows 2000 XP
Ziele: Grundfertigkeiten im Umgang mit Software, Reflexion über Sprache

Ausgangsüberlegungen

Mit der zunehmenden Ausrüstung der Schulen mit moderner Computerhardware, der Anbindung an das Internet und dem Angebot vielfältiger Softwarelösungen, die auch für den Einsatz im Unterricht offeriert werden, sind Erwartungen verbunden, traditionelle Lehr- und Lernformen zugunsten selbstorganisierter Unterrichts- und Lerneinheiten zu ergänzen. Internetrecherchen im Sinne eines medienunterstützten Wissensmanagements und die Erarbeitung von Medienkompetenz hinsichtlich Textverarbeitung, Tabellenkalkulation und Präsentationstools (also der kompetente Umgang mit so genannter Standardsoftware) werden als sinnvolle Lern- und Lehrziele von vielen Lehrkräften zweifellos als relevant eingeschätzt, im fächerspezifischen Curriculum als pragmatisch umsetzbar erachtet und zunehmend mehr eingesetzt. Dagegen erscheinen Anwendungen im Unterricht, die den Computer als unmittelbares Lernwerkzeug nutzen – also als Medium, um beispielsweise die Realisierung curricularer Lernziele zu unterstützen – noch wenig akzeptiert oder weit davon entfernt, standardmäßig in den Unterricht eingebracht zu sein.
Vor nicht allzu langer Zeit schien diese Zurückhaltung mit dem Hinweis auf den offensichtlichen Misserfolg des Sprachlabors bzw. des „Programmierten Unterrichts" in den vergangenen Jahrzehnten oder der Sorge nach der vermeintlichen Infragestellung der Lehrerrolle durch das „neue Medium Computer" zumindest nachvollziehbar. Heute – nachdem sich weder die eine noch die andere Argumentation als wirklich stichhaltig herausstellt – werden die Einengungen des Lernens und Denkens durch

gängige Lern- und Übungssoftware gerne ins Feld geführt, um deren möglichen Gebrauch im Unterricht einzuschränken oder als wenig tauglich anzusehen. Zweifellos gibt es für den Unterricht eher ungeeignete oder geeignete Lernsoftware, die zudem auch je nach Unterrichtsschwerpunkt unterschiedlichen Nutzen und Erfolg verspricht. Die grundsätzliche Akzeptanz oder Ablehnung von Lernsoftware im Unterricht bzw. die Bereitschaft ebensolche zu erproben scheint jedoch immer mit der individuellen Medienkompetenz der jeweiligen Lehrkraft einherzugehen. Diese Beobachtung ist weder überraschend noch entmutigend, sondern eine realistische Momentaufnahme. Die Lehrerfortbildung im Bereich „Informations- und Kommunikationstechnik" ist inzwischen ein zentraler Bestandteil von Schulentwicklung geworden. Die Medienkompetenz der Lehrkräfte wird sich daher mittelfristig so verbessern, dass sich die „Berührungsängste" hinsichtlich Lernsoftware und deren Einsatz im Unterricht zugunsten einer zunehmenden Bereitschaft zu einer offenen Auseinandersetzung mit und der Erprobung von computergestützten Lernumgebungen im Unterricht verändern werden. Diesen Lernprozess wollen wir unterstützen – anhand grundlegender Erläuterungen zu Möglichkeiten und Grenzen computergestützten Lernens aus heutiger Sicht und der exemplarischen Entfaltung praktischer Einsatzmöglichkeiten von Lernsoftware im Deutschunterricht am Beispiel der speziell entwickelten Unterrichtssoftware „Deutschbuch interaktiv".

Zunächst sollten wir ein „Missverständnis" klarstellen: Der Begriff „Lernsoftware" meint in der Regel lediglich „Übungsprogramme", die einen zuvor im Unterricht eingeführten und bekannten Sachverhalt in unterschiedlichsten Kontexten weiter vertiefen, üben und automatisieren sollen und können. Wird aktuelle Lernsoftware so verstanden, kann diese tatsächlich einen wertvollen und nachhaltigen Beitrag zur immer wieder geforderten schülerorientierten Gestaltung des Lernprozesses leisten. In dieser Rolle schafft Lernsoftware nicht nur Möglichkeiten für die Schüler, sich Inhalte selbstorganisiert und optimiert veranschaulicht anzueignen bzw. einzuüben, sondern bietet auch den Lehrkräften erfolgversprechende Handlungsfelder, sich in neuen und zukünftig gefragten Rollen – als Coach, als Lernberater, als Supervisor – zu erproben und einzufinden. Vor allem systematische und sprachstrukturelle Gegenstandsbereiche, die nachhaltige Übung erfordern und dabei hinreichende Leistungsmotivation voraussetzen – wie etwa Kenntnisse und Fertigkeiten in Rechtschreibung und Grammatik –, bieten für Computerprogramme ein reichhaltiges und erfolgversprechendes Anwendungsfeld – sofern einige wesentliche Grundsätze bei der Konzeption und Aufmachung der Software berücksichtigt sind. Wir zählen hier beispielhaft drei Kriterien erfolgreicher Unterrichtssoftware auf:

1. Ein kontextsensitives Rückmelde- und Hilfesystem, das dem Schüler die Möglichkeit anbietet, aus eigenen Fehlern neue, erfolgreichere Strategien abzuleiten und ihm stets die Erfahrung vermittelt, letztlich mit „eigenen Kräften" die gestellte Aufgabe gelöst zu haben.
2. Eine motivierende Aufmachung der Arbeits- bzw. Übungsumgebung, die sich unter Berücksichtigung der Maxime „nicht noch einmal mehr von demselben" unterscheiden sollte von bekannten Papier- und Bleistiftformaten.
3. Eine transparente Aufgabenvorgabe, die es i. S. eines expliziten Auftrags („Mein Job") abzuarbeiten gilt. Dieser Auftrag sollte zudem in einem absehbaren Zeitrahmen lösbar sein. Hilfreich ist in diesem Zusammenhang eine Klärung der Sinnfrage: Insbesondere das ist sinnvoll zu üben, was auch in der subjektiven Einschätzung des Schülers als „förderungswürdig" erlebt wird. Ein Test- oder Screening-Verfahren, das im Programm selbst integriert ist, kann hier eine objektive Motivierung bieten.

Praktische Hinweise zur Einführung einer Übungssoftware

Für die praktische Nutzung einer Unterrichtssoftware sollten zunächst die institutionellen und organisatorischen Bedingungen geklärt werden (Computer-Ausstattung der Schule; Raumbelegung). Welche PC-Voraussetzungen nötig sind, weist in der Regel eine beiliegende Erläuterung oder – wenn vorhanden – eine Lehrerhandreichung zur Software auf.
Anschließend gilt es, einige didaktische Entscheidungen für den Einsatz der Software zu treffen. Der „digitale Deutschunterricht" ist als ein Teilbereich des Deutschunterrichts in dessen ganzer Komplexität und Vielfalt gedacht: Das Arbeiten mit einer Unterrichtssoftware findet im Verbund mit anderen Medien statt. Dabei kann deren Funktion innerhalb eines Lernprozesses unterschiedlich sein, der Einsatz in verschiedenen Phasen des Lernprozesses erfolgen. Es ist zu fragen: Worin besteht der Mehrwert gerade dieses Mediums in einer bestimmten Phase des Unterrichtsvorhabens in einer konkreten Lerngruppe? Folgende Gesichtspunkte sollte man prüfen:

Inhalte und Möglichkeiten des Programms kennen lernen
- Welche Lerninhalte bietet das Programm?
- Wie lässt es sich einsetzen: zum Lernen und/oder Üben, zum selbstständigen oder (vom Lehrer) angeleiteten Arbeiten?
- Wie umfangreich, anspruchsvoll und motivierend sind die Lernumgebungen gestaltet?
- Gibt es Differenzierungsmöglichkeiten?
- Welche zusätzlichen Tools sind vorhanden?

Unterrichtseinsatz überlegen und Zeitplan festlegen
- In welchen Phasen des Schuljahres will/kann ich computerunterstützten Unterricht durchführen?
- Soll eine Zeit lang kontinuierlich oder nur ein Teil der wöchentlichen Deutschstunden verwendet werden?
- Soll nur in bestimmten Unterrichtsphasen die Möglichkeit bestehen, die Software als Lernmedium zu benutzen?

PC-Kenntnisse feststellen

In einem Vorlauf sollte durch Befragung oder in Form einer vorbereitenden Hausaufgabe geklärt werden, welche Erfahrungen mit einem PC vorliegen. Viele Schülerinnen und Schüler haben zumindest mit Computerspielen eine gewisse Übung. Darüber hinaus werden in Grundschulen Medienkonzepte erarbeitet und erprobt, sodass zum Teil Vorerfahrungen im Umgang mit Lernsoftware im Unterricht (z. B. Lollipop, Unterrichtsversion Deutsch & Mathe, 1.–4. Klasse Cornelsen Verlag) oder mit einer ersten Textverarbeitung vorhanden sind.

Um eine gemeinsame Ausgangsbasis zu schaffen, sollten technische Grundbegriffe und ihre Funktionen, die für das Lernen mit einer CD-ROM gebraucht werden, wie z. B. Desktop, Icon, Maus, Mauszeiger, Tastatur, oder Fragen wie „Wie öffne ich das Programm?", „Wie fahre ich den Computer herunter?" einführend besprochen werden.

Die Schüler mit dem Programm vertraut machen

Es ist vorteilhaft, wenn ein Beamer zur Verfügung steht, mit dem der Klasse zu Beginn die Software in ausgewählten Ausschnitten vorgestellt werden kann. Ausdrucke einzelner Screens des Programms können auf Karton geklebt und mit Erklärungen beschriftet in der Klasse aufgehängt, Arbeitsblätter damit gestaltet werden.

Lernen am Computer

Sozialformen des Lernens festlegen

Erfahrungen zeigen, dass Schülerinnen und Schüler gerne und effektiv mit einem Lernpartner arbeiten. Dabei ist Kooperation gefragt: Die Partner sprechen sich z. B. ab, wer die Tastatur betätigt und wer die Maus. Lese- und Schreibstrategien werden ausgetauscht und auf Fehler wird aufmerksam gemacht. Nicht das Konkurrenzverhalten steht im Vordergrund, sondern der Teamgeist, das Lernen von- und miteinander. Auch die Lehrkraft kann hier beratend mitwirken.

Es ist sinnvoll, vorab zu klären, wer mit wem arbeiten will. Dabei muss es von der jeweiligen Lerngruppe abhängig gemacht werden, ob der Lehrer selbst Paare festlegen will oder ob die Schüler sich selbst ihren Partner wählen dürfen. Den Lernpaaren sollte klar sein, dass sie eine Weile miteinander auskommen müssen. Wechsel bringen meist Unruhe in die gesamte Gruppe, außerdem wird das Lernen unsystematischer, da sich die Schüler mit unterschiedlichen Inhalten beschäftigt haben oder u. U. verschiedene Spiel-/Arbeitsstände vorliegen. Daher ist es auch notwendig, dass die Schüler stets am selben PC arbeiten, sofern die aktuellen Arbeitsstände nicht im Netzwerk auf einem zentralen Server vorgehalten werden. Im Klassenzimmer kann für den entsprechenden Zeitraum ein Plakat mit den Namen der Teams aufgehängt werden.

Einsatz von Unterrichtssoftware im Medienverbund: „Deutschbuch interaktiv"

Im Folgenden soll exemplarisch über den Einsatz einer konkreten Unterrichtssoftware berichtet werden. „Deutschbuch interaktiv" ist eine Lern- und Übungssoftware, die im Zusammenhang mit dem Lehrwerk „Deutschbuch" (Berlin, Cornelsen Verlag) erarbeitet worden ist. Für die Jahrgangsstufen 5 bis 8 gibt es jeweils ein Modul mit jahrgangsstufenrelevanten Lerninhalten zu den Bereichen Rechtschreibung, Grammatik und Zeichensetzung, die Bewältigung einer Spielhandlung erfordert den erfolgreichen Gebrauch schriftsprachlicher Fertigkeiten.

Aufgaben sowie die Textarbeit sind in einen Handlungszusammenhang eingebettet, wobei problemorientiertes Denken und Transfer des Gelernten auf andere Lerngebiete gefördert werden. Dabei wurden die medienspezifischen Vorteile der Interaktivität genutzt. Ausgeklammert sind Aufgaben, die ein kreatives Schreiben oder eine Eingabe geschlossener komplexer Texte mit hohem Variantenreichtum erfordern, da sie nicht vom Programm und – damit auch nicht vom selbstlernenden Schüler – zu kontrollieren sind. Schreibanlässe können und sollten immer zusätzlich vom Lehrer geschaffen werden.

Das Lehrer- und das Protokolltool

Mit speziellen Tools kann der Lehrer den Unterricht vorbereiten, begleiten und nachbereiten. Am eigenen Computer zu Hause oder in der Schule legt man für jeden einzelnen Schüler, für einzelne Lerngruppen und/oder für die gesamte Klasse Lernpfade im dafür vorgesehenen Tool an. Es stehen drei verschiedene Level mit den unterschiedlichen Schwierigkeitsgraden leicht, mittel und schwer zur Verfügung. Außerdem lassen sich Übungen zu einzelnen Phänomenen, z. B. zu Rechtschreibung und/oder Grammatik und die Anzahl der Übungen auswählen.

Im Protokolltool kann man einsehen, was die Schüler gearbeitet haben. Entweder man ruft den Klassenordner auf und erhält eine Übersicht über die Aktivitäten aller Schüler einer Klasse oder man nimmt Einblick in die Protokolle jedes einzelnen Schülers. Beide Protokolle geben Auskunft darüber, in welchem Programmbereich der Schüler gearbeitet, welche Aufgaben er gelöst hat und wie viel Zeit er dafür benötigte.

Die Übungen für eine Klassenarbeit, der Testbereich und die Diktate bieten zusätzlich eine individuelle Fehlerstatistik und gestatten die Überprüfung der Kenntnisse.

Auf ihrer Grundlage lassen sich die Lernpfade wiederum modifizieren.

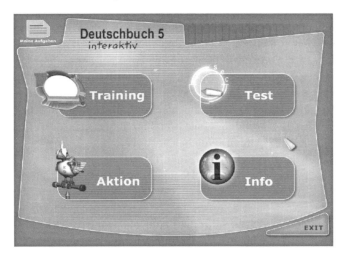

Lernen am Computer 21

Die vier Programmbereiche: Test, Training, Info und Aktion

Durch den Programmbereich *Test* wird der individuelle Kenntnisstand des Lerners diagnostiziert, Lernfortschritte können evaluiert werden. Der Schüler wird zur Testperson mit dem Auftrag: Teste dein Können! Die Auswertung erscheint jeweils am Ende einer Testaufgabe in Form einer Fehlerstatistik. Zu den jeweils schwächsten Testergebnissen kann der Lehrer im oben beschriebenen Lehrertool aus dem Programmbereich Training Übungsangebote auswählen und voreinstellen, die dann auf dem Aufgabenzettel für den einzelnen Schüler erscheinen. Perspektiven ergeben sich, wenn der Lerner Aufgaben eines höheren Schwierigkeitsgrads bearbeiten kann. Im Testbereich gibt es vier unterschiedliche Formate (Wortlücken/Orthogrammlücken füllen, Wörter markieren und Satzzeichen einfügen). Bei zwei Durchgängen wird die Rechtschreibung getestet, an zwei weiteren werden die grammatischen Kenntnisse geprüft (Wortarten und Satzglieder getrennt) und an einer die Zeichensetzung (v. a. Aufzählung und wörtliche Rede). Alle Phänomene sind in kurzen, zusammenhängenden Texten integriert (Beispiel: „Erlebnisse in einer Stadt").

Mit dem Programmbereich *Training* lassen sich Kenntnisse in handlungsorientierten Übungsformen sichern und erweitern. Sieben verschiedene Übungsformen mit Texten und schwerpunktmäßig verwendungs- und fehlerhäufigen Wörtern bieten unterschiedliche Anforderungen und verhindern Eintönigkeit. In manche Übungen sind spielerische Elemente integriert, die einen Lernanreiz bieten. So arbeiten die Schüler z. B. bei einigen Übungen gegen die Zeit. Die unterschiedlichen Übungsformen sprechen darüber hinaus unterschiedliche Lernertypen an. Kontextspezifische Fehlerrückmeldungen und Hilfen fördern die individuelle Ausprägung von Lösungsstrategien und das selbstorganisierte Üben. Zur gezielten Vorbereitung auf Klassenarbeiten stehen Grammatikaufgaben und Diktate zur Verfügung.

Der Programmbereich *Info* bietet die Möglichkeit, sprachliche Systematik über Hyperlinks zu recherchieren. Der Schüler wird hiermit zum Nutzer von Informationen. Sein Auftrag lautet: Schlage nach!

Offline kann ein virtuelles Lexikon (Schreibweisen, Erklärung für schwierige Wörter) benutzt werden sowie eine Regelsammlung (R/GR/Z und Anleitung zum Verfassen von Berichten).

Im Programmbereich *Aktion* werden Kenntnisse im Kontext einer Detektivhandlung angewendet. Der Schüler als Detektivlehrling erhält den Auftrag: Löse den Fall!

Das Prinzip des vernetzten multimedialen Lernens

„Deutschbuch interaktiv" versucht systematisch durch das Prinzip des vernetzten multimedialen Lernens den Deutschunterricht dort motivierend zu befördern, wo für gewöhnlich Schüler nur ein geringes Engagement und wenig Eigenaktivitäten entfalten können: Wenn es um notwendig einzuübende Skills in Rechtschreibung, Grammatik und Textbearbeitung geht und im Zusammenhang damit die Erarbeitung von formalen Strukturen und deren automatisierte Anwendung nachgefragt und gefordert ist, sind sowohl Lehrer als auch Schüler geneigt, diese Arbeitsaufträge möglichst rasch und unaufwändig zu erledigen. Dabei wissen viele, wie gering mitunter der so zu erzielende Wirkungsgrad ausfällt. An

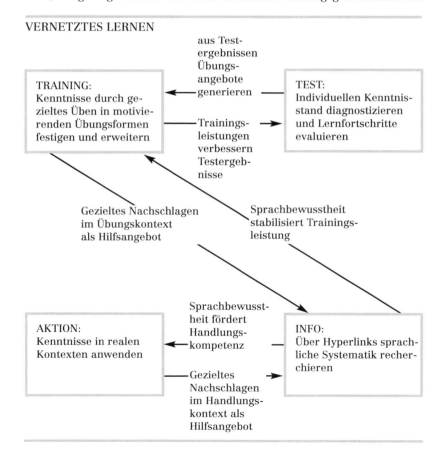

dieser Stelle ist oftmals ein ernstzunehmendes Problem der Motivation festzustellen. Hier setzt die Software an: In einem komplexen Netzwerk von testen, trainieren, recherchieren und anwenden entsteht eine Motivationsdynamik, die auf Seiten der Schüler zu einem selbstorganisierten und erfolgsorientierten Handeln führt und auf Seiten der Lehrkraft Freiräume bietet, nun in der Rolle als Coach und Lernberater zu agieren.

Selbstbestimmter oder zielgeleiteter Umgang mit der Software

Lasse ich als Lehrerin die Schüler selbstbestimmt mit der Software umgehen, schalte ich also alle Bereiche frei, wird schulisch eine ähnliche Situation simuliert, wie sie für den Lerner zu Hause vorliegt (vgl. „Deutschbuch interaktiv Software für das Lernen zu Hause" – bisher: „Auftrag Deutsch"). Grundsätzlich denkbar ist es, die Schüler – für eine begrenzte Stundenzahl, z. B. 10 Stunden verteilt über einige Wochen – frei mit der Software umgehen zu lassen und nur folgende Arbeitsaufträge zu stellen:
1. Testet euch und erzielt durch Training noch bessere „Testergebnisse"!
2. Löst den Fall im Bereich „Aktion"!
Die Schüler können ihren eigenen Vorlieben, aber auch ihren individuellen sprachlichen Defiziten nachgehen und zwischen den einzelnen Bereichen selbstständig wechseln. Auf diesem Wege organisieren die Schüler selbst, was sie tun wollen. Es beansprucht allerdings eine relativ lange Zeit, bis die Schülerinnen und Schüler die verschiedenen Programmteile kennen gelernt und auch effektiv genutzt haben.
Die zielgeleitete Auswahl eines Programmbereichs bzw. die Konzentration auf Aufgaben innerhalb eines Programmbereichs durch die Voreinstellung der Lernpfade bietet sich nicht nur aus arbeitsökonomischen Gründen an. Der Lehrer nimmt eine Einschätzung des Lernstandes vor, kann aber auch aufgrund der Testergebnisse ein entsprechendes Aufgaben„paket" individuell zusammenstellen, sodass der Einzelne weder über- noch unterfordert wird. Die Anpassung der Lernpfade an die Lernfortschritte ist außerdem möglich.

Einsatz im Unterricht mit Grammatik- oder Rechtschreibschwerpunkten

Für den praktischen Gebrauch im Unterricht haben sich z. B. folgende Verwendungen als attraktiv erwiesen:
– im Rahmen eines Unterrichtsprojekts, das über einen kontinuierlichen Zeitraum mit der Klasse im Computerraum durchgeführt wird,

- zu Zwecken der individuellen Förderung, bei der die Schüler zu unterschiedlichen Zeiten an einem Computer im Klassenzimmer gezielt ihre Defizite aufarbeiten können,
- als eine Station beim Stationenlernen.

Stehen einzelne Computer in einem Klassenraum, kann computerunterstütztes Lernen als eine weitere, abwechslungsreiche Arbeitsform für einzelne Schüler einbezogen werden. So können sie in bestimmten Unterrichtsphasen, in Freiarbeitsstunden oder im Förderunterricht das Gelernte selbst prüfen, wiederholen und Defizite aufarbeiten sowie mehr Sicherheit gewinnen.

Im Trainingsbereich lassen sich die Bereiche Rechtschreibung (R) oder Grammatik (Gr) auswählen, die auf dem Aufgabenzettel eines Schülers erscheinen. Die insgesamt sieben verschiedenen Übungsformen bieten Abwechslung und bieten immer wieder neue Herausforderungen.

Freiarbeitsstunden

In Ergänzung zu den Printprodukten kann als weiteres Lernmedium die Software bereitgestellt werden. Die Schüler können in einem Terminplaner eintragen, wann sie wie lange am PC arbeiten wollen (z. B. eine ganze Unterrichtsstunde oder nur für eine Arbeitsphase von etwa 15–20 Minuten). Hier ist es sinnvoller, wenn die Schüler alleine arbeiten. Auftrag: „Bearbeite die Aufgaben von deinem Aufgabenzettel!"

Zu Beginn sollte für dieses Vorhaben etwa eine Unterrichtsstunde veranschlagt werden, damit sich die Schüler mit der Software vertraut machen können. In weiteren Freiarbeitsstunden sollte es Gelegenheit geben, immer wieder in kürzeren Phasen (etwa 15 Minuten) das individuelle Training zu absolvieren. Nach einer bestimmten Zeit, die abhängig ist von dem Arbeitstempo und der Arbeitsintensität des Schülers, gibt ein weiterer Testlauf Auskunft über die individuellen Lernfortschritte.

Mit dem Auftrag: Übe für die nächste Klassenarbeit! kann ausgewählt werden zwischen zehn verschiedenen Diktaten mit jeweils einer Mischung von Rechtschreibschwierigkeiten bzw. („reinen") Grammatikarbeiten, die die Themen Wortarten, Tempusformen oder Satzglieder zum Schwerpunkt haben. Im Unterschied zu einer „echten" Klassenarbeit sind Aufgaben, die eine kreative Bearbeitung erfordern oder bei denen die Schüler einen freien Text eingeben müssen, nicht enthalten, weil sie vom Programm her nicht zu kontrollieren wären. Der Grammatikanteil fällt daher umfangreicher als in einer Klassenarbeit aus, dient aber der Übung.

Förderunterricht

Immer mehr Schulen bieten z. B. in Form einer Arbeitsgemeinschaft Förderunterricht für jene Schüler an, die Schwierigkeiten haben Sprachdefizite im laufenden Deutschunterricht aufzuarbeiten. Die gezielte Förderung kann so durch ein weiteres Medium unterstützt werden.

Unterrichtsvorschläge

Den Lern-/Leistungsstand diagnostizieren

Wenn die Schüler aus verschiedenen Grundschulen zusammenkommen, sind häufig Differenzen spürbar, was die Sprachkompetenz, den Gebrauch der Terminologie, die Arbeitsmethoden usw. angeht. Aufgabe ist es, die Unterschiede im Lernstand anzugleichen. Nach einiger Zeit des schulischen Eingewöhnens kann der Lehrer das Programm einsetzen, um über die Eindrücke aus Unterrichtsgesprächen, Anfertigen der Hausaufgaben usw. hinaus eine Auswertung im Hinblick auf die sprachliche Kompetenz vorzunehmen. Darüber hinaus zeigt sich auch der Stand der Medienkompetenz der Schüler sowie die Fähigkeit zum selbstständigen Arbeiten.

Zunächst bereitet der Lehrer vor, wie man die Schüler in das Programm einführt. Für die Folgestunde wird nur der Bereich „Test" freigeschaltet und je nach Einschätzung der gesamten Lerngruppe das Level und die Anzahl der Testdurchgänge eingestellt. Die Aufgabe lautet: Teste dein Können! Auf der Grundlage der Protokolle und der individuellen Fehlerstatistiken werden für die weitere Stunde im Trainingsbereich binnendifferenziert Übungen eingestellt. Die 3. Stunde steht unter dem Motto: Übe im Trainingsbereich! Entsprechende Arbeitsblätter können für die Hausaufgabe angefertigt werden. In der 4. Stunde erfolgt ein weiterer Testdurchlauf, der sich nur auf den jeweiligen Teilbereich bezieht. Während die Schüler am PC arbeiten, kann der Lehrer die Hausaufgabe kontrollieren. Als Variation ist denkbar, dass für jeden einzelnen Schüler/für eine Gruppe von Schülern/für die gesamte Lerngruppe derselbe Übungsschwerpunkt, allerdings mit unterschiedlichen Schwierigkeitsgraden, ausgewählt wird.

Spätestens am Schluss des Schuljahres kann nochmals eine Erhebung erfolgen und die Protokolle können miteinander verglichen werden. Für die Jahrgangsstufe 6 hat man eine Grundlage, wo weiterhin Nachholbedarf/Aufarbeitungsbedarf besteht.

Ein grammatikalisches Phänomen vertiefen: z. B. Wortarten

Im Rahmen eines situativen und funktionalen Grammatikunterrichts werden sowohl die jeweiligen grammatischen Merkmale als auch die speziellen semantischen und stilistischen Funktionen eines Phänomens, z. B. das der Wortarten, untersucht. Zur Schulung der sprachreflektorischen Lösungskompetenz gehört das Üben der formalen Ordnungsmöglichkeiten, wobei dies in nur einer Unterrichtseinheit nicht sinnvoll ist, sondern kürzere Wiederholungen höhere Lernerfolge versprechen.

Zunächst werden Texte in einem Printmedium ausgewählt, anhand derer es die Funktion bestimmter Wortarten zu erarbeiten gilt. Eine stilistische Untersuchung in Zusammenhang mit einer eigenen Schreibtätigkeit schließt sich an. Die Erkennung und Bestimmung der Wortarten wird in einem weiteren Schritt durch Übungen mit der Software gefestigt (Trainingsbereich). Schließlich kann sich im Bereich „Test" der Schüler selbst prüfen bzw. in einer Übung für die Klassenarbeit mit dem Schwerpunkt „Wortarten" sein grammatisches Wissen anwenden. Das Lehrerhandbuch zur Software (vgl. Handbuch für den Unterricht. Deutschbuch interaktiv 5. Berlin, Cornelsen 2002) bietet in Form einer Synopse eine Orientierung, wo innerhalb des Programms entsprechende Übungen auszuwählen sind.

Kenntnisse im Rahmen eines Handlungskontextes anwenden

Im Rahmen eines Unterrichtsprojekts, das über einen kontinuierlichen Zeitraum (etwa 12 Unterrichtsstunden) mit der gesamten Klasse im Computerraum durchgeführt wurde, steht die Detektivgeschichte („Aktion") im Mittelpunkt mit der Frage: „Wer steckt hinter dem Verschwinden von Haustieren in der Stadt?" Thematisch lässt sich beispielsweise die Geschichte in der 5. Klasse an eine Unterrichtsreihe über Haus- oder Lieblingstiere anschließen.

Für die Hausaufgaben bieten sich zahlreiche Schreibanlässe: Erzähle die Handlung nach (Was ist passiert? Wer scheint verdächtig? Welche Spuren hast du gefunden?). Beschreibe einzelne Personen, z. B. den Zeitungsredakteur, die Wahrsagerin – Screenshots dienen hierfür als Beschreibungsvorlagen.

Oder es wird zu einer kreativen Schreibaufgabe angeleitet, die für eine Gruppenarbeit geeignet ist: Entwerft Dialoge für weitere falsche Fährten im Detektivfall. Besonders kreative Klassen können auch einen eigenen Detektivfall entwerfen und in einer Art Storyboard für eine CD-ROM dokumentieren.

Begleitend kann auch ein Medientagebuch geführt werden. Möglich ist auch die Aufgabe – analog zu Buchvorstellungen – das Programm zu beschreiben.

Konsequenzen für den Unterricht

Lehrer und Lehrerin als Coach

Die Rolle des Lehrers verändert sich in den Stunden, in denen die Schüler mit der Lernsoftware arbeiten. Dadurch, dass das Programm Aufgaben stellt, Hilfestellungen und Rückmeldung gibt – und zwar sowohl schriftlich als auch mündlich durch Stimmen aus dem Off –, ist der Lehrer nicht mehr in erster Linie der ständig aktive Unterrichtsorganisator. Er stellt die Lernumgebungen zur Verfügung und berät die Schüler bei ihrer Nutzung, er wird sozusagen zum Coach.

Seine Bedeutung für den pädagogischen Prozess wird dadurch verändert. Er gewinnt Zeit und wird deutlich entlastet, da nicht jede „Aktion" im Unterricht von ihm initiiert und bewertet wird. Diese Zeit kann er nutzen, um einzelnen Schülern zu helfen, sie anzuleiten und zu begleiten oder ihre Lernfortschritte zu beobachten. Auch bei größeren Lerngruppen wird die individuelle Unterstützung sowie die gezielte Leistungsdifferenzierung möglich.

Schüler und Schülerin als Selbstlerner

Beim Arbeiten mit der Software ist für den Schüler selbstgesteuertes Lernen im Sinne der Individualisierung und Differenzierung in besonderem Maße gegeben. Durch die zahlreichen Rückmeldungen wird eine selbstständige Leistungseinschätzung und Leistungskontrolle (Evaluation) für die Schüler ermöglicht. Sie sind herausgefordert sich kontextbezogene Hilfen und Informationen zu holen wie z. B. Regeln aufzurufen und anzuwenden. Dabei wird die Lernautonomie erhöht. Die Schüler bestimmen in dem vom Lehrer vorgegebenen Rahmen die Reihenfolge der zu leistenden Aufgaben und das Lerntempo selbst. Gegebenenfalls können sie auch über die Lernzeit verfügen. Außerdem werden auf spielerische Art Lernanreize gegeben, sich stets zu verbessern.

Abschließend haben wir in einer Art „Checkliste" alle bedenkenswerten und wichtigen Punkte noch einmal zusammengefasst. Die Liste kann – leicht variiert – auf das Arbeiten mit einer anderen Lernsoftware transferiert werden.

CHECKLISTE

1. Organisatorische Vorarbeiten
- Lernort/Computernutzung
  Computerraum (Raumbelegung) ☐
  – Computerecke im Klassenzimmer (Liste der Nutzer für die Klasse) ☐
  – mobile Computerstation (Belegung und Liste der Nutzer für die Klasse) ☐
- technische Voraussetzungen
  – Installation auf dem Rechner/den Rechnern ☐
  – Kopfhörer ☐

2. Didaktische Vorentscheidungen
- Zeitplan
  – Zeiträume für computerunterstützten Deutschunterricht: (z. B. zwei Wochen vor den Herbstferien/drei Wochen vor den Osterferien/drei Wochen vor den Sommerferien)
  – Einzelstunde(n) ○ Doppelstunde (n) ○ eine Unterrichtsphase
- Lerngruppe
  – paarweise ☐   einzeln ☐
  – Festlegung der Sozialform: Lehrer ☐   Schüler ☐
  – Zusammensetzung der Lernpaare: leistungshomogen ☐   gemischt ☐
- unterrichtliche Schwerpunktsetzung
  – Lern-/Leistungsstand diagnostizieren ☐
  – Phase des Übens ☐
  – Vorbereitung auf Klassenarbeit ☐
  – Selbstständiges Einarbeiten in ein Rechtschreibphänomen ☐
  – Projekt ☐
- Inhaltliche Schwerpunktsetzung:
  – Rechtschreibung: (z. B. doppelte Konsonanten) ☐
  – Grammatik: (z. B. Wortarten) ☐
- Einstellen der individuellen Lernpfade

3. Unterrichtseinsatz
- unterrichtliche Verknüpfungsmöglichkeiten
  – einzelne Unterrichtsphasen ○ Freiarbeit ○ Förderunterricht ○ Projekt
- Arbeitsaufträge
  – frei: (z. B. Arbeite 15 Minuten mit dem Programm!) ☐
  – gelenkt: (z. B. Übe die s-Laute!) ☐
- Hausaufgaben
  – Verlinkung mit Aufgaben aus einem Printmedium
  – Anfertigen passender Arbeitsblätter (Screenshots nutzen)
  – Erzähl-/Schreibaufgaben zu Texten aus dem Programm stellen
  – Eintrag in Medientagebuch
  – Projektabschlussbericht (Programmbeschreibung und Bewertung)
- Klassenarbeit
  – abhängig von der Schwerpunktsetzung
  (Vorschläge siehe „Handbuch für den Unterricht", S. 76ff.)

Literaturhinweise und Software

Deutschbuch 5. Hg. von Biermann, Heinrich/Schurf, Bernd. Berlin, Cornelsen Verlag 1997.
Deutschbuch 5. Grundausgabe. Hg. von Biermann, Heinrich/Schurf, Bernd. Berlin, Cornelsen Verlag 1998.
Deutschbuch 5 interaktiv. Software. Berlin, Cornelsen 2002.
Deutschbuch 5 interaktiv. Handbuch für den Unterricht. Berlin, Cornelsen 2002;als pdf-Datei unter *www.cornelsen-teachweb.de*.
Auftrag Deutsch 5 /Deutschbuch interaktiv „Software für das Lernen zu Hause. Berlin, Cornelsen 2001/2003.

Matthias Holthaus
Lilipuz? Klaro! – Nachrichten für Kinder

Themenbereich: Internetrecherche und Textbearbeitung, Untersuchung von Radionachrichten aus Internetarchiven
Klasse: 5–6
Stundenzahl: 8–10 Stunden
Voraussetzungen: Umgang mit PC, Tastatur, Maus, erste Erfahrungen mit Textbearbeitungsprogrammen (vorzugsweise Word), Recherche im Internet
Technische Ausstattung: Internetzugang, Radio
Ziele: Internet als Archiv nutzen, Suchergebnisse analysieren und bearbeiten

Nachrichten als Gegenstand des Deutschunterrichts sind sicherlich keine Neuerung, die Nutzung neuer (und „alter") Medien in diesem Zusammenhang bietet allerdings neue methodische Möglichkeiten, das Thema auch für jüngere Schüler aufzubereiten. Es gibt ein weites Spektrum an Medien, die Nachrichten verbreiten, aber allen, besonders den mündlich vorgetragenen Nachrichten, sind recht einheitliche Merkmale gemeinsam: Sie weisen ähnliche Auswahlkriterien auf, sie sind ähnlich inhaltlich strukturiert und sprachlich gestaltet.
Radionachrichten als spezielle Textsorte bieten sich für dieses Alter besonders an, weil die Schüler ihre Rezeption täglich, wenn auch meist wenig aufmerksam vollziehen. Der Gegenstand gibt Anlass, die Hör- und Sehgewohnheiten als einen Teil der Wahrnehmungsgewohnheiten der Medienangebote zu reflektieren, und er bietet vielfältige Möglichkeiten, die Medienkompetenz zu erweitern.
Die gesendeten Nachrichten sind als Tonbandaufnahme oder als Audiodatei im Unterricht leicht einsetzbar, die öffentlich-rechtlichen Sender

dokumentieren ihre Nachrichten auch im Internet, sodass lästiges Transskribieren entfällt. Als Dateien können die Nachrichtentexte außerdem am Computer verändert und überarbeitet werden. In der Regel stehen an jeder Schule die technischen Möglichkeiten für eigene Aufnahmen zur Verfügung, dies ist nicht nur ein Mittel der Ergebniskontrolle und -sicherung, sondern auch eine nicht zu unterschätzende Motivationshilfe.

Als Zielgruppe für die am Ende zu produzierenden Nachrichten sollte man Kinder im Grundschulalter festlegen, da sonst die Gefahr besteht, Nachrichten für Erwachsene zu formulieren, deren Inhalt und Duktus den Schülern selber nicht gemäß wären. Da manche öffentlich-rechtlichen Sendeanstalten Kindernachrichten produzieren, kann man diese auch kritisch daraufhin untersuchen lassen, ob sie wirklich kindgerecht sind. Häufig fällt es den Schülern auf diesem Umweg leichter, eigene Hörgewohnheiten und Interessen zu formulieren.

Die jungen Hörer stehen auf der Schwelle zwischen der Nutzung von Kinder- und Erwachsenenangeboten. Damit sind sie nicht doppelt versorgt, sondern mit altersgemäßen Nachrichtenangeboten eher unterversorgt. Da die Schüler sich nicht mehr zur Zielgruppe des Kinderprogramms zählen, lässt sich der Vergleich mit Erwachsenennachrichten z. B. des Deutschlandfunks suchen. Unter den öffentlich-rechtlichen Sendeanstalten bietet m.W. nur der WDR mit „Radio Lilipuz" Nachrichten für Kinder zwischen 8 und 12 Jahren. Jugendliche dieses Alters hören aber eher Jugendsender, private Sender oder muttersprachliche Sender. Sinnvoll ist es daher, die Perspektive von Anfang an aus der Sicht „der Großen" auf die Bedürfnisse der „Kleinen" zu richten.

Es kann hilfreich sein, Sendeanstalten um Informationsmaterial (z. B. Agenturmeldungen, den „Rohstoff" der Nachrichten) oder auch um Dienstleistungen (Führungen, Gesprächspartner aus der Jugend-/Nachrichtenredaktion) zu bitten.

Inhaltliche Gestaltung der Reihe

Am Anfang der Reihe ist es sinnvoll, die eigenen Hörgewohnheiten sowie die der vereinbarten Zielgruppe (z. B. Grundschulklasse in der Nachbarschaft) zu erheben. Die Schüler, die den Fragebogen dazu selber entwerfen sollen, müssen bedenken, dass für eine quantitative Auswertung sinnvolle vorgegebene Antworten oder Skalierungen entwickelt werden müssen, die dann auch grafisch ausgewertet werden können. Man sollte die Schüler warnen, eine quantitative Auswertung als mechanische und gedanklich nicht sehr aufwändige Arbeit zu betrachten. Qualitative Auswertungen sind dann unter Umständen einfacher, allerdings nicht so leicht zu präsentieren, wenn sie einmal fertiggestellt sind. Beide Schritte können die Schüler arbeitsteilig durchführen und bewertend vergleichen.

Material 1

FRAGEBOGEN (nur eine Antwort ankreuzen!)
Wie lange hörst du am Tag Radio?
☐ Weniger als einer Stunde
☐ Eine bis drei Stunden
☐ Mehr als drei Stunden

Wie lange siehst du am Tag Fernsehen?
☐ Weniger als eine Stunde
☐ Eine bis drei Stunden
☐ Mehr als drei Stunden

Wie lange nutzt du am Tag das Internet?
☐ Weniger als eine Stunde
☐ Eine bis drei Stunden
☐ Mehr als drei Stunden

Wie hörst du Radio?
☐ Während anderer Tätigkeiten (Hausaufgaben, Spielen, Aufräumen…)
☐ Aufmerksam, weil mich die Sendung interessiert
☐ Ich höre das, was andere eingestellt haben (Eltern, Geschwister, Freunde)

Hörst du Nachrichten im Radio?
☐ Zufällig, wenn welche kommen
☐ Ich warte sie oft noch ab, bevor ich ausmache
☐ Nein, dann schalte ich lieber um

Was interessiert dich am meisten?
☐ Politik, Katastrophen und Unglücke
☐ Musik und Stars
☐ Sport und Wetter

Warum, glaubst du, gibt es Nachrichten?
☐ Weil sich Erwachsene dafür interessieren
☐ Damit man weiß, was los ist
☐ Damit man mitreden kann

Kontrovers lässt sich abschließend die Äußerung des Nachrichtenchefs des WDR diskutieren, der den Nachrichten vor allem die Bedeutung beimisst, den Zuhörern zu zeigen: „Es gibt sie noch, die gute alte Welt."

Material 2

Auswertung beispielhaft:
Bei 47 ausgefüllten Bögen von Grundschülern ergab sich folgendes Bild, das aus der Diagrammfunktion aus Word (Einfügen, Grafik, Diagramm) heraus erstellt wurde:

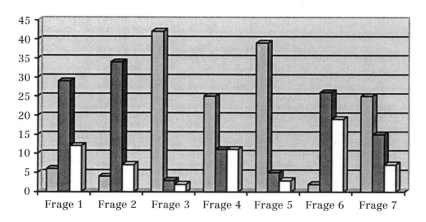

Vor der Produktion eigener Nachrichten steht zunächst die Analyse gegebener Nachrichten nach verschiedenen Merkmalen, z. B.
- *Kernsatz* einer Meldung (engl. Leadsatz),
- *Aufbau* (Ereignis, Erläuterung und allgemeine Hintergrundinformation)
- *Gebrauch der Zeiten* zur Kennzeichnung dieser Abschnitte.

Material 3

Der Kernsatz (engl.: Leadsatz) einer Meldung

Version 1:
Warschau – Die polnische Ministerpräsidentin Hanna Suchowka hat heute mit der Führung der Gewerkschaft „Solidarität" erneut über Möglichkeiten zur Beilegung des seit zwei Wochen dauernden Streiks im öffentlichen Dienst gesprochen.

Version 2:
Warschau – Ministerpräsidentin Suchowka hat heute mit der Gewerkschaft „Solidarität" erneut über eine Beilegung des Streiks im öffentlichen Dienst gesprochen.

Version 3:
Warschau – Ministerpräsidentin Suchowka hat heute mit der Gewerkschaft Solidarität erneut darüber gesprochen, wie der Streik im öffentlichen Dienst beigelegt werden könnte.

Lilipuz? Klaro! 33

Welche Verbesserungen hat der Redakteur von einer Version zur nächsten vorgenommen? Wie könnten diese Veränderungen begründet werden? Welche Gemeinsamkeiten weisen alle Versionen hinsichtlich Inhalt und Machart auf?

Bei der Erarbeitung des Leadsatzes steht der Gebrauch des Perfekts für abgeschlossene Vorgänge in der Vergangenheit im Mittelpunkt. Nachteilig für das Sprechen und für das Verstehen ist die Sperrung, die durch das Auseinanderstreben der Bestandteile des Prädikates entsteht. Entsprechend liefert das Auszählen der Wörter bereits eine Begründung für die Kürzung des Satzes. Eine weitere Verständnishürde stellt die übermäßige Nominalisierung dar, die in der dritten Version durch einen Nebensatz ersetzt wird. Der Einschnitt, den der Anschluss des Interrogativsatzes erzeugt, wirkt verständnisfördernd, da sich hier eine kurze Sprechpause einlegen lässt. Daneben soll erkannt werden, dass nebensächliche Informationen weggelassen werden können.
Zum Ende der Reihe waren Teilbereiche Gegenstand einer Klassenarbeit, in der das Erlernte angewandt werden sollte.

Material 4

Der folgende Beitrag wurde gestern in den Nachrichten von Radio Lilipuz gesendet:
In Mosambik geht es wieder aufwärts
Vor drei Monaten hat ein schlimmes Hochwasser in dem Land Mosambik viele tausend Menschen in die Flucht getrieben. Mosambik liegt im Südosten Afrikas. Weil es dort gar nicht mehr aufhörte zu regnen, waren die Flüsse über ihre Ufer getreten und hatten viele Dörfer und die Hütten aus Stroh und Lehm fortgeschwemmt.
Ich habe unseren Afrika-Korrespondenten Armin Hering gefragt, wie es den Menschen in Mosambik heute geht:
Ja, den Menschen in Mosambik geht es heute natürlich schon erheblich besser als vor drei, vier Monaten, als sich die Katastrophe so zugespitzt hat. Inzwischen ist natürlich das Wasser längst abgeflossen, die Regenzeit in Mosambik ist seit zwei Monaten zu Ende. Die meisten Menschen sind aus den Flüchtlingslagern nach Hause zurück in ihre Dörfer gekehrt. Dort allerdings wartet immer noch sehr, sehr viel Arbeit auf sie.
Gibt es denn genug zu essen und auch Medikamente?
Was das Essen angeht, so hat die internationale Gemeinschaft, also Deutschland, Amerika, Großbritannien, die reichen Länder haben natürlich sehr viele Lebensmittel geliefert, einfache Sachen wie Zucker, Mais, Bohnen und Öl. Daran herrscht kein so großer Mangel. Bei Medikamenten, dort gibt es sicher einen Mangel. Medikamente sind sehr, sehr teuer. Aber verhungern muss in Mosambik derzeit keiner.
Und wann werden die Bauern in Mosambik denn wieder genug auf ihren eigenen Feldern ernten und sich dann auch selbst versorgen können?
Man hat zum Glück schon, als man die ersten Lebensmittel, als man Mais und Brot in die Dörfer zu den Flutopfern gebracht hat, hat man auch schon Saatgut und Werkzeuge gebracht, damit die Bauern nach dem Abfluss des Wassers gleich wieder mit dem Anbau von Mais und von anderen Lebensmitteln, die man dort

besonders gerne isst, anfangen können. Im September, spätestens im Oktober wird es eine erste Ernte geben. Bis dorthin werden die reicheren Länder den Menschen in Mosambik immer noch mit Spenden und Lebensmitteln und Medikamenten helfen müssen.

Aufgabe 1:
Beschreibe die Meldung, die die Sprecherin vorliest (nicht den O-Ton).
Erkläre dazu, wie die Meldung aufgebaut ist und woran man den Aufbau erkennen kann.

Aufgabe 2:
Würdest du als Chefredakteur/-in den Beitrag in dieser Form in die Kindernachrichten aufnehmen?
Begründe deine Antwort mit Beispielen aus dem Text, die für und gegen die Verwendung in Kindernachrichten sprechen.

Material 5

Erwartungshorizont:

Aufgabe 1:
Kernsatz nennt Ereignis (Flutkatastrophe), Tempus: Perfekt.
Hintergrund (Lage des Landes), da immer gültig, im Präsens
Erklärung (Ursache der Katastrophe: Regenfälle), da der Katastrophe noch vorangegangen, wird als Tempus Plusquamperfekt verwendet, andauernde Regenfälle: Aspekt der Dauer: Präteritum
Auffällig: Ereignis liegt länger zurück, trotzdem wird berichtet.
Wiederholung des Ländernamens zum besseren Behalten

Aufgabe 2:
Nein: Ereignis nicht aktuell (vor drei Monaten), zu lang (bes. O-Ton), zu weit weg (Südosten Afrikas), Gesprächsform manchmal zu umständlich, weitschweifig, sprachlich unkorrekt (Was das Essen angeht...), zu viele Themen/Inhalte (Regen, Hochwasser, Essen, Medikamente, Ernte, Spenden), nicht die Welt der Kinder („die reichen Länder" statt „wir")

Ja: Gegen die Vergesslichkeit gerichtet, ausführlich, an Vorstellungskraft/Mitleid der Hörer appellierend, Bezug zu uns als Spender, Aufzeigen der weitreichenden Folgen einer fernen Katastrophe, Gesprächsform macht Inhalt lebendiger, lehrreich auch in sozialer Hinsicht, positiv („aufwärts")

Medieneinsatz im Rahmen der Reihe

Die Erhebung der Hörgewohnheiten und die Auswertung der Fragebögen kann von einer Arbeitsgruppe am PC vorbereitet und durchgeführt werden. Dazu können Tabellenkalkulationen und Präsentationsprogramme

Lilipuz? Klaro!

(Excel, Powerpoint) genutzt werden, mit deren Hilfe die ausgezählten Daten erfasst und präsentiert werden können. Im Vordergrund sollte dabei nicht der technische Aspekt der Programmanwendung stehen, sondern die Erfahrung, dass die computergestützte Auswertung von Daten nicht die gedankliche Vor- und Aufbereitung ersetzen kann. Bei der gemeinsamen Entwicklung des Fragebogens sollte daher schon der Aspekt der Auswertbarkeit kritisch bedacht werden.

Vermutlich werden die Schüler mehrheitlich das Popprogramm der öffentlich-rechtlichen Sender oder lokale Privatsender einschalten. Wenn man sie befragt, welche Ansprüche sie an ein kindgerechtes Radioprogramm stellen, kann man die Antworten vergleichen mit den Selbstcharakterisierungen der Kinderprogramme, die die Sender im Internet veröffentlichen (vgl. z. B. *www.lilipuz.de*). Ein eher für die untersuchte Zielgruppe geeignetes Programm können die Schüler dann selber beschreiben. Möglicherweise kann dieser Programmentwurf den Sendern zugesandt werden. Hier bietet sich der parallele Versand einer E-mail und eines Briefes an, um zu prüfen, wie von Seiten der Sender auf welche Kommunikationsform reagiert wird. Inhaltlich kann hier schon in besonderer Weise auf den Aspekt der Nachrichten eingegangen werden.

Der eigentliche Kern der Unterrichtsreihe, die Nachrichten, können vielfältig rezipiert werden. Man kann Nachrichten zum gleichen Thema in den verschiedenen medialen Aufbereitungen vergleichen (Fernsehnachricht, Nachrichten im Videotext, Radionachricht, Zeitungsnachricht, Kindernachricht, Internetportalmeldung z. B. unter *www.tiscali.de* oder auf den Seiten der Nachrichtenmagazine wie *www.spiegel.de* etc.). In jede Schulstunde fällt zur vollen Stunde eine Nachrichtensendung im Radio. Insbesondere das Auffinden von Nachrichten im Internet kann an dieser Stelle geübt werden. Kindernachrichten sind im Internet unter *www.lilipuz.de/klicker/klicker.html* und unter *www.br-online.de/kinder/funhaus/sendungen/klaro.html* abrufbar. Nachrichten für Erwachsene finden sich auf den Seiten aller Sender (z. B. unter *www.br-online.de/news.html* oder *www.ndr4.de*) zumindest in der aktuellen Version, viele bieten hier auch ein Archiv (z. B. unter *www.dradio.de/nachrichten/index.html*). Anzumerken ist hier, dass meines Wissens kein Privatsender die gesendeten Nachrichtentexte im Internet präsentiert oder gar archiviert. Diese Tatsache kann wiederum Anlass zu einer Nachfrage der Klasse bei dem entsprechenden Sender geben.

Der Einsatz von Suchmaschinen und das Setzen von entsprechenden Lesezeichen (bookmarks) im benutzten Browserprogramm steht als technischer Aspekt zur Arbeitserleichterung beim erneuten Aufsuchen von Seiten an.

Interessant kann es auch sein, am Radio oder in noch größerer zeitlicher Dichte im Internet die Entstehung und (halb-)stündliche Entwicklung der Nachrichten zu einem Ereignis zu verfolgen.

Inhaltlich lassen sich die unterschiedlichen Medien hinsichtlich ihrer Möglichkeiten, Interessen und Aufträge (öffentlich-rechtliche Informationspflicht) vergleichen. Dabei rückt auch die Frage nach der Entstehung von Nachrichten in den Mittelpunkt.

Die Redaktion von Radio Lilipuz war auf Nachfrage gerne bereit, Agenturmeldungen vom Vortag zur Verfügung zu stellen, an denen sich nachvollziehen lässt, wie aus mehreren Einzelmeldungen unterschiedlicher Herkunft schließlich eine gesendete Nachricht wird. Man kann sich hier u. U. auch wieder auf E-mails stützen. Meldungen, die mit geringer zeitlicher Verzögerung im deutschen Hörfunk ausgestrahlt werden, stammen häufig von dem amerikanischen Sender CNN, der in den Nachrichtenredaktionen der Hörfunkanstalten zum Dauerprogramm gehört. CNN ist im Internet unter *www.cnn.com* (auf Deutsch als *www.n-tv.de*) zu erreichen.

Der inhaltliche Schwerpunkt aus dem Bereich „Reflexion über Sprache" kann an gegebenen, später an eigenen Nachrichten am PC untersucht werden. Dabei bietet es sich an, die Markierungsfunktionen der Textverarbeitung zu nutzen, um etwa die verschiedenen Tempusformen in unterschiedlichen Farben kenntlich zu machen oder Gliederungsaspekte durch Absätze zu verdeutlichen. In Tabellenform können in Parallelspalten veränderte Fassungen gegebener Nachrichten festgehalten und mit der Ursprungsfassung verglichen werden. Ein Beamer würde diesen Vergleich auch im Plenum ermöglichen. Ansonsten kann man auch einzelne Schülerarbeiten kopieren und so der Klasse zugänglich machen.

Schließlich ist es möglich, die entstandenen Nachrichten am PC auch aufzunehmen. Dazu ist nichts weiter als eine i.d.R. ab Kauf installierte Soundkarte und ein Mikrofon nötig. Die Aufnahme kann je nach verwendetem Programm noch nachbearbeitet werden, allerdings sollten die Erwartungen in diesem Bereich nicht zu hoch gesteckt werden, da Schüler meist nicht mit den Sprechern des Hörfunks mithalten können, die häufig ausgebildete Schauspieler sind. Andererseits gehört auch zu den echten Nachrichten das Risiko eines Versprechers. Hier hängt die Entscheidung von technischen und zeitlichen Rahmenbedingungen sowie von der Intensität

der Vortragsübungen ab. Abschließend könnten die Schüler ihre Nachrichten auf CD brennen und mit nach Hause nehmen.
Die durchgängige Bearbeitung der Texte am PC hat auch den Vorteil, dass der Arbeitsprozess und die Arbeitsergebnisse leicht auf der schuleigenen Homepage präsentiert werden können. Das Ziel der Präsentation kann eine große Motivation freisetzen. Die Nachrichten können als Tondateien von allen Mitschülern abgerufen werden, auch Eltern könnten sich im Falle der Schulnachrichten für die Meldungen interessieren. Möglicherweise entwickelt sich daraus eine Arbeitsgemeinschaft, die regelmäßig in dieser Form aus dem Schulleben berichtet.
Darüber hinaus lassen sich die Arbeitsschritte einzelner Arbeitsgruppen auch per Mail an die Adresse der Lehrerin schicken, um individuell beraten und korrigieren zu können.
Hingewiesen sei auch auf verschiedene Initiativen, die regelmäßig Wettbewerbe ausschreiben, bei denen Radiobeiträge mit bestimmten thematischen Eingrenzungen prämiert werden, z. B. der jährlich stattfindende Wettbewerb „Jugend macht Radio" der Landesarbeitsgemeinschaft Lokale Medienarbeit NRW (*www.medienarbeit-nrw.de*).
Viele der hier beschriebenen Arbeitsschritte können in der Regel technisch interessierte Schülerinnen oder Schüler anleiten oder, wie zum Beispiel das Brennen von CDs, auch zu Hause übernehmen.

Einbettung der Unterrichtsreihe

Im Bereich *Reflexion über Sprache* geht es z. B. darum, den in Radionachrichten üblichen Gebrauch der Tempora zu erkennen, zu erklären und anzuwenden.
Im Bereich *Umgang mit Texten* wird geübt, Nachrichten in Kernsatz (Leadsatz), Erläuterung und Hintergrund zu gliedern. Auch Unterschiede zwischen Nachricht und Korrespondentenbericht (O-Ton) werden z. B. hinsichtlich der Gestaltung der Perspektivik untersucht. Ständig begleiten Überlegungen zur Wirkung der eigenen und fremden Nachrichten den Unterricht. Dadurch entsteht ein reflektierteres Verhältnis zu dem meist zur Berieselung genutzten Medium. Zum Umgang mit Texten gehört natürlich auch ihre Recherche z. B. im Internet.
Im Bereich *Schreiben* wird geübt, Schlagzeilen zu formulieren und eigene Nachrichten zu verfassen. Neben inhaltlichen Aspekten gehört zu diesem Bereich auch die Nutzung der Korrektur- und Umstellungsfunktionen der

Textverarbeitung. Auch Gliederungsaspekte können grafisch entsprechend hervorgehoben werden.

Im Bereich *Sprechen* wird schließlich geübt, den Vortrag von Nachrichten wirkungsvoll zu gestalten, indem die Verteilung von Betonungen und Pausen sowie die Stimmführung beim Vorlesen einer Meldung untersucht und ausprobiert werden. Daraus können Regeln für den Vortrag während der Sendung erwachsen.

Die Übung kann durch die Entwicklung eines Markierungssystems für Betonung, Pausensetzung und Stimmführung unterstützt werden. Auch hier kann wieder am PC gearbeitet werden, wenn die einzutragenden Zeichen in Zwischenzeilen einer Tabelle über den entsprechenden Textzeilen eingetragen werden. Beachten sollte man, dass die Aufnahmeleistung des menschlichen Gehirns nach drei Sekunden stark nachlässt, was kurze Pausen beim Sprechen und entsprechende Sinnabschnitte beim Verfassen nahe legt.

Schlussbemerkung

Mit einer Klasse der Orientierungsstufe oder einer etwas älteren bietet der Gegenstand Kindernachrichten vielfältig variierbare Aspekte, um v.a. im Deutschunterricht unter Einbeziehung von Materialien verschiedenster Herkunft die Medienkompetenz der Schüler zu erweitern. Dabei lassen sich auch besonders gut grammatikalische Aspekte der untersuchten Materialien in den Unterricht integrieren.

Darüber hinaus eignet sich die Reihe auch dazu, (implizit) das Verhältnis von Technik und der durch diese bearbeiteten bzw. hergestellten Wirklichkeit zu reflektieren. Hier lässt sich auch ein historischer Rückblick anschließen: Geeignet ist Fontanes Ballade von der Brücke am Tay mit entsprechender Zeitungsmeldung.

Das Spielerische der Arbeit am Computer, eine gewisse Bastelei kann sogar zeigen, wie unser Gehirn auf ähnliche Weise tentativ vorgeht, um einströmende Information zu ordnen und so lange umzustellen, bis ein kohärentes Bild entsteht.

Literaturhinweise

Pöppel, Ernst, Lust und Schmerz. Über den Ursprung der Welt im Gehirn, München 1993.

Lilipuz? Klaro! 39

Praxis Deutsch 1995, Sonderheft Grammatik, Praxis und Hintergründe.
Radio-Nachrichten. Ein Handbuch für Ausbildung und Praxis, hg. v.
Horsch, Jürgen/Ohler, Josef/Schwiesau. Dietz, München 1996.
Zehrt, Wolfgang, Hörfunk-Nachrichten, UVK Medien Verlagsgesellschaft, Konstanz 1996.
Die beiden letztgenannten Titel enthalten zahlreiche Textbeispiele samt Überarbeitungen aus Nachrichtensendungen, die das Erstellen von Arbeitsmaterial für den Unterricht erheblich erleichtern.

Material 7

Mittwoch, 24.Mai 2000, Redaktion: Klasse 6b

Neues vom Geiseldrama
Die Geiseln auf den Philippinen werden jetzt schon seit einem Monat in dem Gefangenen-Camp im Urwald festgehalten. Jetzt haben sie einen Brief geschrieben und mitgeteilt, dass sie Kleidung, Medikamente und Kaffee brauchen. Außerdem wollen sie gerne Stifte und Papier haben, damit sie ihren Familien zu Hause über das Leben in Gefangenschaft schreiben können.
Seitdem vor ein paar Tagen ein Ärzteteam im Camp war, geht es den Geiseln gesundheitlich wieder besser. Die philippinische Regierung will, dass jetzt regelmäßig Ärzte dorthin kommen.

Grundschüler lernen Fremdsprachen
Ab dem nächsten Schuljahr lernen in Süddeutschland alle Kinder schon in der Grundschule Englisch oder Französisch. Bei uns in Nordrhein-Westfalen wird das erst in vier Jahren Pflicht. Dann müssen auch hier alle Grundschüler eine Fremdsprache lernen. Deshalb sollen die Lehrer jetzt schon einmal Sprachen büffeln. Denn manche sind selbst noch nicht so gut darin. Übrigens sollen auch extra englische und französische Lehrer an unsere Grundschulen kommen.

Elefanten rennen in Berlin um die Wette
Gestern gab es in Berlin eine Generalprobe für das erste Elefantenrennen in Europa. Mitgemacht haben die beiden Elefanten Mausi und Mowgli. Sie leben sonst im Zoo. Und weil alles so gut geklappt hat, findet am 16. Juli auch ein großes Wettrennen mit vielen Zuschauern statt, und zwar auf einer Galopprennbahn, wo sonst schnelle Pferde ihr Rennen laufen.

Zum Sport: Tommy Haas schlägt Pete Sampras
In Düsseldorf ist im Moment ein wichtiges Tennisturnier, es heißt World Team Cup. Gestern hat dort der deutsche Spieler Tommy Haas gegen den Amerikaner Pete Sampras gewonnen. Tommy hat sich über seinen Sieg sehr gefreut und er hat gesagt: „Es ist ein gutes Gefühl, den besten Profi aller Zeiten einmal geschlagen zu haben." Damit hat die deutsche Mannschaft nun gute Chancen, ins Finale zu kommen.

Auf Rollen zum Weltrekord
Ein Franzose hat einen neuen Weltrekord auf dem Skateboard aufgestellt. Er lag auf dem Bauch auf seinem Board und wurde von einem Motorrad gezogen. Dafür hatte er extra eine Metallstange an dem Motorrad befestigt, an der er sich festhalten konnte. Weil er über 160 Kilometer in der Stunde erreichte und das ziemlich gefährlich ist, musste er einen besonderen Schutzanzug tragen.

Das Wetter
Bleibt heute lieber mit euren Freunden zu Hause oder zieht euch wasserfest an. Denn es fängt immer wieder an zu regnen. Die Sonne lässt sich heute leider überhaupt nicht blicken. Morgen soll das Wetter auch so schlecht sein. Aber keine Angst, am Freitag wird es wieder sonniger.

Petra Wamelink
Hexen erobern das Internet

Themenbereich: Besprechung eines Jugendbuches, Erstellung einer Webseite
Klasse: 5
Stundenzahl: 10–12 Stunden für die Erstellung
Voraussetzungen: Grundkenntnisse in Textverarbeitung, Scannen, Gestaltung einer Webseite
Technische Ausstattung: Computerraum mit Scanner, Drucker, Vernetzung, Frontpage

Der folgende Beitrag soll am Beispiel von Roald Dahls *Hexen hexen* zeigen, wie eine Verbindung von klassischer Lektürearbeit und produktivem Umgang mit dem Internet möglich gemacht werden kann, die durchaus die traditionellen Ziele des Deutschunterrichts nicht vernachlässigt.

Roald Dahls *Hexen hexen:* Text und Thema

Roald Dahls Kinderbuch *Hexen hexen* erschien als Original *The Witches* 1983 in London, auf Deutsch zuerst 1986 im Rowohlt Verlag, als rororo Taschenbuch dann 1990[1].
Hexen hexen ist in 22 Kapitel eingeteilt und in der deutschen Übersetzung mit 86, zum Teil ganzseitigen, Zeichnungen illustriert.
Das Buch handelt von einem Jungen, der rückblickend aus der Ich-Perspektive berichtet. Nach dem Unfalltod seiner Eltern bleibt der 7-Jährige

---

1 Roald Dahl: Hexen hexen. Reinbek bei Hamburg, Rowohlt Taschenbuch Verlag 1990 (rororo rotfuchs 20587, € 6,50).

zunächst bei seiner norwegischen Großmutter, bis das Testament der Eltern die beiden nach England zurückzwingt. Die Großmutter fasziniert den Jungen mit ihren lebhaften Erzählungen über Hexen, denen der Junge aber nicht so recht Glauben schenken mag. Die Hexen in diesen Geschichten erscheinen durch kunstvolle Maskerade als normale Frauen, können aber an bestimmten Merkmalen erkannt werden. Dies ist besonders für Kinder wichtig, da diese immer wieder Opfer der Hexen werden. Als dem Jungen jedoch beim Spielen eine Hexe begegnet, ist er von ihrer Existenz ebenfalls überzeugt. Die Sommerferien verbringt er mit seiner Großmutter im südenglischen Seebad Bournemouth, da sich die Großmutter von einer Krankheit erholen muss. Hier macht der Junge die schreckliche Entdeckung, dass in ihrem Hotel eine Tagung aller Hexen Englands stattfindet. Die Hexen entdecken den Jungen, der sich im Saal versteckt hält, und verwandeln ihn in eine Maus. Zusammen mit einem ebenfalls verwandelten Jungen kann der Erzähler zu seiner Großmutter entkommen. Die beiden hecken einen Plan zur Vernichtung der Hexen aus. Der Erzähler schleicht sich in das Zimmer der Hoch- und Großmeisterhexe, um ihr einen Zaubertrank zu stehlen. Beim Abendessen schüttet er ihn in eine für die Hexen bestimmte Terrine. Die Hexen werden dadurch ebenfalls in Mäuse verwandelt und vom Hotelpersonal erschlagen. Der Junge (immer noch als Maus) und seine Großmutter ziehen wieder nach Norwegen und schmieden Pläne zur Vernichtung aller Hexen der Welt.

Dahls Erzählung über Hexen baut ein völlig eigenständiges Bild der Hexen auf. Er folgt den Klischees über (literarische) Hexen nur insoweit, dass seine Hexen ebenfalls einen hinterlistigen, bösen Charakter haben. Vorstellungen von der guten, freundlichen Hexe, wie sie in der Kinder- und Jugendliteratur zahlreich geworden sind, sind hier fehl am Platze. Die Darstellung der Hexen trägt auch zum Erfolg des Buches bei. Ihre handlungsmotivierende Funktion in diesem Buch und auch die Tatsache, dass sie den deutschen Titel sogar semantisch verdoppelt als Subjekt und Prädikat des Kernsatzes ausfüllen, zeigt die Wichtigkeit dieser Figuren für Inhalt und Erschließung des Buches.
Der Ich-Erzähler in *Hexen hexen* kann nur bedingt als Identifikationsfigur angesehen werden, da der Junge seine Verwandlung in eine Maus schnell und vorbehaltlos akzeptiert. Hier und durch das Auftreten der Hexen wird von den Lesern eine Distanz in der Rezeptionshaltung gefordert. Ein Sich-Einlassen auf dieses Buch muss zugleich auch immer ein

Bewusstsein der Regeln der fiktiven Welt und ihrer Unabhängigkeit von der realen Welt bedeuten. Sich diese Regeln zu vergegenwärtigen und sie produktiv auszugestalten kann in einem produktionsorientierten Unterricht über diesen Text im Mittelpunkt stehen. In der Auseinandersetzung mit der Rezeptionshaltung, also der Frage nach der Identifikation mit dem Helden der Geschichte, dem Ich-Erzähler, steckt ein Ansatz zum problemorientierten Lesen.

Intentionen

Die Vermittlung der Kinder- und Jugendliteratur im Deutschunterricht vermischt sich in ihren Zielen mit denen der Leseförderung. Diese erscheint in Bezug auf die Lektüre der ersten Ganzschrift in der Klasse 5 von besonderer Wichtigkeit. Die Unterrichtsreihe zu Roald Dahls *Hexen hexen* wurde aus diesem Grund als Projekt angelegt, das fächerübergreifende und produktionsorientierte Arbeitsweisen beinhalten sollte. Zudem stand am Anfang der Unterrichtsreihe eine Lesenacht, um die Motivation der Klasse für das Buch besonders zu wecken. In dieser Lesenacht wurden die Schüler zum Thema Hexen gestalterisch tätig (sie bastelten und malten Hexen, schmückten den Raum, informierten sich in Büchern über Hexen und entwarfen Plakate). Durch eine szenische Lesung der ersten beiden Kapitel durch uns Lehrerinnen wurden sie auf das Buch neugierig gemacht, um dann schließlich während der Nacht selbst in den Text einzutauchen.

In den der folgenden Unterrichtsstunden[2] wurden die zahlreichen Möglichkeiten zur produktionsorientierten Arbeit, die der Text bietet, genutzt; so z. B. Perspektivwechsel, Tagebucheinträge, Fortsetzungen, Ausgestaltungen einzelner Kapitel, Briefe. Zudem führten die Schüler eine unterrichtsbegleitende Mappe, in der sie zusätzliche Arbeiten wie ein Quiz zum Buch oder Bilder zu einzelnen Kapiteln sammeln konnten. Dabei bot sich eine Zusammenarbeit mit dem Fach Kunst an, in dem die Schüler unter Anleitung ein Bild ihrer Wahl zum Buch erstellten (s. Bilder zum Buch). Im Englischunterricht schrieben die Schüle in Partnerarbeit Texte zur Begrüßung der englischsprachigen Leser der Website (s. For our English-speaking readers).

---

[2] Wertvolle Anregungen zur Besprechung des Buches finden sich bei Dreier, Franz: Roald Dahl: Hexen hexen. Deutsch 4/1998.

Hexen erobern das Internet 43

Während der Unterrichtsreihe äußerten die Schüler immer wieder den Wunsch, ihre selbst verfassten Texte, die nicht alle im Unterricht vorgelesen und besprochen werden konnten, zu präsentieren. Dabei kamen sie auf das Internet als geeignetes Medium.

Ziel der Präsentation sollte es sein, all das, was rund um das Buch *Hexen hexen* geschehen war, auf einer Website zu dokumentieren. Die Lesenacht sowie Zeitungsartikel zur Lesenacht sollten einbezogen werden und man wollte sich mit einem Klassenfoto als verantwortliche Gruppe präsentieren.

Die Vorschläge zur Gestaltung der Website waren vielseitig. Ein Schüler schlug vor, einen in den Augen der Klasse besonders spannenden oder lustigen Textauszug als Tondokument einzubinden, um andere Jugendliche auf den Text neugierig zu machen. In diesem Zusammenhang wurde die Frage des Copyrights thematisiert, ein entsprechender Brief an den Verlag verfasst, der um das Recht zur Lektüre einzelner Textpassagen nachsuchte. Die Schüler erlebten so den Prozess des Entstehens ihrer

Website und der dafür notwendigen Voraussetzungen hautnah mit. Bereits erlernte Dinge wie das Verfassen eines Briefes wurden aktiviert.

Die Klasse begriff zudem, dass sie sich neben der Textverarbeitung weitere methodische Fertigkeiten wie das Scannen von Bildern und Gestalten von Bilddateien aneignen musste, um die geplante Seite zu vervollständigen.

Die Auswahl des Programms zur Gestaltung der Webseite konnte nicht den Schülern überlassen werden, da diese keine Vorkenntnisse besaßen. Wir haben uns für Frontpage von Microsoft als Programm zur Erstellung der Hypertextdateien entschieden, da für die Schüler nicht die Anlage einer Struktur im Vordergrund stand, sondern die ansprechende Gestaltung ihrer eigenen Texte. Dazu kam, dass die von den Schülern mit dem Textverarbeitungsprogramm Word getippten Geschichten problemlos in Frontpage importiert werden können.

Realisierung

Auswahl der Texte und Textverarbeitung

Nach Abschluss der Buchbesprechung folgten zwei Planungsstunden für die kommende Internetpräsentation. Angesichts der Fülle von Schülerarbeiten entschlossen sich die Schüler, dass jeder zwei seiner eigenen Texte sowie ein Bild auswählen durfte, die Teil der Webseite werden sollten. Auf diese Weise wurde erreicht, dass die Schülerinnen ihre eigenen Texte kritisch sichteten, teilweise überarbeiteten, da ihnen bewusst war, dass diese nun einer breiteren Öffentlichkeit als der Klasse zugänglich gemacht werden würden.

Nach der Auswahl und Überarbeitung folgte die notwendige Eingabe der Texte in den Computer. Erfahrenere Schüler erledigten dies teilweise zu Hause, andere unter Anleitung im Computerraum der Schule. Schüler, die bereits über Vorkenntnisse verfügten, unterstützten ihre Klassenkameraden dabei mit Rat und Tat. Teamarbeit wurde gestärkt.

Auch die Notwendigkeit von Orthografie und Zeichensetzung wurde den Schülern bewusster als im herkömmlichen Unterricht, da ihr Bestreben groß war, die Texte fehlerfrei zu präsentieren. Sie lernten dabei bislang eher sporadisch genutzte Bestandteile des Textverarbeitungsprogramms wie den Thesaurus kennen und anwenden. Zudem geriet das Layout als wichtiges Gestaltungselement in den Blick und sie probierten verschiedene Möglichkeiten, bevor die endgültige Textfassung vorlag.

Das Erstellen der Website-Struktur

Es empfiehlt sich, die Struktur der Webseite mit den Schülern zunächst an einem Plakat zu erarbeiten und darzustellen, um ihnen die Zusammenhänge der einzelnen Teile zu verdeutlichen und die Funktionsweise von Hypertexten zu erläutern (s. Struktur der Webseite).

Die Klasse entschied sich dafür, auf die oberste Ebene eine Begrüßungsseite zu setzen, die über die vorangegangene Unterrichtsreihe informieren und Hinweise über den Aufbau der Webseite geben sollte. Von dieser Ebene (s. Willkommen auf unserer Homepage) aus sollten Unterseiten erreichbar sein: das Klassenfoto, Hinweise für andere Lehrer, Informationen und Artikel über die Lesenacht, eine Seite mit den Bildern, eine andere, die zu den selbst verfassten Texten führen sollte und eine zu den im Englischunterricht erarbeiteten Texten.

Zu den einzelnen Unterseiten sollte es dann wieder Unterteilungen geben. Unter der Seite, die zu den Schülertexten einleitet, sollten sich alle produktionsorientierten Aufgaben finden.

Die Gestaltung der einzelnen Seiten

Die Schüler mussten nun in einem nächsten Schritt die jeweils einleitenden Seiten gestalten. Sie suchten sich in Zweiergruppen eine Seite auf dem Plakat aus, die sie nach einer kurzen technischen Einführung von Lehrerseite aus in Eigenregie gestalteten. Dazu verfassten sie einen kurzen einleitenden Text und entwickelten ein Layout. Diese präsentierten sie den Mitschülern. Auf den einleitenden Seiten der Schülertexte zum Beispiel machten die Schüler Angaben zur gestellten Aufgabe und kopierten dann die Texte in die entsprechende Datei.

Die Schüler arbeiteten begeistert an der Gestaltung der Seiten, probierten verschiedene Schrifttypen, Hintergrundfarben aus, fügten Cliparts ein und baten immer wieder andere Gruppen um ihre Meinung zu dem Erarbeiteten. Eine starke Interaktion war während dieser Phase zu beobachten. Wir Lehrerinnen hatten während dieser Phase nur beratende Funktion bei sprachlichen oder technischen Problemen.

Anmerkungen

Die Medien Computer und Internet in Verbindung mit dem ansprechenden Buch *Hexen hexen* schafften es, die Motivation der gesamten Klasse über einen längeren Zeitraum zu erhalten. Die Schüler arbeiteten zuneh-

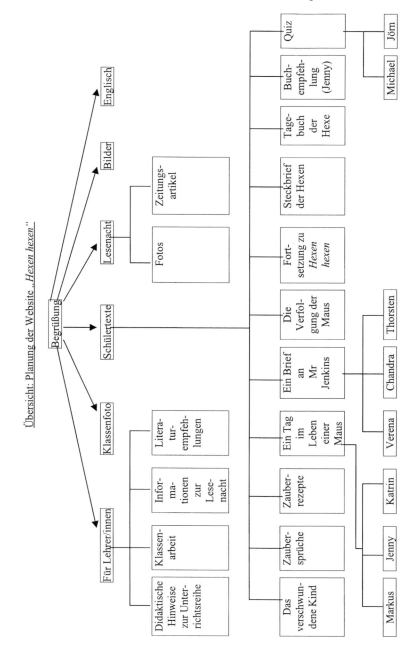

mend selbstständig, organisierten ihr Handeln eigenständig und gaben sich untereinander Hilfestellungen. Der Ehrgeiz, das Vollbrachte zu präsentieren gab immer wieder einen Motivationsschub.

Auffällig war, dass Schüler, die im herkömmlichen Unterricht eher unbeteiligt sind, besonders aktiv mitarbeiteten; nachmittags in die Schule kamen, um ihre Arbeit weiterzuführen.

Der zeitliche Aufwand für das Projekt war recht hoch, da auch für uns Lehrende die Arbeit eine neue Erfahrung darstellte und immer wieder technische Probleme gelöst werden mussten. Uns riss die Begeisterung der Schüler aber immer wieder mit, sodass es letztendlich hieß: Die Hexen haben das Internet erobert.

Rainer Erhardt
Winterpoesie – Lyrik am PC

Themenbereich: Kreatives Schreiben am PC, Lyrik
Klasse: 5–7
Stundenzahl: Ca. 10 Unterrichtsstunden verteilt auf 4 Wochen
Voraussetzungen: gering, da es um eine Einführung in die Grundlagen der Texterfassung und Formatierung geht
Technische Ausstattung: Fachraum mit Computerausstattung im Netzwerk, jeweils einen PC für zwei Schüler, gängige Software, Beamer, Drucker, Brenner
Ziele: Technisches Grundverständnis des Computers und Grundfertigkeiten im Umgang mit der Software (Betriebssystem u. Textverarbeitung) erwerben, die Möglichkeiten kreativer Textgestaltung am PC kennen lernen

Kreatives Schreiben

Schüler der Klassen 5–7 haben durchaus Freude daran, selbst Gedichte zu schreiben, sie zeichnerisch zu gestalten und ganze Lyrikkalender zu produzieren. Die neuen Medien bieten hier weitere Möglichkeiten der ästhetischen Umsetzung.

Während der Einführungs- und Einübungsphase in die grundsätzliche Handhabung des Schreibprogramms hatten die Schülerinnen selbst einige nützliche, grafisch gestaltende Elemente entdeckt und intuitiv richtig zur Gestaltung ihrer Texte eingesetzt, z. B. *WordArt* oder *ClipArt*.[1] Diese Phase des Erforschens der Möglichkeiten des Programms zeigte, dass die Schülerinnen zunehmend sicher wurden.

1 Menüführung in Word: Einfügen – Grafik ...

Zwischen den Computerstunden war die Erarbeitung der üblichen Aspekte, wie Metrum, Reimschema, Kadenz, onomatopoetische Elemente usw., anhand von Naturgedichten und Erlebnislyrik, erfolgt.
Einige Beispiele mögen diese Lernstufe veranschaulichen. Die Schülerinnen hielten nun selbstverständlich die mit diesen theoretischen Grundkenntnissen selbst verfassten Gedichte digital fest.

Verzauberte Melodie (Aljona Tcherniavskaia)

Hufgetrappel begleitet von goldenen Glocken,
Reizvolle Stille mit weißen Flocken.

Die Weihnachtsmusik aus hellen Fenstern,
Im Mondlicht steh ich mit Schneegespenstern.

Umkreist von Schnee und Tannen,
Im Hause höre ich zischende Kannen.

Das alles um mich ist Harmonie
Wie eine verzauberte Melodie.

Aljona hat in mehreren Gedichten ihr Einfühlungsvermögen und die Fähigkeit, dieses imaginäre Erlebnis in Worte zu fassen, umgesetzt. Sie legte, wie die meisten ‚Dichterinnen', Wert auf die entsprechende Textgestaltung am PC.

Es wurde immer wieder betont, dass Dichten jetzt noch mehr Spaß mache, da man bei Korrekturen nicht mehr das ganze ‚Werk' abschreiben, sondern nur den entsprechenden Teil redigieren müsse.

Wintergedicht (Stefanie Örtelt)

Hui, hui, die Schneeflocken wehen herbei.
Schnell hinaus, holt die Schlitten raus.

Wir rodeln den Berg h i n
           u n
Ob Schlitten, ob Ski, egal -   t
Denn alle wollen einmal.   e
                                          r
Puh, puh, jetzt war es schön im Schnee.
Kommt, wir gehen 'rein, auf ein Schlückchen Tee,
Denn es wird langsam kalt, in unserem Märchenwald.

Kombination „Buchstabenbild" und Text

Winterpoesie

Der Winter ist vorüber

Der Winter ist vorüber,
jetzt kommt der Frühling wieder.

Wir gehen auf die Wiesen
und müssen kräftig niesen,
weil der Blütenstaub
sich in die Nase saugt.

Die Kinder schreien wie verrückt,
und jubeln ganz beglückt.

Oh, seht, dort oben geh'n die Blümlein auf,
kommt, wir rennen schnell hinauf.

Der Frühling ist 'ne tolle Zeit,
mit sehr viel Glück und wenig Streit.

Dieses Gedicht wurde von Stephanie Oppelt und Naima Petermann verfasst. Die Schülerinnen verwendeten bewusst die erlernten formalen, semantischen und syntaktischen Elemente. Sie unterschieden auch handlungs- und stimmungsbetonte Gedichte.

Diese Entdeckungsreise führte zu lebhaftem Austausch der Arbeitsteams untereinander. Dann erinnerte sich eine Schülerin an die im Deutschunterricht entworfenen Gedichte aus der Einheit *Vom Naturgedicht zur Konkreten Poesie* (Gomringer/Jandl u. a.), von denen die gelungensten auf Wandposter übertragen worden waren. Sie schlug vor, Ähnliches am PC auszuprobieren.

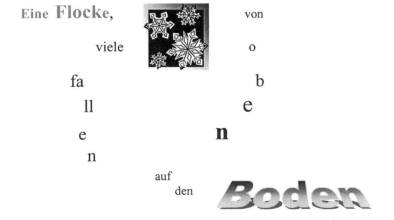

Neben den didaktischen Lernzielen im allgemein germanistischen Sinn wurden bei dieser komplizierten Formatierung, die nicht ohne Hilfe des Lehrers erfolgen konnte, viele verschiedene Möglichkeiten des Schreibprogramms geübt: Tabulatoren, unterschiedlicher Zeilenabstand, Zeilenvorschub, Definition des Buchstabenzwischenraumes, Einbinden und Formatieren von WordArt- und ClipArt-Elementen, Manipulation der Typen und ihrer Größe.

Technische Umsetzung

Der Aufbau des Bildgedichtes erfolgt als Übung für die Klasse in folgenden Schritten:

- Handschriftliche Skizze einer Schülerin als OH-Projektion,
- Setzen des Textes in beliebiger Schrifttype, wobei auf die zeilengerechte, horizontale Verteilung der Lettern zu achten war.
- Grobe horizontale Verteilung der Zwischenräume über die Tab-Taste,
- durch Einfügen von Leerzeilen vertikale Strukturierung
- Aufrufen der integrierten ClipArts [ ]:

- Wählen, Kopieren, Import über Einfügen in das Dokument:

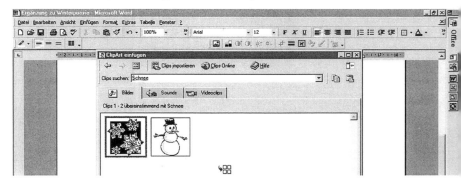

- „Grafik formatieren" über die rechte Maustaste: „Passend"; dann kann das Bild bei gedrückter linker Maustaste beliebig verschoben werden:

- Der Reiter „Bild" erlaubt es, jede Grafik durch Eingabe eines Zahlenwertes in Millimeter beliebig zuzuschneiden.
- Der Textverlauf kann über weitere Schaltflächen vor, hinter das Bild oder umlaufend definiert werden.
- Korrektur der durch das Importieren der Grafik verschobenen Buchstaben in die gewünschte Lage zueinander und zu den grafischen Elementen.
- Vergleichbar wird mit dem WordArt-Element „Boden" verfahren:

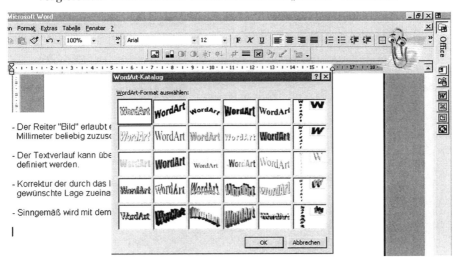

- Das in das Textfeld eingegebene Wort kann über ein Auswahlmenü aus Vorlagen importiert bzw. individuell eingefärbt und durch Ziehen an den markierten Punkten des Bildfeldes angepasst werden:

- Über die rechte Maustaste lässt sich ein Menü zur weiteren Formatierung öffnen:

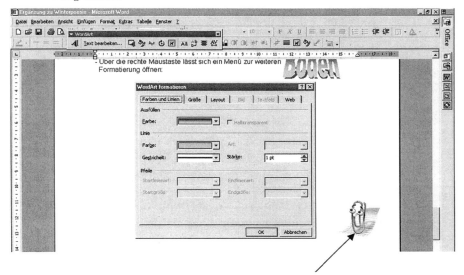

- Für Fragen steht der in das Programm integrierte Hilfeassistent auf einfaches Anklicken zur Verfügung.
- Durch Eintragen von Schlüsselbegriffen in das Kommunikationsfeld als Anfrage lassen sich rasch Lösungen aufrufen.

Da es sich bei all diesen Arbeitsschritten um grundsätzliche Fertigkeiten im Umgang mit Schreibprogrammen handelt, ist die Anwendung und Übertragbarkeit dieser Kenntnisse gegeben.

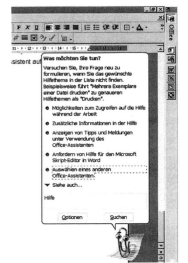

- Als letzten Schritt der Überarbeitung des Bildgedichts werden die Größen der einzelnen Lettern so gewählt, dass der perspektivische Eindruck in der Vertikalen entsteht.

Winterpoesie 53

- Als letzten Schritt der Überarbeitung des Bildgedichts werden die Größen der einzelnen Lettern so gewählt, dass der perspektivische Eindruck in der Vertikalen entsteht.

– Zuletzt wird das fertige Produkt in dem Ordner abgespeichert, den sich zu Beginn des Schuljahres jeder Schüler im Netzwerk des Rechnerraumes unter der Klassenbezeichnung angelegt hatte. Somit lässt sich jeder Eintrag leicht zuordnen und wieder auffinden.

– Der Ausdruck kann schließlich in das Heft für Unterrichtsmitschriften eingeklebt werden, wodurch die Brücke zum traditionellen Unterricht im Sinne der Ergebnissicherung geschlagen wird.

Didaktische Auswertung

Man konnte beobachten, dass sich die Schülerinnen mit den Inhalten des Unterrichts wesentlich intensiver beschäftigten. Die Arbeit am Computer schien wie ein Katalysator für die üblichen Lerninhalte zu wirken. Die Schülerinnen waren gerne bereit, im Unterrichtsgespräch erarbeitete Erkenntnisse, die sonst als Hefteintrag kaum vertiefend zur Kenntnis genommen werden, am PC abzutippen, neu zu formatieren und den Ausdruck dann in das Heft über die handschriftlichen Notizen zu kleben.

Dabei geschah es immer wieder, dass erst in dieser Phase der Nachbearbeitung Fragen zum Inhalt aufgeworfen wurden, die in der herkömmlichen Ergebnissicherung m.E. untergegangen wären.

Dieser positive Effekt der Selbstverstärkung durch die Arbeit mit dem PC hält zumindest so lange an, wie die neuen Inhalte das Interesse und die Neugier der Schülerinnen und Schüler ansprechen. Mit zunehmender Beherrschung verflacht diese Wirkung. Dieser Einwand gilt allerdings für alle Medien, weshalb der Wechsel der Unterrichtsmittel notwendig ist. Dies wiederum unterstreicht, welch wertvolle Ergänzung die traditionellen durch die neuen Medien erfahren können.

Am Ende der zweijährigen Zusammenarbeit wurden alle Ergebnisse auf einer CD gesammelt und jede Schülerin erhielt ein Exemplar mit einem Klassenfoto als Cover. Diese CD ist interaktiv zu bedienen, d.h. der Betrachter kann beliebig zwischen den Inhalten wechseln, sie startet von selbst und „man kann nichts kaputt machen". Außerdem lassen sich Texte und

Bilder von diesem Datenträger ohne weiteres kopieren, übertragen, ausdrucken und verarbeiten.

Es konnte in allen Klassen, die an PC-gestütztes Arbeiten herangeführt wurden, beobachtet werden, dass gruppen- oder überwiegend paarweises Arbeiten gesucht wurde. Diese sozial integrative Komponente gab den Schülern die Möglichkeit einander zu helfen.

Die Eltern begrüßen die Arbeit am Computer, da sie in ihrem beruflichen Umfeld die Notwendigkeit für diese Beherrschung sehen.

Die Vorzüge digitalen Schreibens gegenüber herkömmlichen Schreibtechniken seien thesenartig zusammengefasst:
- Digital gesetzte Texte lassen sich inhaltlich, sprachlich-syntaktisch und formal auch durch Anfänger ausgezeichnet redigieren.
- Die Einbindung grafischer und akustischer Elemente gelingt in idealer Form, wodurch beide Lernkanäle angesprochen werden können.
- Die Integration des Computers in den Unterricht kostet nicht Zeit, sondern intensiviert das nachhaltige Lernverhalten der Schüler und spart somit Zeit in der Wiederholungs- und Vertiefungsphase.
- Die Möglichkeit, sich von der Grobfassung an die endgültige Version eines Textes heranzuarbeiten, gewährt dem Schüler individuelles Arbeitstempo und Pausen als Erholungsphasen. Nach meiner Beobachtung kommt dies gerade leistungsschwächeren Schülern zugute, befördert jedoch generell die Lust am Lesen und Schreiben und somit auch die gedankliche Durchdringung von Text.

Schwerpunkt Klassen 7 bis 10

Ute Fenske
Recherchieren mit Suchdiensten – in zwei Stufen

Themenbereich: Internetrecherche, Einführung in die Nutzung von Suchmaschinen
Klasse: 7, 8
Stundenzahl: 5–6 Stunden (eine Stunde Einführung, ein bis zwei Stunden Recherchen mit Protokollieren und Bewerten, eine Stunde Auswertung/Präsentation der Ergebnisse)
Voraussetzungen: Grundbegriffe und Grundfertigkeiten im Umgang mit dem Internet, Erfahrungen mit Suchmaschinen für Kinder/Jugendliche
Technische Ausstattung: Internetzugang
Ziele: Hinführung zum selbstständigen Recherchieren im Netz

Stufe 1

In der 7./8. Klasse sollte man versuchen, die Schüler an den Umgang mit verschiedenen Suchdiensten heranzuführen. Es werden vor allem folgende Probleme auftreten: Erstens wird man bei den meisten Schlagwörtern zu sehr vielen Suchergebnissen kommen. Die Fülle an Treffern ist meistens kaum zu überblicken, Eingrenzungen sind oft nur schwer zu erreichen. Nicht immer kann man sich darauf verlassen, dass gute Internetadressen auch am Anfang der Liste der Suchergebnisse stehen. Zweitens ist das Material, das auf den Internetseiten zu finden ist, natürlich in keiner Form didaktisch aufgebaut. Die Schüler müssen also versuchen, mit Texten, die nicht für Kinder oder Jugendliche geschrieben wurden, zurechtzukommen. Internetseiten für Jugendliche bieten leider noch keine gute Alternative. Es gibt zu wenige Seiten, außerdem wird man oft zu im Unterricht behandelten Themen wenig Angebote finden. Trotzdem lohnt es sich, erst einmal bei Suchmaschinen für Kinder und Jugendliche zu recherchieren und sich dann über Links weiterzuklicken. Jeder Lehrer hat aber bestimmt schon einmal seitenlange, ungeeignete Kopien von Internetseiten zu einem Unterrichtsthema bekommen. Es ist also notwendig, die Auswahl von geeignetem Material und die Entnahme von Informationen aus dem Netz zu üben.

Suche nach Informationen zu Textsorten, bestimmten Werken oder Autoren

Unterrichtsgegenstand des Deutschunterrichts in der 7. und 8. Klasse sind z. B. bestimmte Textsorten wie Kurzgeschichten, Anekdoten oder Balladen. Oft werden die Schülerinnen und Schüler aufgefordert, die spezifischen Textmerkmale zu beschreiben, sich über ein bestimmtes Werk oder einen Autor zu informieren. Diese Recherchen können auch mithilfe des Internets stattfinden. Es kann daran anknüpfend auch ein sinnvoller Vergleich mit Informationsmöglichkeiten in anderen Medien stattfinden. Auch in der 7. und 8. Klasse sollten die Recherchen so genau wie möglich vorbereitet und ausprobiert werden. In einer Einführungsstunde lernen die Schülerinnen zunächst verschiedene Suchdienste und ihre Benutzung kennen. Hierzu gibt es ein Arbeitsblatt mit vorher ausprobierten Suchanfragen.

Beispiele für Aufgaben:
- Suche mit der Suchmaschine Google (*http://www.google.de*) nach Seiten über die Rechtschreibreform.
- Wie viele Treffer werden genannt? (Antwort: 24 000 Treffer)
- Benutze den Katalog von Dino-Online (*http://www.dino-online.de*).
- Bei welchem Oberbegriff musst du suchen?
- Notiere nacheinander die Kategorien, die du anklicken musst, um zum Schlagwort „Rechtschreibreform" zu kommen. (Antwort: Oberbegriff „Beruf und Bildung"; Beruf und Bildung → Schule → Rechtschreibreform)

Die Unterschiede zwischen einer freien Suche und der Suche mit Webkatalogen muss erklärt, Vor- und Nachteile sollten benannt werden. Haben die Schülerinnen und Schüler die Prinzipien der Recherche verstanden, lässt man zu einem bestimmten Thema Informationen suchen. Im Zusammenhang mit dem Thema Balladen können gut Rechercheübungen gemacht werden. Ein vorbereitetes Arbeitsblatt sollte die Suche so aufbauen, dass deutlich wird, wie man zu sinnvollen Ergebnissen kommt. Gibt man nämlich z. B. das Schlagwort „Ballade" bei der freien Suche in Suchmaschinen ein, erhält man sehr viele Treffer (*Google:* 48 000 Treffer, *lycos:* 22 926 Treffer). Hier ist der Nutzer wirklich überfordert, wenn er gute allgemeine Informationen über diese Textsorte sucht. Es gibt auch das Problem, dass man unter „Ballade" eine bestimmte Liedform in der Musik versteht. Ergebnisse hierzu werden natürlich auch mit aufgelistet.

Gibt man aber „Definition Ballade" ein, bekommt man bei Google zwar auch noch 1510 Treffer. Mit einigen der genannten Internetseiten können die Schülerinnen und Schüler schon weiterarbeiten (z. B. mit dem ersten Tipp: *http://www.balladen.de/forschung/definition.html*). Die Schüler lernen, dass man mehrere Begriffe miteinander verknüpfen kann, um zu gezielteren Suchergebnissen zu gelangen. (Achtung: Die Regeln für Verknüpfungen sind bei den Suchmaschinen unterschiedlich: entweder automatisch, mit „und" oder mit „+").

Mit Webkatalogen kommt man nicht weit, wenn man nach dem Begriff „Ballade" sucht. Aber auch dies sollte bei der Übung deutlich werden. Anschließend kann man nach bestimmten Autoren oder ihren Werken suchen. Auch diese Aufgabe kann man mit gezielten Suchaufträgen vorgeben oder auch die Schüler selbstständig suchen lassen. Beispiel: Unterrichtsgegenstand sind Balladen von Theodor Fontane, insbesondere „Die Brück' am Tay". Je nach Kenntnis- und Leistungsstand der Lerngruppe bieten sich jetzt verschiedene Vorgehensweisen an:

a) Die Lehrkraft gibt die Suchaufgaben vor;
b) die Schüler bekommen verschiedene Suchaufträge (arbeitsteilige Gruppenarbeit: entweder nach verschiedenen Schlagwörtern suchen oder mit unterschiedlichen Suchdiensten arbeiten);
c) die Schüler formulieren selbstständig die Suchbegriffe, suchen selbstständig und protokollieren ihre Suchwege und Ergebnisse.

Beispiel für Abfolge von Suchoperationen mit der Suchmaschine *Google:*

Schlagwort	Treffer	gute Adressen
Fontane	25 000	http://www.gutenberg.aol.de/autoren/fontane.htm
Fontane Biografie	344	…
Theodor Fontane Balladen	651	
Theodor Fontane Die Brück' am Tay	105	http://www.zum.de/Faecher/D/Saar/Gym/briest.htm
Die Brück' am Tay	377	
Hintergründe Die Brück' am Tay	20	
Theodor Fontane John Maynard	301	

Das Beispiel macht deutlich, dass man sich die Suchbegriffe gezielt überlegen muss. Fragt man gezielt, z. B. nach den Hintergründen des Unglücks an der Brücke am Tay, findet man brauchbare, für den Unterricht verwendbare Informationen. Am Beispiel „Die Brück' am Tay" kann auch die Bildsuche geübt werden. Sucht man mit *Google,* wird z. B. ein Foto aufgerufen. Es sollte auf die Möglichkeit verwiesen werden, Metasuchmaschinen zu nutzen. Auch über den Suchdienst *Clickfish (http://www.clickfish.com)* wird man fündig. Bei *Clickfish* erhält man eine Vielfalt von detaillierten Informationen, kommentierten Links und kurzen redaktionellen Beiträgen zu speziellen Themen. Diese Links und Kommentare werden von verschiedenen „Guides" erstellt. Es gibt sogar die Möglichkeit eine Anfrage nach weiteren Informationen per E-Mail direkt an einen „Guide" zu schicken. Er wird sie innerhalb von 24 Stunden beantworten.

Suche nach Informationen zu einem Sachthema

Häufig eingesetzt wird das Internet bei Recherchen zu bestimmten, aktuellen Sachthemen. Hier bietet das Internet gute, schnelle und bei richtiger Nutzung auch billige Möglichkeiten, über Zeitungsartikel, Meldungen von TV-Sendern und andere Internetseiten zu den gewünschten Informationen zu gelangen. Die Fülle des Materials ist wie immer das Problem. Für ein Unterrichtsvorhaben sollen sich die Schüler selbstständig erste Informationen zum Thema „Tierschutz" aus dem Internet holen. Hier soll die Recherche zu Beginn eines Unterrichtsvorhabens stehen, um sich der Komplexität des Themas bewusst zu werden und danach die im Unterricht zu behandelnden Bereiche einzugrenzen. Stellt man einen Suchauftrag so allgemein, kann man den Schülerinnen und Schülern zur ersten Orientierung die Suche über Webkataloge empfehlen. Allerdings sollte man auch hier vorher prüfen, ob Webkataloge das gesuchte Thema auch aufführen. Sucht man z. B. nach dem Thema „Tierschutz", wird man weder bei *fireball* noch bei *lycos,* wohl aber bei *dino-online (http://www.dino-online.de)* fündig. Beim Umgang mit Webkatalogen wird von den Schülerinnen und Schülern abstraktes Denken verlangt, was in den Klassen 7 und 8 oft noch schwer fällt. Es müssen die Oberbegriffe (Kategorien) gesucht werden, unter denen das Schlagwort „Tierschutz" verzeichnet sein kann. Im genannten Beispiel gibt es zwei Möglichkeiten: 1. Forschung und Wissenschaft → Natur und Umwelt → Naturschutz → Tierschutz; 2. Gesellschaft und Soziales → Natur und Umwelt → Naturschutz → Tierschutz. Sind die Schüler zum Schlagwort „Tierschutz" gelangt, sehen sie auch gleich, was dieses Thema alles beinhalten kann: z. B. Tierrechte, Tierschutzvereine, Tierheime, Tierartenschutzprojekte. Nach einer solchen Suche kann man Gruppen bilden, die sich näher mit einem

Recherchieren mit Suchdiensten

der genannten Unterthemen beschäftigen. Schwierig bleibt in jedem Fall die Bewertung der gefundenen Internetseiten. Hier ist es sinnvoll, gemeinsam zu versuchen, Kriterien für die Beurteilung aufzustellen (über die Qualität der Fundstellen; über die Relevanz der Ergebnisse für das Thema des Unterrichts).

Stufe 2

Themenbereich: Internetrecherche, selbstständige Recherchen im Netz
Klasse: 9,10
Stundenzahl: 6 Stunden, auch abhängig vom Thema (eine Stunde Einführung; zwei bis drei Stunden Recherche; ein bis zwei Stunden Auswertung)
Medienspezifisches Vorwissen: gute Kenntnisse im Umgang mit dem Internet, gute Erfahrungen mit gelenkten freien Recherchen, Erfahrungen im Umgang mit freien Suchmaschinen und Webkatalogen
Ziele: Entwicklung von Suchstrategien, Bewerten von Suchergebnissen, selbstständige Recherchen
Technische Voraussetzungen: Internetzugang

Schüler und Schülerinnen der 9. und 10. Klasse, die den Umgang mit dem Internet bereits wie beschrieben geübt haben, können versuchen selbstständig zu recherchieren. Wenn ein bestimmtes Thema im Unterricht durchgenommen wird, sollte die Lehrkraft allerdings trotzdem selbst überprüfen, ob es im Netz überhaupt informative Internetseiten zum Thema gibt. Da die Arbeit im Internet leicht dazu verführen kann, abzuschweifen und sich auch Internetseiten zu widmen, die nichts mit dem anstehenden Thema zu tun haben, müssen gerade bei der selbstständigen Suche Verabredungen über das Vorgehen getroffen werden. So sollte man für die Recherche immer einen Zeitrahmen vorgeben. Es sollten außerdem Protokolle über die Suchvorgänge und Suchergebnisse verfasst werden. Anhand der Protokolle kann der Lehrer feststellen, ob Schülerinnen und Schüler korrekt gearbeitet haben und kann bei Schwierigkeiten gezielt Hilfen geben.

Suchen nach Informationen zu einem Theaterstück

Begleitend zu der Besprechung eines Theaterstücks im Unterricht sollen die Schüler ihre Recherchen selbstständig planen und durchführen. In einer einführenden Stunde werden zunächst weitere Techniken im Umgang mit Suchmaschinen vermittelt. Hierzu kann ein Arbeitsblatt vorbereitet werden, auf das bei allen Recherchen immer wieder zurückgegriffen werden kann. Wichtig ist vor allem die Kenntnis der *Boole'schen*

Operatoren. Man kann auf dem Arbeitsblatt z. B. die verschiedenen logischen Operatoren auflisten und dazu Aufgaben stellen. Bevor man die Anwendung dieser Operatoren bei einer Suchmaschine ausprobiert, muss man prüfen, ob man bei dieser Suchmaschine auch mit den Operatoren arbeiten kann (meistens gibt es „Hilfe"-Links). Fast immer muss man für die Anwendung von Operatoren auf „Erweiterte Suche" (oder „Profisuche", „Search", PowerSearch" o. Ä.) klicken.

Arbeitsblatt zur Einführung der Boole'schen Operatoren

Operator	Beschreibung	Beispiel
and (+)	Es werden alle Seiten angezeigt, die beide Suchbegriffe enthalten.	Grass + Literaturnobelpreis
not (-)	Es werden alle Seiten angezeigt, die auf jeden Fall den ersten Begriff, aber auf keinen Fall den zweiten enthalten.	Sciencefiction – fantasy (oder: +Sciencefiction –fantasy)
„..."	Es werden alle Seiten angezeigt, in denen die ganze Wortgruppe vorkommt	„Das literarische Quartett"
or	Mindestens einer der Suchbegriffe kommt auf den Seiten vor.	Bildungsroman or Entwicklungsroman
near	Der Suchbegriff kommt auf der Seite innerhalb eines Abstandes von höchstens zehn Wörtern vor.	Roman near Bildungsroman

* Das Jokerzeichen (Wildcard) dient als Platzhalter. Gut, wenn man nicht genau weiß, wie ein Wort geschrieben wird oder wenn ein Begriff als Wortbestandteil enthalten sein soll.

Aufgaben:
1. Probiere zunächst die Beispiele in der Tabelle aus und prüfe die Qualität der jeweiligen Suchergebnisse: Wie viele Treffer gibt es? Sind „Volltreffer", d.h. gute Seiten dabei?
2. Was musst du bei der Suchmaschine *altavista* eingeben, wenn du Informationen über den Friedenspreis des Deutschen Buchhandels suchst?
3. Suche mit *altavista* nach Preisträgern des Friedenspreises des Deutschen Buchhandels.
4. Wie suchst du nach dem Ausdruck *Lyrisches Ich*?
5. Du suchst nach einem rhetorischen Begriff, weißt aber nur noch, dass der Anfang des Wortes *Synek...* lautet. Wie gehst du bei der Suche vor?

Es sollte anschließend eine Reflexion darüber stattfinden, wie gut die Anwendung der *Boole'schen Operatoren* bei der Suche wirklich hilft und wie man die Suchen noch verfeinern und verbessern kann. Man muss sich

Recherchieren mit Suchdiensten

z. B. darüber im Klaren sein, dass die Eingabe *fantasy + Filme* einen unweigerlich auch zu Online-Versandhändlern führt, die Fantasieliteratur und Filme führen (beide Begriffe kommen ebenfalls auf der Internetseite vor). An die allgemeine Einführung in die Nutzung der *Boole'schen Operatoren* kann man noch Übungen zum Umgang mit diesen Operatoren in verschiedenen Suchdiensten anschließen. Die Schüler sollten sich jeweils über die Hilfe-Funktion der Suchmaschine über die jeweiligen Operatoren informieren und dann selbstständig recherchieren. Als Beispiel dient das Theaterstück „Der Jasager und der Neinsager" von Bertolt Brecht als Unterrichtsgegenstand. Die Internetrecherche soll zu Beginn einer Unterrichtsreihe stattfinden. Aus der Recherche sollen sich dann mögliche Themenbereiche und Fragestellungen ergeben, die im Unterricht behandelt werden können.

Für die Suche sind verschiedene Vorgehensweisen denkbar:

1. Im Plenum überlegt man, über welche Themen sich die Klasse überhaupt informieren will. Die möglichen Themen werden für alle im Klassenraum sichtbar notiert (oder auf Arbeitsblättern festgehalten). Danach teilt man die Themen auf.

2. Die Schülerinnen und Schüler arbeiten einzeln oder in Partnerarbeit. Sie suchen selbst nach möglichen Themen und Fragestellungen. In beiden Fällen müssen aber die Schlagworte selbst gesucht und die Suchstrategien selbst entwickelt werden. Die Schülerinnen und Schüler probieren auch selbst aus, ob sie unter Anwendung der *Boole'schen Operatoren* zu besseren Ergebnissen kommen.

Beispiele für mögliche Themen: Biografie Brechts; Titel des Stücks; Rezensionen, Inszenierungen oder Interpretationen des Stücks; Episches Theater; Verfremdungseffekte; Montagetechnik; Aristotelisches Theater.

Die Schülerinnen sollten z. B. über die Biografie Brechts oder den Inhalt des Stücks recherchieren. Sie stoßen dabei auf weitere mögliche Stichworte bzw. Themen. Bei dieser freien Form der Recherche ist das Protokollieren besonders wichtig. Es muss unbedingt verzeichnet werden, ob sich die gefundene Internetseite bzw. das dort gefundene Material für die Bearbeitung im Unterricht eignet. Die Schüler sollten ihre eigenen Suchergebnisse nach der Suche bewerten und angeben, welches Material sie für besonders gut halten und womit sie sich gegebenenfalls weiter beschäftigen müssen. Sie sollten auch angeben, wenn sie zu einem bestimmten Thema nichts oder kein gutes Material gefunden haben und trotzdem finden, dass eine Beschäftigung mit diesem Thema notwendig wäre. Dann kann gemeinsam überlegt werden, welche anderen Medien sich für eine Suche besser eignen. Die Ergebnisse der Recherchen sollen im Plenum vorgetragen und diskutiert werden.

Für die Präsentation der Ergebnisse gibt es verschiedene Möglichkeiten: Plakate; Präsentation der gespeicherten Ergebnisse über einen Beamer; Speicherung der Ergebnisse auf CD, wenn ein Brenner vorhanden ist. Es können dann auch gemeinsam Linklisten erstellt werden, die auf der Schul-Homepage präsentiert oder auf CD gebrannt werden. Auch der weitere Unterrichtsablauf soll gemeinsam geplant werden, z. B. an welchen Themen in welcher Reihenfolge gearbeitet werden soll. Eine Aussprache über das methodische Vorgehen sollte immer stattfinden, um Schwierigkeiten zu benennen, Erfahrungen auszutauschen.

Suche nach Informationen zu einem fachübergreifenden (Projekt-)Thema

Sucht man nach ersten Informationen zu fachübergreifenden Themen, lohnt sich ebenfalls ein Recherchieren im Netz. Das Internet hat hier den Vorteil, dass Informationen zu den verschiedensten Sachgebieten verzeichnet sind und eine erste Orientierung bieten.

Beispiel: Die Schüler sollen sich über eine bestimmte Epoche informieren, z. B. über den Expressionismus. Die ersten Schritte können wiederum über allgemeine Suchdienste erfolgen. Gute Ergebnisse erhält man aber auch mit Metasuchmaschinen. Bei diesen Suchdiensten werden mehrere Suchmaschinen gleichzeitig abgefragt. Versucht man z. B. mit *Metager* (*http://www.metager.de*) Filme des Expressionismus zu finden, bekommt man durchaus einige gute Hinweise. Bei dieser Art von Recherche ist es besonders wichtig, dass die Schüler die Fachterminologie gut beherrschen. Sie müssen für wissen, welche Begriffe zusammengehören, eventuell synonym verwendet werden können, welche Begriffe nicht zum erfragten Sachthema gehören, welche gemeinsamen Oberbegriffe es gibt, welche Unterbegriffe dazu gehören.

Literaturhinweise und Linktipps

Fenske, Ute: Rund ums Internet. Kopiervorlagen 5./6. Schuljahr. Berlin, Cornelsen 2002.

Fenske, Ute: Rund ums Internet. Kopiervorlagen 7. – 10. Schuljahr. Berlin, Cornelsen 2002.

Hendricks, Wilfried (Hrsg.): Neue Medien in der Sekundarstufe I und II. Didaktik, Unterrichtspraxis. Berlin, Cornelsen Scriptor 2000.
Koch, Hartmut/Neckel, Hartmut: Unterricht mit Internet & Co. Methodenhandbuch für die Sekundarstufe I und II. Berlin, Cornelsen Scriptor 2001.
Internet. Praxis Deutsch. Heft 158. 1999.
Recherchieren. Praxis Deutsch. Heft 167. 2001

http://www.suchfibel.de: Verzeichnis von allgemeinen und speziellen Suchmaschinen, Hinweise zu Suchstrategien und -techniken
http://www.suchmaschinentricks.de

Christian Holzmann
„Wie viele Folien darf ich machen?" – Einsatz von PowerPoint

Themenbereich: Buch- und Lyrikpräsentation, vertraut werden mit Präsentationstechniken
Klasse: 7, 8
Stundenzahl: 2–3 Stunden für die ersten drei Vorschläge, ca. 20 Stunden für das abschließende Projekt
Voraussetzungen: Vertrautheit mit Suchmaschinen und dem Internet sowie Grundlagen der Fotografie und Digitalfotografie
Technische Ausstattung: ein PC für je zwei Schüler
Ziele: Darstellen des Gelesenen im PP-Format, reflektierter Umgang mit den Möglichkeiten eines Präsentationsprogramms, Erprobung neuer Formen der Leistungsbeurteilung, Präsentation von Projektergebnissen im Internet

Auch wer selbst noch nichts mit PowerPoint zu tun gehabt hat, kennt möglicherweise jene Veranstaltungen, bei denen der Referent beteuert, dass sowohl Notebook wie auch Beamer vor der Veranstaltung noch funktioniert hätten und dass nun leider aufgrund technischer Probleme der Text des Manuskripts verlesen werden müsse. Trotz solcher Pannen ist eine Einführung in PowerPoint unerlässlich und der Umgang mit dieser Präsentationssoftware, die eine dynamische Folienwiedergabe ermöglicht, sollte eine Selbstverständlichkeit sein. Schüler werden dabei für einen längeren Zeitraum mit Aufgabenstellungen konfrontiert, die einen sparsamen, überlegten Einsatz von PowerPoint erfordern, die aber dennoch Texte, Bilder, Animationen, Tondateien usw. integrieren.

Der folgende Beitrag beschäftigt sich mit dem Einsatz von PowerPoint zu einem früheren Zeitpunkt und in einem anderen Kontext, nämlich mit der Verwendung dieser Software in der Sekundarstufe I im gymnasialen Deutschunterricht.

Beim Einsatz von neuen Medien in der Schule sollte vorwiegend ein integrativer Ansatz verfolgt werden, die Projekte also mit anderen Aspekten des Deutschunterrichts bzw. des fächerübergreifenden Unterrichts verzahnt werden.[1] Es geht darum, den Computer als „elektronisches Schweizermesser" (Reinhard Kaiser) zu nutzen und nach der Devise „Bildungsziele first!" (Schwetz 2001, S. 50) zu handeln.

Erste Folien

Bei Präsentationen zu selbst gewählten Themen kommt es immer wieder vor, dass die Schüler PowerPoint verwenden; so hatten zwei Jungen zum Thema „ Die Simpsons" eine knappe, aber informative, mit Ton angereicherte Präsentation von 15 Folien als visuelle Unterstützung gewählt. Gleichzeitig ist es bei mir seit langem üblich, mehrere Buchbesprechungen pro Schuljahr abzuliefern.[2]

Es bot sich daher an, einmal ein neues Format für diese Besprechungen zu wählen, und aus verschiedenen Gründen schien eine PowerPoint-Präsentation ein geeignetes Mittel. Erstens, weil sie die Schüler dazu zwang, sich kurz zu fassen, zweitens, weil auch Layoutfragen von Bedeutung waren, drittens, weil sie unterstützend für eine mündliche Präsentation wirken sollte. Folgende Vorgangsweise sollte die Schüler mit der neuen Aufbereitung vertraut machen:

- Darbietung einer PowerPoint-Präsentation, in der vor allem auf folgende Dinge hingewiesen wird: Farbgestaltung, Schrifttypen und -größen, akustisches Beiwerk. Neulinge sind nämlich oft allzu sehr von den Möglichkeiten des Programms angetan, sodass sie vielfältige Farben und Schrifttypen wählen, die nicht nur die Folien „unruhig", sondern schlicht und einfach unlesbar machen. (Vgl. dazu auch das Tutorial der Universität Tübingen; s. URL-Verzeichnis)

1 Vgl. dazu etwa meinen Beitrag in Praxis Deutsch 167 (Mai 2001)
2 Buchbesprechungen zu Jugendbüchern wurden meist auf Karteikarten (auf der einen Seite die Inhaltsangabe, auf der anderen der Kommentar), aber auch als Klappentext, in der Form eines neuen Titelbildes, als Illustration einer wichtigen Szene usw. abgegeben. Entscheidend ist, dass die „Besprechungsformate" wechseln.

- Eine kurze Demonstration, wie in PowerPoint Folien erstellt werden mittels Notebook und Beamer.
- Erstellen einiger gemeinsamer Folien unter Anleitung des Lehrers.

Bereits nach der zweiten Folie wurde mir bedeutet, ich könne mein „Vormachen" beenden, sie kämen auch ohne mich zurecht. Einige waren übrigens tatsächlich bereits mit dem Programm vertraut und unterstützten ihre Mitschüler, einige begannen bereits Pläne für einen weiteren Einsatz zu schmieden, etwa: „Da könnten wir doch einen Krimi machen und als PP-Geschichte abspeichern."[3] Natürlich zeigt sich dann im Detail, dass der Lehrer mit Rat und Tat eingreifen muss, aber im Großen und Ganzen sind kaum Vorkenntnisse[4] nötig, die Kinder erarbeiten sich das meiste selbstständig. Die wesentliche Funktion des Lehrers ist, den Gestaltungswillen der Kinder etwas zu bremsen, wobei beim ersten Versuch auch dies unterbleiben kann, denn es wird ihnen sehr schnell klar, dass ein Zuviel die Wahrnehmung erschwert.

Was allerdings vorgegeben werden muss, sind die Parameter für die zu erstellende Präsentation. Im Falle der Buchbesprechung waren dies folgende:
- Cover des Buches
- Autor bzw. Autorin mit Bild
- Inhaltsangabe
- Kommentare der anderen
- Persönlicher Kommentar
- Weitere Werke, evtl. Quellenangaben

Die Reihenfolge, aber auch die Inhalte wurden leicht variiert, aber im Großen und Ganzen wurde dieses Schema beherzigt. Die sechs Folien dienten als Grundlage für eine mündliche Präsentation (mittels Notebook und Beamer), zu der auch am Ende der Handzettel (sechs Folien auf einer Seite ausgedruckt) gereicht wurde.

Der Lehrer hat neben der kurzen Einführung vor allem zu erklären,
- wie man am besten sucht (z. B. nach Bildern unter *www.altavista.de* → Bilder)

---

3 Für ein ähnliches Projekt vgl. Wustinger, Renate: „Männer putzen einfach besser." Ein Fotoroman einer 5. Klasse – Französisch, 3. Lernjahr. – In: TELL&Call 1/2001 S. 38ff.
4 Eine sehr kurze, einfache und reich bebilderte Einführung ist Burrows 2000.

- wie man Material aus dem Internet in PPT kopiert (rechte Maustaste!),
- wie man Farben und Schriftgrößen verändert,
- wo und unter welchen Dateinamen man speichert (systematische Dateinamen und Backups erleichtern das Leben ungemein),
- wo am Layout, an den Geräuschkulissen, am Schriftbild Verbesserungen durchzuführen sind,
- welche Auswahl beim Material getroffen werden kann.

Die meisten Schüler arbeiteten nach kurzer Zeit sehr selbstständig, organisierten auch die Präsentationstermine und bereiteten zu den jeweiligen Terminen die entsprechende Hardware vor.

Folien hinzufügen

Die Schiene PowerPoint-Präsentation und Verknüpfung von Internet-Recherche wurde mit derselben Klasse im Folgejahr fortgesetzt. Diesmal galt es, Gedichte im Netz ausfindig zu machen und sie für eine Präsentation aufzubereiten. Naturgemäß wurden vor allem bekannte Dichter gewählt (Goethe, Schiller, Rilke), aber auch Ricarda Huch, Marie von Ebner-Eschenbach, Arno Holz kamen vor – ebenso wie H.C. Artmann und Ernst Jandl. Ein Mädchen wählte das Gedicht einer Mitschülerin, schrieb dazu einen gelungenen Kommentar und zitierte die Verfasserin zur Frage, was der Anlass für ihr Gedicht gewesen sei.

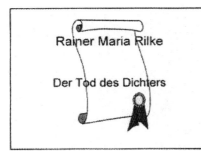

Auch bei dieser Aufgabe waren bestimmte Parameter vorgegeben:
- Bild des Dichters bzw. der Dichterin
- Kurzbiografie
- Gedicht
- Kommentar
- Weitere Gedichte

Aufgrund dieser Vorgaben musste natürlich ein relativ kurzes Gedicht gewählt werden, da ja wiederum nur sechs Folien zur Verfügung standen. Bei der Präsentation selbst gab es die Möglichkeit, das Gedicht vorzutragen oder über eine eingefügte Tondatei (sofern eine CD aufzutreiben war) abzuspielen.
Je nach Interesse wurden die Präsentationen zum Anlass genommen sich mit dem Thema Gedicht oder mit bestimmten Autorinnen und Autoren näher zu beschäftigen.

Foliensortierungen

Im Schuljahr 2001/2002 stellte ich bei Direktion und Schulbehörde den Antrag, ganz im Sinne der neuen Formen von Leistungsbeurteilung (vgl. Grunder/Bohl 2001), eine der Schularbeiten durch eine PowerPoint-Präsentation ersetzen zu dürfen. Dem Antrag wurde bereitwillig stattgegeben. Schüler und Eltern wurden informiert, dass in der 7. Schulstufe eine PP-Präsentation zu einem Buch, in der 8. Schulstufe eine PP-Präsentation zu einem literarischen Thema im weitesten Sinne geplant seien.
Für die 7. Schulstufe waren wiederum sechs Folien, für die 8. 12 Folien verlangt. Im ersten Halbjahr wurden nur die Handzettel zur Beurteilung vorgelegt, im zweiten Semester erfolgte die Präsentation, sodass die Arbeit letztendlich zweimal zur Notengebung herangezogen wurde.
Die Handzettel ergaben nicht nur eine schöne Sammlung an Büchern und Themen, die gesamte Aufarbeitung eines Buches/eines Themas erwies sich als wesentlich sinnvoller als eine punktuelle 50-minütige Klassenarbeit. Allerdings ist eine solche Aufarbeitung oft wesentlich zeitaufwändiger und arbeitsintensiver. Der durchschnittliche Arbeitsaufwand beim Buch betrug immerhin bis zu drei Stunden (ohne Lesearbeit), und für die Themen der achten Schulstufe wurden mitunter bis zu 20 Stunden benötigt. Aus der Vielfalt der Themen, die in zwölf Folien bearbeitet wurden, seien hier erwähnt: Vampire in Literatur und Film, österreichisches

„Wie viele Folien darf ich machen?"

Otfried Preußler

- Wurde am 20 Oktober 1923 in Reichenberg (Böhmen) geboren
- Wurde gleich nach der Abitur Soldat und geriet 1944 in russische Kriegsgefangenschaft
- Nach 5 Jahren wurde er freigelassen und war bis 1970 Volksschullehrer, seitdem lebt er als freier Schriftsteller in Haidholzen bei Rosenheim.

Krabat

Der am Anfang vierzehnjährige Krabat gerät nach Koselbruch, wo er einen Meister der schwarzen Magie trifft, der ihm dazu überredet, sich seiner Lehre anzuschließen. Gemeinsam lernt er mit anderen Mühlknappen in der Mühle die Kunst der schwarzen Magie. Das Lernen macht ihnen der Müller aber nicht sehr leicht, sogar äußerst schwer. Nach und nach lernt Krabat mehr dazu, doch dann kommen immer öfter Freunde, jedes Jahr einer, auf mysteriöse Weise ums Leben. Bald erfährt er, dass es ihn auch bald treffen soll...

Textstellen

- Im Hausflur erwartete sie der Meister. Jedem von ihnen versetzte er einen Backenstreich auf die rechte Wange, wobei er ihm zurief: „Gedenke, dass du ein Schüler bist!" Dann schlug er ihn auf die linke Wange und fügte hinzu: „Gedenke, dass ich der Meister bin!"
- „Da habe ich sie zum Abschied noch einmal angemuht- und dann bin ich als Schwälbchen zur Stalltür hinausgesegelt, tschiep-tschiep, das war alles."
- Du weißt, wer schuld ist an Tondas und Michals Tod?" „Ich ahne es. Und wenn mein Verdacht sich bestätigt, werde ich abrechnen."

Kommentare von anderen Lesern

- *Krabat verzaubert in einer ganz anderen Liga als Harry Potter, nämlich in der ersten.*
- *Dieses Buch liest man nicht nur, man ERLEBT es.*
- *Eine düstere Geschichte, die noch Erwachsene in den Bann zieht*
- *Es ist nie langweilig und gehört einfach zur Allgemeinbildung.*

Meinung

Ich finde es grandios, wie dieses Buch geschrieben ist. Auch dass das Ende so sehr von der Liebe abhängt, ist bezaubernd. Ein geniales Fantasy-Abenteuer, das, seitdem ich es gelesen habe, zu meinen absoluten Favoriten gehört.

Julian
★★★★★

Kabarett, Die Katze in der Literatur, Romane zum Thema Missbrauch, Kinder in der 3. Welt (& Bücher zum Thema), R. M. Rilke, Ernst Jandl usw. Das Problem in der achten Schulstufe war vor allem die Kunst der Selbstbeschränkung. Zum Teil wurde den Schülern bewusst, wie interessant, aber auch wie erschreckend umfangreich ein Thema sein kann, wenn man sich erst einmal genauer damit beschäftigt. Hier trotzdem nur eine Einführung, eine erste Übersicht zu liefern fiel manchen durchaus schwer. Was im nächsten Schritt gezielt zu verlangen ist, und worauf ich bei einem ähnlichen Unterfangen mehr Wert legen würde, ist die altersgemäße

Dokumentation sowie Reflexion der Arbeit. Wo habe ich nachgesehen? Was hat mir geholfen? Was hat mich viel Zeit gekostet? Was würde ich beim nächsten Mal anders machen? Welche URLs waren besonders nützlich? usw. Diese Phase ist nämlich für die nächsten Schritte inhaltlich, formal und organisatorisch von größter Bedeutung. So wie eine kurze schriftliche Reflexion für Recherche und Erstellung bedeutsam ist, so ist dies für die eigentliche Präsentation eine Checkliste; am besten entwirft man diese Checkliste gemeinsam mit den Schülerinnen und Schülern.

Als Webseite speichern

Der Klasse war es ein weiteres Anliegen, die eigene Arbeit auch nach außen zu tragen. Daher reichten meine Kollegin Anna Petschinka und ich für das Unterrichtsjahr 2000/01 beim ÖKS (Österreichisches Kulturservice) ein Projekt ein, das sich mit dem Thema Fotografie beschäftigte. Das bedeutete, dass uns ca. 500 Euro zur Verfügung standen, um ein einschlägiges Projekt durchzuführen. Wir beabsichtigten „Geliebte und ungeliebte Orte" zu dokumentieren. Zunächst luden wir einen Experten für Digitalfotografie ein, der unseren Schülern vor allem die Nachbearbeitung digitaler Fotografien am Computer zeigte, und wir zogen auch einen professionellen Fotografen hinzu, der sie mit den wichtigsten Anforderungen an gelungene Fotografien vertraut machte. Das Ergebnis des Projektes wollten wir in Form einer PowerPoint-Präsentation auf der Homepage der Schule (www.grg5.asn-wien.ac.at) ablegen. Es finden sich nun die ausgewählten Fotos in drei Präsentationen wieder: Geliebte und ungeliebte Orte in der Schule, geliebte und ungeliebte Orte im Privaten und ein kurzer Folder über den Besuch der Ausstellung „Dreamtime" (Kunst der Aborigines), den wir als einen Ausflug zu einem „fremden Ort" dazunahmen.

Die Erstellung der Präsentationen erwies sich als sehr einfach: Nachdem in einer gemeinsamen Stunde im Computerraum die Kurztexte zu den Bildern verfasst worden waren, wurde die eigentliche Aufarbeitung im PowerPoint-Format von zwei Gruppen zu je drei Mädchen durchgeführt. Das Ergebnis wurde mit der Option „Als Webseite speichern" festgehalten und vom Administrator ins Netz gestellt.[5] Der technische Aufwand

---

[5] Das Projekt wurde auch am „Tag der offenen Tür" als Endlos-Präsentation vorgeführt.

"Wie viele Folien darf ich machen?"

war also äußerst gering, am langwierigsten gestaltet sich da noch die Auswahl der Fotos bzw. das Einscannen mancher Bilder, wenn keine Digitalkamera zur Verfügung gestanden hatte.

Abspeichern?

Meine bisherigen Erfahrungen mit dem Einsatz von PowerPoint sind insgesamt zufriedenstellend verlaufen. Das heißt aber nicht, dass nicht noch weitere Feinarbeit notwendig ist.
Was kaum ein Problem darstellt, ist die technische Seite des Einsatzes. Der Umgang mit dem Programm selbst fällt den Kindern leicht, sie sind allerdings geneigt, bestimmte Effekte (Schrift, Ton, Farbe, Zusatzmaterial) über Gebühr zu strapazieren. Es scheint mir daher wichtig, folgende Dinge bei den ersten Unterweisungen klarzustellen:
– Sparsam mit den „Tricks" umgehen
– Präsentationen, die mehrere Megabytes umfassen, vermeiden
– Sparsam mit reinen Textfolien umgehen
– Layoutfragen beachten

Es ist daher notwendig, „fertige" Präsentationen öfter überarbeiten zu lassen, um eine Verknappung und eine Konzentration auf das Wesentliche zu erreichen. Da eine Präsentationshilfe erst einmal nur schriftlich vorliegt, erhöht sich die Verlockung, viel Text in die Präsentation hineinzupacken. Allerdings kann bei der eigentlichen Präsentation nicht die Lesearbeit der Zuhörer/-innen im Vordergrund stehen. Abhilfe schafft da eine abgespeckte Version für die mündliche Präsentation, die nur zur Unterstützung der Rede dient. Dies ist auch gleichzeitig ein wichtiger Lernschritt: das Kürzen, das Hervorheben des Wesentlichen.
Die Eingrenzung auf sechs bzw. zwölf Folien hat sich bewährt, denn manche Schüler würden in ihrer ersten Begeisterung zwanzig, dreißig Folien herstellen. Dies mag bei einer mündlichen Gruppenpräsentation, in die viele Bilder und Animationen integriert sind, durchaus passen, bei einer schriftlichen Vorlage ist das aber nicht gerechtfertigt. Bei der schriftlichen Vorlage geht es im Grunde genommen um das neue (und motivierende) Format, das zur Aufarbeitung eines Buches bzw. eines Themas gewählt wird, um das Erstellen eines Handzettels und um die Beschränkung auf Wesentliches. Die Nebeneffekte sind Übungen im Bereich Recherchieren, Auswählen, Umformen. Für ein rasches und zielführen-

des Arbeiten sind Vertrautheit mit Suchmaschinen und einigermaßen kompetenter Umgang mit dem Internet von großem Vorteil – auch das muss im Zusammenhang mit PowerPoint-Präsentationen geübt werden. Erst dann kann das endgültige Abspeichern erfolgen.

Literaturhinweise und Links

Burrows, Terry: Präsentationen mit PowerPoint. Fit am Computer – clever und schnell. Markt & Technik 2000.

Eder, Bernhard et al.: Europäischer Computerführerschein, Band 6: PowerPoint. Berlin, Cornelsen Scriptor 2001.

Grunder, Hans-Ulrich/Bohl, Thorsten (Hrsg.): Neue Formen der Leistungsbeurteilung in den Sekundarstufen I und II.Baltmannweiler, Schneider Verlag 2001.

Holzmann, Christian: Chat :-) und ;-) Connect. Momentaufnahmen aus der Schule. – In: TELL&Call 1/2001, S. 34–37.

Holzmann, Christian: Herakles mit einem Klick. Eine fächerübergreifende Internet-Recherche, in: Praxis Deutsch 167 (Mai 2001), S. 21–23.

Holzmann, Christian: Surfen und Tauchen. IKT und Schule, in: Didaktik 2/2001, S. 19–20.

Schwetz, Herbert: Neues Lernen für die Informationsgesellschaft, in: Schwetz, Herbert et al.: (Hrsg.): Konstruktives Lernen mit neuen Medien. StudienVerlag 2001, S. 35–52.

http://www.actden.com/pp/ (PowerPoint in the classroom)
http://www.rdpslides.com/pptfaq/ (FAQs)
http://www.bitbetter.com/powertips.htm (Tipps & Tricks)
http://www.science.iupui.edu/SAC98/ppt.htm (Tutorial)
http://www.uni-tuebingen.de/zdv/kursanleitungen/power-point-2000/ (Tutorial)
http://gutenberg2000.de (Projekt Gutenberg)
http://www.grg5.asn-wien.ac.at (Rainergymnasium; Projekt „Geliebte und ungeliebte Orte")

Dietmar Schade

Deutschunterricht mit dem Laptop – zwei Beispiele

Themenbereich: Roman über Nordirland, Filmmusical; fächerübergreifender Unterricht
Klasse: 9, 10
Stundenzahl: 6 bzw. 4 Wochen
Voraussetzungen: Erfahrung im Umgang mit Laptops sowie Text- und Präsentationsprogrammen, mit der Recherche im Internet
Technische Ausstattung: Laptops
Ziele: Eigenständiges Planen und Gestalten des Lernprozesses

Fördern Laptops das Lernen und Lehren?

Laptops in Schülerhand bieten für den Deutschunterricht sowohl eine organisatorische, aber vor allem auch eine konzeptionelle Alternative, da sie helfen können, den Unterricht dauerhaft und nachhaltig zu verändern. Am Evangelisch Stiftischen Gymnasium in Gütersloh arbeiten rund 400 Schülerinnen und Schüler in zwölf Klassen kontinuierlich und in der Jahrgangsstufe 11 projektbezogen mit Laptops.[1] Nach nunmehr mehrjähriger Erfahrung in der Arbeit mit den Notebooks lassen sich Veränderungen im Unterricht beobachten und formulieren.[2]

So helfen die Laptops zunächst, den Unterricht ganz einfach aktueller zu gestalten. Man kann auf das gegenwärtige Geschehen zeitnah reagieren, da sich mit Hilfe des Internets relativ schnell Informationen und Hintergründe recherchieren und verarbeiten lassen (in den vorgestellten Unterrichtsvorhaben z. B. neuere Entwicklungen im Nordirlandkonflikt bzw. Hintergründe zu Kinofilmen wie „Moulin Rouge"). Dadurch kann das Lernen für die Schüler interessanter und auch motivierender werden.

Weiterhin führt der Einsatz der Laptops dazu, dass das vorwiegend lehrerzentrierte bzw. fragend-entwickelnde Unterrichtsgespräch an Bedeutung verliert. Die Unterrichtenden sind nicht mehr ausschließlich für den Informationsinput zuständig, die Schüler werden stärker Subjekte ihres

---

1 Zur Konzeption des Laptopprojektes vgl. http://www.ev-stift-gymn.guetersloh.de/medienprojekt/laptopprojekt/index.html und Engelen, Ulrich: Über pädagogische Innovation: Das Laptop-Projekt am Evangelisch Stiftischen Gymnasium Gütersloh. In: Herzig, Bardo (Hg.): Medien machen Schule. Grundlagen, Konzepte und Erfahrungen der Medienbildung. Bad Heilbrunn: Klinkhardt 2001. S. 227–251.
2 Schaumburg, Heike/Issing, Ludwig J.: Lernen mit Laptops. Ergebnisse einer Evaluationsstudie. Gütersloh 2002.

eigenen Lernprozesses werden, da sie selbstständiger als zuvor arbeiten können (z. B. Recherchemöglichkeit im Internet unabhängig von Belegungsplänen im Computerraum). Der Laptop kann – wenn er z. B. funkvernetzt ist – tatsächlich zu jeder Zeit und an jedem Ort Buch (Informationsquelle), Stift (Schreibinstrument) und Heft/Mappe (Dokumentations- und Präsentationsinstrument) gleichzeitig sein.

Eine weitere Veränderung des Lernens zeigt sich während der Phase des eigenständigen Arbeitens und Recherchierens[3]. Die Schüler geraten immer wieder in die Situation, gefundene Informationen auf ihre Sinnhaftigkeit, Brauchbarkeit und Validität hin zu überprüfen, eine Rolle, die sonst fast immer der Lehrer übernimmt. Diese neue Rolle bereitet zunächst Schwierigkeiten, da eigene Bewertungsmaßstäbe noch im Entstehen begriffen sind. Hier ist die Unterstützung des Lehrers notwendig.

Auch in seiner Funktion als Schreibwerkzeug zeigt der Laptop Vorteile. Je nach Stand der Recherche müssen die Ergebnisse (zumeist Texte) verändert und überarbeitet werden. Die Schüler und der Lehrer können Zwischenergebnisse austauschen, Veränderungs- bzw. Verbesserungsvorschläge unterbreiten und der Lehrer kann z. B. viel leichter einfordern, dass diese auch tatsächlich umgesetzt werden, da Texte ja nicht vollständig neu verfasst werden müssen. Grundsätzlich ändert sich also der Schreibprozess, da einmal verfasste Texte nicht mehr als endgültig verstanden werden, sondern zunehmend mehr als zu optimierende Produkte begriffen werden.

Nach der Erarbeitungsphase müssen die Ergebnisse schließlich zusammengetragen und für die Gesamtheit zugänglich gemacht werden. Auch hier bietet der Laptop unabweisbare Vorteile, besonders auch für fächerübergreifendes Arbeiten. So erleichtert er z. B. nach einer arbeitsteiligen Gruppenarbeit die Zusammenführung der Ergebnisse und deren Präsentation, da Texte in Form von Dateien (z. B. über das Intranet und auch als Anhang per E-Mail) leicht zusammengefügt und präsentiert werden können. Formen arbeitsteiliger Teamarbeit können somit relativ leicht umgesetzt werden. Damit nimmt die Präsentation von Projektergebnissen einen viel größeren Raum im Unterricht ein, da die Schüler verschiedenste Präsentationstechniken (z. B. Referat mit Folie/Thesenpapier, Mindmap, PowerPoint, Webseite) hinsichtlich ihrer Möglichkeiten und Grenzen erpro-

---

3 Dazu ausführlicher: Schade, Dietmar: Indianer in Nordamerika. Recherchieren für ein Referat. Praxis Deutsch, 167/2001. S. 33–38.

Deutschunterricht mit dem Laptop

ben und die eigene Präsentationskompetenz schrittweise entwickeln können (vgl. PowerPoint-Präsentationen zum Filmmusical „Moulin Rouge").
Ein weiterer Vorteil des Laptops besteht schließlich darin, dass Unterrichtsprodukte und -ergebnisse dauerhaft verfügbar sind, seien es Rechtschreibregeln oder die Grammatik vorangegangener Schuljahre oder einfach Inhalte/Projekte, die mit nach Hause genommen oder weiter bearbeitet werden können.
An zwei konkreteren Unterrichtsbeispielen sollen die Einsatzmöglichkeiten von Laptops im Deutschunterricht gezeigt werden.

Bernard Mac Lavertys Nordirland-Roman „Cal" – 9. Klasse

Grundstruktur des Unterrichtsvorhabens
- Heranführung an das Thema „Nordirland", Lektüre des Romans[4], Austausch der Erstleseeindrücke und Planung der Bearbeitungsschwerpunkte des Romans
- Besprechung der Grundlagen des Nordirlandkonflikts und ausgewählter Passagen des Romans
- Bearbeitung ausgewählter Projektideen und Erarbeitung einer Webseitenstruktur
- Dokumentation bzw. Präsentation der Ergebnisse, Erstellung der Website

Erläuterung

Das Unterrichtsvorhaben wurde in den Fächern Deutsch, Englisch und Geschichte durchgeführt.[5] Die Schüler verfügten seit der 7. Klasse über einen eigenen Laptop und arbeiteten mit diesem Werkzeug kontinuierlich in den Fächern Deutsch, Englisch, Mathematik sowie punktuell auch in Fächern wie Geschichte, Erdkunde und Biologie. Somit konnte auf grundlegende Kenntnisse der Schülerinnen und Schüler im Umgang mit dem Computer (Laptop), der entsprechenden Software (z. B. Word, Excel, PowerPoint, Frontpage) und Erfahrungen in der Projektarbeit zurückgegriffen werden.
Die Lerngruppe wurde zunächst durch die Erstellung und Präsentation von Plakaten zum „Urlaubsziel Irland" an das Thema herangeführt. Dazu

---
4 Mac Laverty, Bernard: Cal. Zürich 1984
5 Hier sollen nur die für den Deutschunterricht relevanten Teile des Unterrichtsvorhabens dargelegt werden.

wurden Reisebüros aufgesucht und Internetrecherchen durchgeführt. Dann lasen die Schüler den Roman, formulierten Erstleseeindrücke und legten Schwerpunkte der weiteren Bearbeitung fest.

In einem ersten gemeinsamen Bearbeitungsschritt wurde der Anfang des Romans auf seine raum-zeitliche Struktur und seine Expositionsfunktion hin untersucht. Die Schülerinnen erhielten dazu eine digitalisierte Fassung des ersten Kapitels. In diese fügten sie dann Kommentare zu einzelnen Textpassagen ein, sie gliederten den Text in Handlungsabschnitte, Orts- und Zeitangaben wurden markiert und die Figuren charakterisiert. Zeitgleich erfolgte mit Hilfe von Referaten die Besprechung der Entwicklung und der Hintergründe des Nordirlandkonflikts. Bei der Recherche halfen Encarta und das Internet. Die wichtigsten Stationen der Entwicklung wurden schließlich in Form eines Zeitpfeils im Klassenraum visualisiert (= hilfreiche Vorlage für die Erstellung der Zeitleiste in der Website), ebenso wurden Begriffe, die für das Verständnis der Hintergründe wichtig waren, erläutert und im Klassenraum so präsentiert, dass sich jeder bei Bedarf noch einmal informieren konnte (= hilfreiche Vorlage für die Erstellung des Glossars in der Website).

In einem zweiten Bearbeitungsschritt verfassten die Schülerinnen und Schüler dann arbeitsteilig zu jedem der fünf Kapitel eine Inhaltsangabe, die über das Intranet (= zentraler Rechner, über den per Funkverbindung z. B. Dateien/Informationen ausgetauscht werden können) für alle zugänglich war. So konnten die Inhaltsangaben mühelos ausgetauscht und überarbeitet werden. Eine gelungene Endfassung der jeweiligen Kapitelzusammenfassung wurde dann wieder (im DIN-A-3-Format) im Klassenraum präsentiert, um für die weitere Bearbeitung eine schnelle inhaltliche Orientierung im Roman zu erleichtern.

Im dritten, wiederum gemeinsamen Bearbeitungsschritt verfolgten die Schüler die Entwicklung der Personen, vor allem aber die Entwicklung des Verhältnisses zwischen den Hauptfiguren Cal und Marcella, die ihre Liebesbeziehung nicht verwirklichen können, sowie des Verhältnisses von Cal und Crilly bzw. Skeffington, die in unterschiedlicher Weise in die Aktivitäten der IRA eingebunden sind. Sie wählten besonders wichtige Begegnungen dieser Figuren aus, versetzten sich in ihre jeweilige Situation und schrieben dann fiktive Tagebucheinträge aus der Sicht der Figuren. Auch die Tagebucheinträge wurden über das Intranet ausgetauscht und dann mehrfach überarbeitet (= hilfreiche Vorlage für die Erstellung des Tagebuchs in der Webseite).

In einem vierten Bearbeitungsschritt entwickelten die Schüler im Wesentlichen auf der Grundlage der ersten Bearbeitungsschritte Vorschläge für die Struktur und Themen der zu gestaltenden Webseite. Folgende Themen wurden realisiert:
- *Visueller Zugriff auf den Romananfang:* Ausgehend von typischen Kennzeichen der zentralen Romanfiguren wie z. B. einem Messer als Symbol für Crillys Tätigkeit im Schlachthof, einen Aschenbecher für den Kettenraucher Cal, ein Glas für den Blut trinkenden Prediger gelangt der Leser zu einer ersten Charakterisierung der Figuren
- *Fotostory zu einer Prügelszene:* Nachstellung einer Szene, in der der katholische Cal von protestantischen Jugendlichen angegriffen wird, in einer Art kommentierter Fotogeschichte
- *Präsentation von Tagebucheinträgen:* Cal und Marcella halten ihre Gedanken nach ihren Zusammentreffen ebenso wie Cal und Skeffington in Form von Tagebucheinträgen/Briefen fest; die Texte wurden in ein stilisiertes Tagebuch eingefügt
- *Szenische Darstellung der Schlussszene:* Sie wurde nachgespielt und das Spiel mit Hilfe von Szenenfotos dokumentiert
- *Erstellung eines Glossars zum Roman, einer Zeitleiste zum Konflikt:* Fachbegriffe, die im Buch vorkommen und den nordirischen Konflikt betreffen, wurden erläutert.

Die jeweiligen Themen wurden in Gruppen selbstständig und arbeitsteilig bearbeitet, wobei ein Arbeitsplan und ein Zeitrahmen vorgegeben waren. Abschließend wurden die Ergebnisse präsentiert, kritisch gewürdigt und teilweise noch einmal überarbeitet.[6]

Baz Luhrmanns Filmmusical „Moulin Rouge"

Grundstruktur des Unterrichtsvorhabens

- Kinobesuch; Sammlung und Festlegung möglicher Bearbeitungsaspekte, Festlegung eines Arbeitsplans
- erste orientierende Recherche zum gewählten Thema und Abgabe einer Projektskizze
- Bearbeitung der Themen; Vorbereitung der Präsentation und Erstellung eines Endprodukts

---

[6] Die entsprechende Webseite findet sich bei *www.wissen.de* im Bereich „Schule online" unter „Schule des Monats – Januar 2001".

– Präsentation der Ergebnisse, Abgabe des Endprodukts und eines Berichts über den Arbeitsprozess

Erläuterung

Auch dieses Unterrichtsvorhaben wurde in der oben genannten Lerngruppe, allerdings in der zehnten Jahrgangsstufe in den Fächern Deutsch und Englisch durchgeführt. Zunächst wurde das Interesse der Schülerinnen und Schüler an einer Besprechung des Kinofilms im Unterricht sondiert. Etliche kannten den Titelsong des Films, zwei hatten den Film auch schon gesehen und so signalisierten sowohl Jungen als auch Mädchen schnell Zustimmung. Nach dem gemeinsamen Kinobesuch wurden erste Einschätzungen ausgetauscht. Im Unterricht stellten dann je zwei Schüler die unterschiedlichen Bearbeitungsvorschläge der „Stiftung Lesen"[7] zum Kinofilm vor. So wurde sichergestellt, dass einerseits ein breites Themenspektrum zur Auswahl vorlag und dass sich die Schülerinnen und Schüler andererseits mit mindestens einem Bearbeitungsaspekt auch schon intensiver auseinander gesetzt hatten. Im Anschluss formulierten die Jungen und Mädchen ihre Bearbeitungswünsche und ein von der Klasse gewähltes Organisationsteam fügte die unterschiedlichen Dateien zusammen, systematisierte die Vorschläge zu Bearbeitungsschwerpunkten und besprach diese Vorschläge mit der Klasse und dem Lehrer. Folgende Themen wurden vereinbart:

Hintergründe zum Film:
– Paris um 1900
– Geschichte des Moulin Rouge
– Toulouse-Lautrec und das Moulin Rouge
– Orpheusmythos

Auseinandersetzung mit dem Film:
– Elemente filmischen Erzählens in der Eingangssequenz
– Christians Liebeserklärung an Satine – Interpretation der Szene
– Das große Finale – Interpretation der Abschlussszene
– Ein anderes Ende braucht der Film! – Drehbuch für einen neuen Schluss
– Die etwas andere Geschichte des Moulin Rouge – eine Zeitreise mit den Protagonisten des Films

---

7 Stiftung Lesen (Hg.): Moulin Rouge. Panoptikum der Popkultur. (= Ideen für den Unterricht). Mainz 2001

- „Moulin Rouge" als Musical? – Die Rolle der Musik im Film an Beispielen wie dem „Elephant Love Medley" und „Your Song"
- Gefühle und Geschichten tanzen? – Die Rolle des Tanzes im Film an Beispielen wie dem Cancan und dem Tango

Nach der Themenauswahl legte der Lehrer der Klasse einen Arbeitsplan vor, der einen genauen Zeitrahmen und die weiteren Anforderungen für das Projekt umfasste: Demnach musste jeder Schüler innerhalb einer Woche eine Projektskizze zum gewählten Thema erstellen (1), nach zwei weiteren Wochen die Ergebnisse der Bearbeitung der Klasse präsentieren (2) und ein Produkt, in dem die zentralen Ergebnisse zusammengefasst wurden, erstellen (3). Des Weiteren sah der Arbeitsplan vor, dass der gesamte Arbeitsprozess von der Themenauswahl über die Themenbearbeitung bis hin zur Erstellung der Präsentation bzw. der abschließenden Produkte ausgewertet bzw. reflektiert werden sollte (4).[8]

In einem ersten Bearbeitungsschritt begannen die Schüler in der schuleigenen Mediothek und im Internet mit der Recherche und erstellten die Projektskizze. Diese sollte folgende Bereiche umfassen:
- eine konkrete Formulierung des Themas
- einzelne Bearbeitungsaspekte und -schwerpunkte sowie die Zielsetzung der Bearbeitung
- die Arbeitsschritte mit genauer Terminierung
- die Art der Ergebnispräsentation (Thesenpapier, Folie, PowerPoint-Präsentation ...) und des Endprodukts (Text, Webseite ...)
- für geeignet befundene Materialien mit genauer Quellenangabe

Auf der Grundlage der Projektskizze konnte der Lehrer dann gezielt beraten und Ergänzungen, Vertiefungen, andere Schwerpunktsetzungen und grundlegende Alternativen vorschlagen. Hier erwies sich die Möglichkeit der Kommunikation per E-Mail als ausgesprochen hilfreich, weil die Skizzen direkt redigiert und zurückgeschickt werden konnten.

In der folgenden Zeit wurden dann im Unterricht, in der Mediothek, im Filmanalyseraum und zu Hause die jeweiligen Schwerpunkte bearbeitet. Dies erfolgte je nach Thema in Einzelarbeit oder arbeitsteiliger Gruppenarbeit. Am Anfang dieser zweiwöchigen Arbeitsphase recherchierten

---

8 Der Arbeitsplan greift Ideen eines Vortrags zum Thema „Neue Formen der Leistungsbewertung" auf, den Dr. Thorsten Bohl auf einer Tagung der „AG Lernen mit dem Laptop" im Rahmen des „Netzwerks der Medienschulen" der Bertelsmann Stiftung am 23.11.2001 in Stuttgart gehalten hat.

die Schüler in Büchern oder mit Hilfe des Laptops im Internet, dann exzerpierten oder adaptierten sie die Informationen und begannen schließlich diese für eine Präsentation (szenische Darstellung, Mindmap, PowerPoint) und für das Endprodukt (Text, Website) aufzubereiten. Auch hier erwies es sich als hilfreich, dass die Mitglieder der einzelnen Arbeitsgruppen ihre Ergebnisse – soweit es nicht zu große Dateien waren – in der Schule über das Intranet und zu Hause über E-Mail austauschen und dann an die Ergebnisse, das Design der anderen anpassen konnten.

In dieser Zeit hatte der Lehrer vor allem die Aufgabe zu helfen, wenn Probleme mit dem Quellenmaterial auftraten, aber auch auf den kontinuierlichen Fortgang der Arbeit zu achten. Außerdem konnten erste Entwürfe und Ergebnisse zwecks Korrektur vorgelegt werden.

Die sich anschließende Präsentation der Erarbeitungsergebnisse erfolgte dann Thema für Thema an zwei aufeinander folgenden Schultagen. Die meisten Gruppen (acht von elf) entschieden sich für eine PowerPoint-Präsentation, die mit Hilfe eines an den Schülerlaptop angeschlossenen Beamers gehalten wurde. Da alle Mitglieder einer Gruppe einen Teil der Präsentation übernehmen mussten und es zudem keine zeitliche Begrenzung gab, dauerte jede Präsentation mit anschließender Besprechung rund eine Schulstunde. Eine Gruppe nutzte eine Mindmap als Stütze ihres Vortrags, eine Gruppe analysierte eine Filmsequenz im Unterrichtsgespräch und eine Gruppe präsentierte ihre Ergebnisse in Form einer szenischen Darstellung.

Die abzugebenden Produkte unterschieden sich deutlich von den Präsentationen. Sieben Ergebnisse wurden in Form eines gegliederten Textes abgegeben, vier Ergebnisse in Form von Webseiten.

Sowohl die Präsentationen als auch die abschließenden Produkte wurden vom Lehrer korrigiert und zur Überarbeitung zurückgegeben, um die Ergebnisse schließlich auf einer CD-ROM zu dokumentieren, die jeder in der Klasse erhielt.

Als Letztes sollten die Schüler in schriftlicher Form ihren Arbeitsprozess Revue passieren lassen. Es ging vor allem um folgende Aspekte:
– Arbeiten entsprechend der ursprünglichen Planung (vgl. Projektskizze)
– Erfolge, Probleme, Lösungswege
– Zufriedenheit mit dem Ergebnis

Hier zeigte sich deutlich, dass nur wenige in der Lerngruppe bei der ursprünglichen Planung geblieben waren, Probleme vor allem bei der Suche nach und Bewertung von Informationen auftraten, die Klasse aber sehr zufrieden mit den Ergebnissen war. Deshalb wurde auch den Eltern eine Kurzfassung von „Moulin Rouge" präsentiert.

Einsatz des Laptops im Unterricht

als Schreibwerkzeug (z. B. Textverarbeitung, PowerPoint, Frontpage)
- um Texte zu verfassen (z. B. Figurencharakterisierungen, Glossar, Zeitleiste, Inhaltsangaben, Tagebucheinträge, Szenenentwürfe, Plakate, Filmprotokolle, Thesenpapiere, Referate, ...)
- um Texte zu bearbeiten bzw. zu überarbeiten (z. B. Orts- und Zeitangaben in Texten usw. markieren; Textstellen kommentieren; Lexikon- und Internettexte zusammenfassen und kürzen; selbst verfasste Texte überarbeiten ...)
- um Texte zu interpretieren und Ergebnisse zu präsentieren (z. B. Strukturskizzen anfertigen, Mindmap mit Mindmanager Smart erstellen, Visualisierung/Inszenierung von Textbearbeitungen mit Hilfe digitaler Fotos oder interaktiver Karten, PowerPoint-Präsentation erstellen, Website mit Frontpage erstellen ...)

als Informationsmedium (Nachschlagewerke, Internet)
- Encarta (Geschichte Irlands und des Konflikts, Paris um 1900, Toulouse-Lautrec, Orpheusmythos, Geschichte des Musicals, Cancan/Tango)
- Finger von Pons, ein Wörterbuch als Hilfe zum Übersetzen fremdsprachiger Seiten (hier englische und französische Texte)
- Internet (Homepage der IRA, Leben in Irland jenseits des Konflikts, Zeitungsartikel über den Konflikt, Homepage des Moulin Rouge, Homepage zum Film, Suche nach im Musical verwandten Texten und Liedern)

als Kommunikationsmedium (z. B. E-Mail, Intranet, Internet)
- E-Mailkontakte zwischen Schülern sowie mit dem Lehrer (Austausch von Materialien, Korrektur der Texte)
- Austausch der selbst verfassten Texte über das Intranet
- Bestellung von Material

als Lernmedium (Lernprogramme, Übungsprogramme)
- CD-ROM zum Thema „Irland"
- Lückentext, Quiz, Kreuzworträtsel mit Hilfe von Hot Potatoes

Gerd Brenner

Kreatives Schreiben interaktiv

Themenbereich: Schreiben unterschiedlichster Textsorten
Klasse: 8
Stundenzahl: 12 Stunden
Voraussetzungen: PC-Kenntnisse eines Teils der Klasse
Technische Ausstattung: ein Raum mit ca. 16 Computern, die miteinander vernetzt waren und die so z. B. eine „Telefon"-Funktion anboten, ein Organisationsplan der Schule, der es in der Projektphase in Absprache mit bevorzugten Nutzer-Fachgruppen ermöglicht, den Computerraum in den regulären Deutschstunden zu belegen.
Ziele: Informationstechnologische Grundbildung, Gestaltung von Satiren, kreative Darstellung des eigenen Lebensgefühls, Erstellung eines gemeinsamen Schreibprodukts

Seit etwa zehn Jahren stehen die Auseinandersetzung mit der Computertechnologie und die kreative Aneignung dieses technologisch avancierten Schreib-, Gestaltungs-, Spiel- und Kommunikationsinstruments auf der schulischen Agenda. In den „Richtlinien und Lehrplänen Deutsch des Landes Nordrhein-Westfalen für das Gymnasium" z. b. sah die Schulbehörde bereits 1993 für die Klasse 8 eine „Einführung in die Informations- und Kommunikationstechnologische Grundbildung vor"; Ehrfurcht gebietend wurden die Adjektive zur Kennzeichnung der Computertechnologie großgeschrieben. In den weiterhin gültigen Richtlinien heißt es, im Rahmen eines solchen ITG-Projekts könne „der Deutschunterricht insbesondere die Einführung in die Textverarbeitung übernehmen. Eine Kopplung dieser Aufgabe mit dem Thema ‚Zeitung' bietet sich an. Daneben kann das Fach Deutsch auch andere Aufgaben der Informations- und Kommunikationstechnologischen Grundbildung übernehmen, Näheres regelt die Fachkonferenz in Absprache mit anderen Fächern, die sich dieser Aufgabe annehmen" (Kultusministerium NRW 1993, S. 74).
Die Formulierungen der Lehrpläne waren 1993 bewusst unscharf gehalten, um Lehrkräfte an den Schulen nicht zu überfordern und zu verschrecken. Allerdings hatte dies auch zur Folge, dass die informationstechnologische Grundbildung im eigentlichen Sinne in vielen Klassen und an vielen Schulen ausfiel; viele Lehrerinnen und Lehrer setzten in den Klassen 8 weiterhin gewohnte Unterrichtsreihen zum Bereich „Zeitung" an, wobei ausschließlich mit Printmedien gearbeitet wurde – eine Entscheidung, die durch die Lehrpläne nicht ausgeschlossen zu sein schien. Inzwischen ist der Computer im Alltag der meisten Kinder und Jugendlichen fest verankert. Eine informationstechnologische Grundbildung in der

Schule, wie sie Anfang der neunziger Jahre noch geboten gewesen wäre, haben die meisten Schülerinnen und Schüler der Sekundarstufe I bereits in Eigenregie absolviert. Allerdings gibt es weiterhin, was die Zugänglichkeit dieser Technologie anbetrifft, schichtenspezifische Unterschiede.

Ein interaktives Computer-Projekt im Deutschunterricht

Selbst neuere Publikationen zur Medienpädagogik im Rahmen des Deutschunterrichts klammern den Computer z.T. noch aus (z. B. Erlinger 1997). In Publikationen zu anderen Fachbereichen, zur Schulpädagogik insgesamt (vgl. z. B. Koch/Neckel 2001) sowie zur Medienkultur insgesamt (vgl. z. B. Pias u. a. 2000) ist unterdessen eine wahre Flut von Veröffentlichungen zu verzeichnen. Besonders die Computerbranche selbst drängt mit Macht in die Schule, um die Lehrkräfte mit den technologischen Grundlagen des „Informationszeitalters" nachhaltig in Kontakt zu bringen. Über gesellschaftliche Zusammenhänge und Konsequenzen der Computertechnologie und über Konzeptionen der Computerpädagogik in schulischer und besonders außerschulischer Jugendbildung (vgl. z. B. Ferchhoff 2002) ist in den letzten Jahren bereits breit reflektiert worden. Darauf aufbauend soll im Folgenden ein Praxisprojekt im Mittelpunkt stehen, dessen Erfahrungen auch in die Lehrbucharbeit eingeflossen sind (vgl. Brenner 1998a).

Das Projekt ist den folgenden Grundprinzipien verpflichtet:

Handlungsorientierung

Handlungsorientierung hat in der medienpädagogischen Diskussion der letzten Jahrzehnte einen hohen Stellenwert gehabt (vgl. Brenner/Niesyto 1993). Über einen persönlichen und aktiven Umgang mit Medien soll eine Medien-Alphabetisierung erreicht werden; Schüler sollen im Selbst-Tun und einer begleitenden Reflexion media literacy erwerben, also die Fähigkeit, das Medium zu „lesen", damit es kritisch eingeordnet und für eigene Gestaltungen genutzt werden kann. Handlungsorientierte Ansätze in der Medienpädagogik werden oft als eine Alternative zu bloß medienkritischen oder gar bewahrpädagogischen und jugendschützerischen Positionen verstanden: Diese reduzieren Schülerinnen und Schüler meist auf die Analyse medialer Gegenstände und wollen sie in der Regel mit der Präsentation problematischer Sachverhalte gegen unkritische Mediennutzung immunisieren – mit mäßigem Erfolg übrigens.

Mit dem folgenden handlungsorientierten Ansatz werden Analyse und Reflexion keineswegs ersetzt, vielmehr gewinnen sie auf der Grundlage eigener Praxis eine besondere Plausibilität. Mit einem solchen Ansatz lassen sich folgende Teilziele verfolgen:

Entfaltung von Kreativität

Der Computer als ein vielseitiges Schreib- und Gestaltungsinstrument hat seit je Kinder und Jugendliche zu kreativen Gestaltungen angeregt. Die Arbeit mit diesem Medium ist daher in besonderer Weise geeignet, Verfahren des kreativen Schreibens (vgl. Brenner 1998b, 2000) zu integrieren. Kreatives Schreiben und sonstige kreative Gestaltungen am Computer waren einige Zeit lang eher eine Sache der außerschulischen Jugendbildung als des Deutschunterrichts. Erst in letzter Zeit werden Verfahren des kreativen Schreibens genutzt, um die Gestaltungsbereitschaft von Schülern am PC fachspezifisch umzusetzen.

Spielcharakter

Computergestützte Lernanregungen für das Fach Deutsch kommen über den so genannten Nachmittagsmarkt, also Angebote für Kinder und Jugendliche, die den Computer zu Hause als Bildungsmedium nutzen, jetzt auch zunehmend in die Schule. Ein Großteil dieser Lernsoftware ist spielerisch orientiert und passt sich damit der Art und Weise an, wie Kinder und Jugendliche den Computer in ihrem Alltag und in ihrer Lebenswelt hauptsächlich nutzen.

Vereinzelt und in ersten Ansätzen wurden solche Anregungen zum spielerischen Lernen am und mit dem Computer vorher auch bereits über Lehrbücher vermittelt (vgl. Brenner 1998a). Spiel und Spaß sind in der Lebenswelt von Kindern und Jugendlichen sowie in der *außerschulischen Medienpädagogik* jedoch vorerst weit stärker verankert als in der Schule. In einer neueren Einführung in die Medienpädagogik heißt es dazu: „Der außerschulische Umgang von Kindern und Jugendlichen mit Medien ist im Unterschied zur in der Schule stattfindenden Medienpädagogik überwiegend spaßbestimmt. Diese Diskrepanz zwischen pädagogischem Anspruch und jugendlicher (Medien-)Realität scheint in der schulischen Praxis seltsam unüberbrückbar und verstärkt die Ratlosigkeit vieler Pädagogen gegenüber schulischer Medienpädagogik" (Vollbrecht 2001, S. 65). Das im Folgenden dargestellte Projekt versucht Spiel und Spaß bewusst in ein didaktisches Konzept einzubeziehen.

Interaktion und Gruppendynamik

Traditionelle Medien wie Zeitung, Radio und Fernsehen sind im Prinzip auf eindirektionale Kommunikation festgelegt. Mit Leserbriefen, Ted-Umfragen und Hörer-Anrufen können solche Medien für kurze Momente den Eindruck erwecken, es gehe um Austausch-Kommunikation. Mit dem Computer steht dagegen eine Technologie bereit, die mehrdirektionale Kommunikation breit ermöglicht. Die Jugend- und Medienforschung hat darauf hingewiesen, dass Computer und Internet aus diesem Grund von Kindern und Jugendlichen intensiver angenommen werden als traditionelle Medien. In einer der interessantesten Untersuchungen zur Netz-Generation heißt es dazu, das Internet – und in reduziertem Maße gilt dies auch für ein schulisches Intranet – unterscheide sich „grundlegend von früheren Neuerungen auf dem Kommunikationssektor wie der Entwicklung der Druckerpresse oder der Einführung von Radio und Fernsehen. Diese zuletzt genannten Technologien funktionieren nur in eine Richtung und werden von Erwachsenen beherrscht. Sie sind in hohem Maße hierarchisch strukturiert, unflexibel und zentralisiert." Für Internet und Intranet aber gilt: „Erstmals in der Geschichte übernehmen Kinder die Kontrolle über wesentliche Elemente einer Kommunikationsrevolution. (…) Im Netz herrscht größere Meinungsvielfalt und es gibt bessere Möglichkeiten, die eigenen Ansichten zu präsentieren" (Tapscott, S. 48).

Grundsätzlich gilt, dass sich mit der Etablierung neuer Medien im Unterschied zur einseitigen Kommunikation der Massenmedien nun interaktionsbetonte Formen der Kommunikation ausbilden. Das vorgestellte Projekt ist so zu verstehen. Es nutzt zugleich die meist nur „im Untergrund" wirksame – weil didaktisch nicht integrierte bzw. integrierbare – Gruppendynamik in produktiver Weise: die Dynamik der Lerngruppe in ein medienadäquates Handlungskonzept zu integrieren.

Kritische Reflexion

In dem Projekt spielten gleichermaßen *Prozess- und Produktorientierung* eine Rolle. Den Schülern stand von Anfang an das Ziel vor Augen, am Ende ein gemeinsames Produkt zu erstellen. Regelmäßig wurden die ablaufenden Prozesse des Miteinander-Sprechens und Schreibens daraufhin überprüft, inwiefern sie sich mit dem Produktziel vereinbaren ließen. Diese Reflexionsphasen wurden zugleich dafür genutzt, über die Potenziale, aber auch die Risiken, die in dem Medium „vernetzte Computer" (schulisches Intranet) stecken, kritisch nachzudenken.

Einführung in die Textverarbeitung

Bereits vor Beginn des Projekts war ermittelt worden,
- welche Schülerinnen und Schüler bis dato über keine oder nur geringe Kenntnisse der Arbeit am Computer verfügten;
- welche Schülerinnen und Schüler sich in der Lage sahen, Mitschüler in den ersten Stunden des Projekts in basale Operationen am PC einzuführen.

In den ersten Projektstunden bekamen kompetente Schülerinnen und Schülern einige Zeit, ihre noch wenig informierten Mitschüler zu coachen. Dabei wurde darauf geachtet, dass Mädchen möglichst von anderen Mädchen in die für sie neue Technik eingeführt wurden, was jedoch nicht in allen Fällen möglich war, da in dieser Anfangsphase mehr Mädchen als Jungen Beratungsbedarf hatten. Die Einführung in die Textverarbeitung erfolgte an kurzen, kreativen Textformen (s.u.).

Kreatives Schreiben in Interaktion

Ziel des Projekts war eine gemeinsame Publikation im Intranet der Schule, die abgespeichert und mit nach Hause genommen werden oder auch ausgedruckt werden sollte. Die Publikation sollte Magazincharakter haben. Die folgenden Texte wurden in verschiedenen interaktiven Abläufen geschrieben.

Visitenkarten

Für das Impressum des Magazins wurden knappe Vorstellungen aller Beteiligten in Form kreativer Visitenkarten erarbeitet.
- Arbeitsgruppen zu jeweils drei zogen Lose, auf denen die Namen von drei Mitschülerinnen und Mitschülern der Klasse standen. (Falls zufälligerweise der Name eines Gruppenmitgliedes gezogen wurde, wurde das entsprechende Los wieder zurückgegeben.)
- Für die Visitenkarten der Mitschüler wurden zunächst die Buchstaben des Namens als Großbuchstaben untereinander geschrieben.
- Die Zeilen wurden anschließend mit kurzen Sätzen oder Formulierungen so ausgefüllt, dass Spitznamen, typische Verhaltensweisen, Hobbys, Vorlieben oder Abneigungen sowie andere Besonderheiten zur Sprache kamen. Dabei gab es eine Vorgabe: Die Visitenkarten durften niemanden lächerlich machen.

- Anschließend wurden die Visitenkarten gestaltet. In der Regel wurden die Anfangsbuchstaben der Zeilen (= die Bestandteile des Namens) fett gesetzt; der ganze Text wurde dann zentriert.
- Zum Schluss wurden die Visitenkarten per „Telefon" über die Rechner den jeweiligen Betroffenen geschickt. Die dort arbeitenden Gruppen hatten das Recht, die Visitenkarten noch einmal umzuformulieren, bevor sie für das geplante Magazin freigegeben wurden.

Für Monique, Daniel, Marc und Melanie sind z. B. die folgenden Texte entstanden:

Mit Pferden arbeitet sie gerne natürlich
Ohne Kampf und
Nie mit Drill
Immer ist sie mit Feuereifer dabei beim
Quadrille-Reiten
Und beim Springen.
Es macht ihr einfach Spaß.

Der
Arbeitsfreudige
Nie zu spät kommende
Intellektuelle
Emsige
Latein-Lieblingsschüler

Michiels ist mein Nachname.
Arg Schweigsam bin ich.
Rennen ist nicht meine Spezialität.
Chlor ist schlecht für meine Gesundheit.

Melle kann nicht
Essen weil DOC SOMMER ihrem Mund
Lieber Spikes
Als lose Klammern verpasst
Niemand
Ist so gemein wie
Er

Die Texte haben z. T. einen ironischen Charakter. In dieser Phase wurden die am PC noch Ungeübten in die Grundoperationen des Schreibens am Computer eingeführt (Starten des Rechners, Programmwahl, Erstellen bzw. Wiederfinden einer Textdatei, Schreiboperationen, Speichern von Texten, Gestaltungsoperationen wie Zentrierung, Setzen in Kursivschrift usw.).

Satiren auf erwachsene Computer-Nutzer

Schülerinnen und Schüler, die mit der Computertechnik vertraut sind, fühlen sich Erwachsenen z.T. überlegen. Besonders im schulischen Kontext genießen einige Schüler diese Umkehrung des Kompetenzgefälles. Auf diesem Hintergrund wurde angeregt, dialogische Satiren zu schreiben, in denen Erwachsene „alt aussehen" sollten. Dazu wurde zunächst die Textform der Satire vorgestellt. Die eigenen Satiren wurden dann in Dreiergruppen entwickelt. Jede Gruppe einigte sich auf eine Figur des öffentlichen Lebens oder der Schulöffentlichkeit und sammelte typische Verhaltensweisen, Redensarten usw. für diese Figur. Am Bildschirm entwarf die Gruppe den Text; jede Gruppe schickte ihren Text anschließend über das vernetzte System an zwei andere Gruppen, um von diesen Ergänzungs- oder Änderungsvorschläge einzuholen. Auf der Basis dieses zusätzlichen Materials wurde dann von jeder Gruppe eine Endfassung erstellt. Zwei Beispiele:

Effe verliert den Ball im Mittelfeld von MS DOS
Computer: Bitte die gewünschte Option wählen.
Effenberg: Nein, ich will Fußball!
Computer: Bitte drücken Sie Enter.
Effenberg: Was soll ich drücken? (Probiert mehrere Tasten auf der Tastatur und der Maus.)
Computer: Option gewählt. Windows wird gestartet.
Effenberg: Aha! (Drückt weiter auf verschiedene Tasten.)
Computer: Programm Fußball 1. Exe wird geladen.
Effenberg: Jaaaa! Fußball! ... Aber was soll meine Ex hier?
Computer: Bitte gewünschten Vereinsnamen eingeben.
Effenberg: Martina, wat is dat für'n Verein, mit dem de verhandelst (Lauscht.) Martina!! (Martina antwortet nicht. Effenberg zuckt die Schultern.) Errr... Mönchengladbach.
Computer: Eingegebener Verein ungültig.
Effenberg: Ungültig? Mein Vertrach geht doch noch bis ... Errr, Martina, bis wann ... (Merkt, dass Martina nicht da ist.) OK? Ja dann OK.
Computer: Sprache wählen.

Kreatives Schreiben interaktiv

Effenberg: Hmmm ... Ah, da! Effe spezial.
Computer: Wäälen Sie aine Otion.
Effenberg: Also dann die Transfairliste.
Computer: Otion gewäält.
Effenberg: Ich bin gewäält? Guuut!
Computer: Zu wälchen Verein möschen Si wächseln?
Effenberg: (Schaut ratlos.) Martina!!! (Tippt in Gedanken auf Maustasten herum.)
Computer: Windows 95 wird heruntergefahren.
Effenberg: Wi ham doch schon 2001, oder? Driet Ding! (Tritt den Computer mehrmals. Nimmt Trainingshaltung ein und tritt scharf zu. Systemausfall.)

Volker Kaufmann/Marc Michiels/Thomas de Rijk

Dr. K. will am Computer eine Klassenarbeit entwerfen

Dr. K. (fährt den Computer hoch): So, dann wollen wir mal eine Anrede für die Kinderchen machen.
Computer: Keine Bootdateien auf Dateiträger. Bitte Taste für weiter.
Dr. K.: Was ist denn das? Das ist doch kein Hochdeutsch! Hier in Mitteleuropa sollte man die Sprache seines Landes beherrschen!
Computer: Keine Bootdateien auf Dateiträger.
Dr. K.: Ich krieg noch 'n Schuss hier in der Truppe. Also, so geht das aber nicht weiter. (Tippt auf der Tastatur herum.)
Computer: No bootdata in drive A.
Dr. K.: Waaaas? „Drive A"? Ich bin doch mit dem Fahrrad gekommen und auch nicht mit dem Auto. (Bewegt die Maus und klickt irgendwohin.)
Computer: Windows 95 wird hochgefahren.
Dr. K.: Ich wohne doch nicht an einem Berg. Ich bin dieses Ding gleich satt.
Computer: Geben Sie bitte Kennwort ein.
Dr. K.: Ich habe doch eine Anlage von Sony und nicht von Kenwood! (Blättert verwundert in einer Betriebsanleitung.) Ich rege mich langsam auf! Und das verringert den Sauerstoffgehalt in diesem Raum, Leute. (Denkt nach.) Ach so. (Tippt „K e n n w o r t" ein.)
Computer: Kennwort falsch! Bitte nochmal eingeben.
Dr. K.: Na ja. (Tippt „N o c h m a l" ein.)
Computer: Kennwort falsch! Bitte nochmal eingeben.
Dr. K.: Da kriegt man doch 'nen Rappel in dem Laden! Was will das Ding überhaupt?
Computer: Kennwort falsch! Bitte nochmal eingeben.
Dr. K.: Also da ... so kann man doch nicht weitermachen hier in dem Laden. Das wird mir langsam zu heiß! Das kann ich nicht dulden. Bevor ich einen Knall kriege, fliegt das Ding raus. (Schaltet genervt den Computer aus und wirft ihm einen wütenden Blick zu.)

Stefan Stula/Nils Woitzik/Sebastian Zache

Fortsetzungsgeschichten mit „Telefon"-Verschickung

Für den nächsten Durchgang wurde ein Tauschring vereinbart. Alle Dreiergruppen wurden in eine Abfolge gebracht, sodass ein Text(anfang) über

mehrere Stationen wieder bis zum Ausgangspunkt zurückkommen konnte. Der weitere Ablauf war dann folgendermaßen:
- Jede Dreiergruppe wurde aufgefordert, für einen Erzähltext einen ersten Satz zu formulieren, der zum Weiterschreiben anregen sollte.
- Dieser „erste Satz" wurde dann über das Telefon an die nächste Gruppe weitergegeben.
- Diese fügte einen weiteren Satz hinzu und schickte den Textanfang, jetzt aus zwei Sätzen bestehend, an die nächste Gruppe.
- Der Text machte dann die Runde durch alle Gruppen und wurde dabei weitergeschrieben. Es wurde jeweils bekannt gegeben, wie viele Stationen noch bevorstanden, sodass der Abschluss des Textes rechtzeitig vorbereitet werden konnte.

Das folgende Textbeispiel macht deutlich, dass bei einem so offenen Verfahren thematische Entwicklungen zu erwarten sind, die die besondere Problematik der Pubertät widerspiegeln. Oft wird den dargestellten Sachverhalten dabei aber eine überraschende Wendung gegeben.

DAS PROBLEM
Jeden Morgen kam es wieder. Sobald ich aufwachte, war es da. Es war feucht und nass.
Es musste an meinen Träumen liegen.
Aber es konnte doch nicht sein, dass ich jede Nacht das Gleiche träumte.
Ich konnte meiner Mutter nie erklären, wie es dazu gekommen war.
Sie hätte es mir nie geglaubt. Meinen Freunden konnte ich es auch nicht erzählen, sie hätten mich nur ausgelacht. Ich wette, es ging ihnen manchmal genauso.
Und das nur, weil ich abends immer so großen Durst hatte.
Ich hätte mir früher angewöhnen sollen, die Flaschen nach dem Trinken zuzudrehen und nicht im Bett liegen zu lassen.

Auswertung

Mit solchen und ähnlichen Verfahren des kreativen Schreibens kann sich eine Klasse 8 interaktiv mit dem Medium Computer auseinander setzen. Die mit dem Medium verbundene Spiellust kann sich so entfalten, dass für diejenigen, die es benötigen, auf lustige Weise eine Einführung in die Technologie stattfindet und dass zugleich fachspezifische Aufgaben wie die Gestaltung von Satiren oder die Aufarbeitung altersspezifischer Entwicklungsprobleme in erzählerischer Form gelöst werden. Dabei wird in der Regel ein Darstellungsmodus gewählt, der eine ironische, fiktionale oder sonstige Distanz zwischen den Problembereich und die eigene Person bringt. Der offene Raum des kreativen und gruppendynamischen Schreibens bietet zugleich die Möglichkeit, das eigene Lebensgefühl angemessen zur Sprache zu bringen (Visitenkarten, Fortsetzungsgeschichten) und sich mit der Erwachsenenwelt auseinander zu setzen (Satiren). Die Offenheit der Verfahren und die Gruppendynamik bringen es mit sich, dass ab und zu über das Ziel hinausgeschossen wird. Wenn jedoch an die geplante Publikation erinnert wird, entscheiden die Schüler in der Regel nachvollziehbar, welche der Texte einer breiteren Öffentlichkeit zugänglich gemacht werden können.

Literaturhinweise

Brenner, Gerd/Niesyto, Horst (Hrsg.): Handlungsorientierte Medienarbeit. Juventa, Weinheim und München 1993.
Brenner, Gerd: Kreatives Schreiben am Computer, in: Biermann, Heinrich/Schurf, Bernd (Hrsg.): Deutschbuch. Sprach- und Lesebuch. Bd. 8. Cornelsen, Berlin 1998a, S. 293-300.
Brenner, Gerd: Kreatives Schreiben. Ein Leitfaden für die Praxis. Cornelsen Scriptor, 4. Aufl., Berlin 1998b.
Brenner, Gerd: Kurzprosa. Kreatives Schreiben und Textverstehen. Cornelsen, Berlin 2000.
Erlinger, Hans Dieter (Hrsg.): Neue Medien – Edutainment – Medienkompetenz. Deutschunterricht im Wandel. KoPäd, München 1997.
Ferchhoff, Wilfried: Was Jugendliche bewegt. Selbstinszenierung und Engagement in der Informationsgesellschaft, in: deutsche jugend, 4/2002, S. 155–161, und 5/2002, S. 223–230.
Koch, Hartmut/Neckel, Hartmut: Unterrichten mit Internet & Co. Methodenhandbuch für die Sekundarstufe I und II. Cornelsen Scriptor, Berlin 2001.
Pias, Claus/Vogt, Joseph/Engell, Lorenz/Fahle, Oliver/Neitzel, Britta (Hrsg.): Kursbuch Medienkultur. Die maßgeblichen Theorien von Brecht bis Baudrillard. Deutsche Verlags-Anstalt, 2. Aufl., Stuttgart 2000.
Tapscott, Don: Net Kids. Die digitale Generation erobert Wirtschaft und Gesellschaft. Verlag Dr. Th. Gabler, Wiesbaden 1998.
Vollbrecht, Ralf: Einführung in die Medienpädagogik. Beltz, Weinheim und Basel 2001.

Andreas Borrmann
Kooperatives Schreiben im Internet

Themenbereich: Texte schreiben, Kommunizieren
Klasse: 5–7
Stundenzahl: 6–12 Stunden
Voraussetzungen: Variierbar je nach Kenntnisstand der Klasse
Technische Ausstattung: Für je zwei Schüler ein Computer

Computer machen stumm, verhindern die Kommunikation und treiben ihre Nutzer in die Einsamkeit – so hört man von Kritikern immer wieder. Die hier vorgestellten Unterrichtsideen beweisen das Gegenteil, dass nämlich Rechner sehr geeignete Werkzeuge bei der Zusammenarbeit sein können. Während der Produktion von Internet-Texten in Gruppen lassen sich neben Basisfertigkeiten des Deutschunterrichts wie Strukturieren, Lesen, Schreiben, Überarbeiten gerade auch soziale Ziele erreichen: Da muss man miteinander reden, diskutieren, da muss man zuhören, Gesprächsregeln einhalten, Kompromisse schließen können. Und seit alle Schulen in Deutschland am Internet sind, macht es kaum mehr einen Unterschied, ob man eine solche Teamarbeit innerhalb der Klasse leistet oder zusammen mit Partnern im In- oder Ausland. Diese Möglichkeiten zur Öffnung des Klassenzimmers erhöhen die Ernsthaftigkeit des Tuns nachhaltig.

Die Attraktivität und Produktivität der hier vorgestellten Arbeitsform wird besonders anschaulich, wenn man sich – immer ein gutes Verfahren der Selbstvergewisserung – eigene Erfahrungen, Lernerfahrungen bewusst macht. Und schon, wer im Internet nur mehr die E-Mail-Funktion nutzt, wird zustimmen: Die Vielfalt meiner Kontakte hat sich deutlich erhöht, seit ich mich dieses elektronischen Kommunikationsweges bediene. Ich tausche Unterrichtsideen auch mit KollegInnen an weit entfernten Schulen, verfolge mit wieder anderen gemeinsame Projekte, koordiniere die Zusammenarbeit unserer Schule mit europäischen Partnerschulen, schreibe mit unterschiedlichen Koautoren gemeinsame Artikel. Daneben betreue ich einige Websites gemeinsam mit Schülern, Kollegen oder Profis; so werden weitere Kontakte hergestellt und wach gehalten. Das sind nur einige der dienstlichen Verbindungen, die sich auf eine höchst kreative Weise verbinden zu einem Weg, einer Entwicklung, einem Lernen, das sich an meinen Bedürfnissen ausrichtet und noch manch interessante Wendung bereithalten mag.

Die im Folgenden skizzierten Unterrichtsbeispiele nutzen solche Möglichkeiten für den Unterricht. Dabei geschieht so umwerfend Neues zunächst einmal nicht, vielmehr werden in erster Linie zentrale Forderungen des Fachcurriculums erfüllt und Schüler mit Kompetenzen ausgestattet, die Deutschunterricht stets zu vermitteln hat. Die neuen Medien erweitern ihn vordergründig lediglich um eine zeitgemäße Perspektive, tatsächlich aber motivieren sie die Arbeit neu und realistischer, indem in einen funktionalen Zusammenhang gestellt wird, was sonst oft genug zur rein schulischen Kunstübung verkommt. Die Arbeit wird so intensiver und effektiver. Diese Möglichkeit zur Vermittlung von Althergebrachtem und Neuem, von Bewährtem und weniger Erprobtem ergibt sich aus einer Reihe von Qualitäten der neuen Medien, die diese in der Tat von allen bisherigen medialen Erweiterungen des Deutschunterrichts unterscheiden. Ausführlich habe ich diesen Zusammenhang an anderer Stelle beschrieben[1]; hier sollen vor allem die oben angedeuteten kommunikativen Potenziale betrachtet werden.

Texte im Internet sind so genannte Hypertexte, die aus einer Reihe von in sich geschlossenen Textmodulen bestehen, welche nicht wie in einem Buch linear angeordnet, sondern über Verweise, Links mit den anderen Textseiten verbunden sind – einem Lexikon liegt eine ähnliche Struktur zu Grunde. Die Modularität ermöglicht bzw. erfordert bei der Produktion die Arbeit im Team: Alle schreiben an dem gemeinsamen Produkt mit, produzieren einzelne Teile, die anschließend zusammengefügt werden. Dabei sind vielfältige Formen der Binnendifferenzierung möglich, die Kooperation und Absprache untereinander jedoch bleibt unverzichtbar; bei der Planung schon und spätestens beim Zusammenfügen zu einem gemeinsamen Ganzen.

Unterrichtsidee I

Immer wieder, etwa wenn Klassen neu zusammengesetzt werden, lassen wir unsere Schüler einen Steckbrief über sich selber schreiben, mit dem sie sich den anderen präsentieren. Darin wird zum Beispiel die Familie vorgestellt und das Aussehen, der bisherige Lebenslauf oder die Wohnverhältnisse beschrieben, Hobbys, liebste Musikgruppen oder das Leibund Magengericht aufgelistet. Solche Texte haben eine wichtige sozial integrierende Funktion, sie bereiten aber auch Textformen wie die

---

1 Vgl. Borrmann, Andreas/Gerdzen, Rainer: „Vernetztes Lernen – Hypertexte, Homepages & was man im Sprachunterricht damit anfangen kann", Stuttgart, Klett (1998) sowie dies.: „Internet im Deutschunterricht", Stuttgart, Klett 2000.

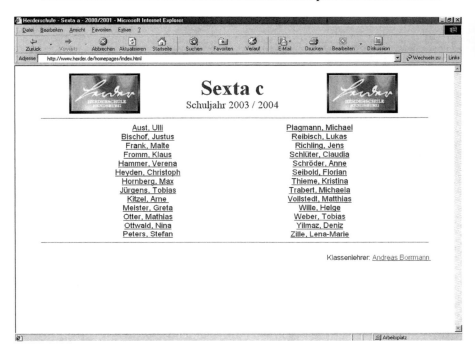

Beschreibung oder Charakteristik vor und werden ähnlich bei späteren Bewerbungen verlangt.

Steckbriefe dieser Art schreiben viele unserer Schülerinnen und Schüler heute schon mit dem Computer. Der Schritt zur Darstellung der Klasse in einem Hypertext ist dann ein geringer. Er lenkt von der eigentlichen Schreibtätigkeit kaum ab, verschwendet also keine Zeit mit technischen Kinkerlitzchen: Jeder Schüler schreibt zunächst nur eine Seite über sich selbst. Dazu bedarf es keines langen Planungsvorlaufs; höchstens wären mögliche Inhalte aufzulisten. Erst am Schluss werden die Einzelseiten dann zusammengefügt.

Bei der Produktion ist – wie immer beim ersten Schreiben von Hypertexten, wie aber auch sonst beim Schreiben – auf klar gegliederte Arbeitsschritte zu achten. Das gelingt hier besonders leicht, weil alle Schüler parallel arbeiten. Der Text sollte zunächst auf Papier entworfen werden; erst wenn er den Produzenten inhaltlich zufrieden stellt, wird er in den Computer eingetippt. Zu groß ist sonst die Gefahr, dass an der Tastatur Zeit verschwendet wird, während der dort schon andere arbeiten könnten.

Kooperatives Schreiben im Internet

Die Nutzung eines HTML-Editors beim Schreiben führt üblicherweise zu keinen Schwierigkeiten, unterscheidet sich von der Arbeit mit einem beliebigen Textverarbeitungssystem zunächst einmal gar nicht.[2]

In einem zweiten Schritt werden die einzelnen Seiten gestaltet: Die Einteilung der Seite, Schrifttypen und -größe, die Farbskala, vielleicht das Hinzufügen von Bildern sind zu bedenken. Schüler beginnen sehr schnell, mit solchen Einstellungen zu experimentieren, neigen oft dazu, sehr viele Möglichkeiten auf einer Seite einzusetzen. Ein einigermaßen einheitliches Layout zeigt andererseits auch optisch die Zusammengehörigkeit einer Klasse an – Leitlinien sollten also in dieser Phase gemeinsam erarbeitet werden, damit die einzelnen Seiten nicht zu disparat wirken.

Wirklich neu ist dann schließlich nur der letzte Schritt: Die einzelnen Homepages der Schüler werden miteinander verbunden. Mit Hyperlinks

---

[2] Letztlich lässt sich inzwischen jedes moderne Textverarbeitungssystem auch für die Produktion von Internet-Seiten (HTML-Seiten) nutzen. Mit speziellen Editoren, wie sie auch in die neueren Browser von Netscape oder Microsoft integriert sind, geht es aber allemal leichter und sicherer.

verweist man auf andere HTML-Seiten, von einer Ausgangsseite auf eine Zielseite. Jede individuelle Schülerseite muss einen solchen Link auf eine Seite mit der Liste aller Namen erhalten. Ein zukünftiger Leser wird dann von dieser Liste zu den Selbstdarstellungen der einzelnen Schüler gelangen können und von diesen zurück zum Ausgangspunkt. Weitere Querverweise sind erlaubt – etwa wenn es Geschwister in der Klasse gibt, Kinder im gleichen Verein Sport machen, das gleiche Instrument spielen oder das gleiche Lieblingsessen angeben.

Die so entstandene Präsentation einer Klasse kann jetzt auf der schulischen Homepage veröffentlicht werden – muss aber nicht. Man kann die Seiten auch jedem Mitschüler ganz schlicht auf einer Diskette nach Hause mitgeben oder lediglich im schulischen Intranet veröffentlichen. So kann man neben den Mitschülern auch den Eltern, der Schulöffentlichkeit oder der großen Internet-Gemeinde (wenigstens Partnerklassen oder Verwandten) das eigene Produkt zugänglich machen. Dann sind sicherlich Rückmeldungen zu erwarten.

Im Vergleich zum Pendant auf Pappe und Papier kommen bei einer solchen Arbeit haptische Erfahrungen zu kurz. Und zur Lektüre muss immer erst ein Computer eingeschaltet werden. Bei der virtuellen Vorstellung kommt man jedoch miteinander ins Gespräch: Schon bei der gemeinsamen Planung, besonders dann aber bei der Verlinkung der Seiten. Wer auf die Homepage eines Mitschülers verweisen will, muss wissen, was es dort zu lesen gibt, muss die inhaltliche Verbindung besprechen. Sonst wird ein zukünftiger, uneingeweihter Leser enttäuscht oder verwirrt sein: Er soll hinter einem Link auch das finden, was er erwartet. Überhaupt sorgt dieser implizite Blick auf zukünftige Leser für eine deutliche Erhöhung der Ansprüche an den eigenen Text. Wenn ihn später auch Eltern und Bekannte lesen werden, dann ist nach meinen Erfahrungen den Schülern keine Formulierung mehr gleichgültig, jeder Rechtschreibfehler schon einer zu viel. Und so stellen sie immer wieder die Fragen, die sonst ich als Lehrkraft stellen musste.

Vor allem aber ist – paradoxerweise – die Dauer des virtuellen Produkts ein Gewinn. Während alle schönen Plakate eines Tages im Papierkorb enden, bleiben die digitalen Selbstdarstellungen erhalten. Sie können also weiterverwertet, überarbeitet, erweitert werden.[3] Schließlich verändert

---

[3] Möglichkeiten werden beschrieben in Borrmann, Andreas/Gerdzen, Rainer. (2000): „Internet ..." s. o.

sich ja die beschriebene Person, lernt auch hinzu. Und insofern ist es besonders interessant, nach ein oder zwei Jahren erneut einen Blick auf die eigene Seite zu werfen. Dann wird die individuelle biografische Entwicklung unmittelbar augenfällig – und vielleicht auch sprachliche Fortschritte seit dem ersten Versuch: Ein nicht zu unterschätzender Nachweis des Erfolges von Deutschunterricht.

Unterrichtsidee II

Beim Schreiben von Hypertexten trägt jeder Eeinzelne mit seinem Modul (oder seinen Modulen) zum Endprodukt bei, ist damit für das Gelingen und für die Qualität des Ganzen mit verantwortlich. Das ist gerade dann eine enorme Motivation zur Eigentätigkeit, wenn die Veröffentlichung vorgesehen ist. Immer wieder ist der Blick auf die Produkte der Mitschüler Ansporn, die eigenen noch weiter zu verbessern. Dieser Effekt ist besonders dann zu beobachten, wenn der Leser, der „über die Schulter" schaut, nicht der Banknachbar und der Adressat des Textes nicht ein Verwandter ist. Es lohnt also, eine Zusammenarbeit mit weniger vertrauten Menschen zu initiieren – in der gemeinsamen Arbeit wird man sich dann auch näher kommen.

Die Idee ist im Grunde die moderne Form der Klassenpartnerschaft, die früher auf den vergleichsweise behäbigen Brief angewiesen war.[4] Heute kann sich eine Klasse der anderen zunächst durch Homepages vorstellen, wie sie oben beschrieben wurden. Danach wird man sich weitere Themen suchen müssen, sonst wird es langweilig. Besonders intensiv wird der Austausch jedoch, wenn man sich ein gemeinsames Produkt vornimmt: Auf einer Internet-Site, auf die beide (oder mehrere) Klassen Zugriff haben, wird in Kooperation ein Gemeinschaftsprodukt erstellt. Das kann ein gemeinsamer Sachtext sein, die Vorstellung der Lieblingstiere in einem virtuellen Zoo etwa. Zu einem besonders intensiven Austausch führt aber sicher kooperatives kreatives Schreiben.

Im Netzwerk Medienschulen der Bertelsmann-Stiftung, einem Zusammenschluss von zwölf sehr weit entwickelten Medienschulen mit Sekundarstufe, haben drei Orientierungsstufenklassen verschiedener Schulen gemeinsam einen „Roman" im Internet geschrieben. Nach einer ersten

---

4 Ideen und Verfahren für solche E-Mail-Partnerschaften beschreibt – wenn auch für den Fremdsprachenunterricht – Donath, Reinhard: „E-Mail-Projekte im Englischunterricht", Stuttgart, Klett 1996.

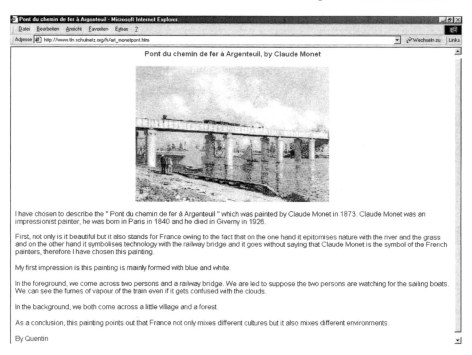

Absprache über die Struktur entstanden die Module des Romans dezentral in Arbeitsgruppen der drei Klassen, wurden im Internet veröffentlicht, dort von den anderen gelesen und kritisiert, dann überarbeitet und aufeinander abgestimmt.[5]

Wiederum stehen zentrale Aufgaben des Deutschunterrichts im Zentrum des Tuns: Da werden Texte strukturiert, geschrieben, gelesen und mehrfach in inhaltlicher, sprachlicher und orthografischer Hinsicht überarbeitet. Die Computer sind dabei zunächst nur ein Werkzeug: Digitale Texte lassen sich besonders elegant be- und überarbeiten, müssen dazu nicht neu geschrieben werden und sehen stets sauber und ordentlich aus.

Interessant ist diese Arbeitsform aber auch in methodischer Hinsicht: Sie ermöglicht es ohne großen Aufwand, die unterschiedlichen Kenntnisse, Vorlieben, Interessen der Schüler für das gemeinsame Produkt fruchtbar zu machen, da jeder an eigenen Teilen, Modulen des Romans schreibt; Binnendifferenzierung ist ohne zusätzliche Vorarbeit erreichbar. Augen-

---

5 Vgl. *http://www.netzlernen.schulnetz.org*

fällig ist das bei der eigentlichen Arbeit am Computer: Hier differiert das Vorwissen der Schüler besonders stark. Deshalb können die Fortgeschrittenen Spezialaufträge übernehmen und nicht zuletzt den Anfängern helfen und auf diese Weise sogar die Lehrer entlasten.
Außerdem ließen sich während unserer Arbeit folgende Vorzüge beobachten:
- Die Motivation zum Schreiben war sehr hoch. Die Schüler schrieben für eine Veröffentlichung und nicht nur für den Unterricht.
- Die Ansprüche, welche die Schüler an ihr Produkt stellten, stiegen, weil es öffentlich wurde (für die anderen Klassen und schließlich im Internet).
- Der Austausch untereinander führte zu einer längerfristigen Beschäftigung mit dem eigenen Text und schließlich auch zu einem vielfältigeren und besseren Werk, auf das alle stolz waren.
- Auch wenn die Publikation im WWW technisch einfacher ist als auf Papier (Seitenumbruch usw.), dauerte die Arbeit lange, auch länger als zunächst geplant. Das haben wir nicht nur als Nachteil erlebt, schulte es doch auch die Ausdauer.
- Technische Probleme und Bedienungsfehler haben besonders zu Beginn der Arbeit zu Enttäuschungen geführt. Damit umgehen zu lernen ist allerdings ein wichtiges Lernziel, das sich sehr viel besser in der Gruppe als einsam zu Hause angehen lässt.

Ausblick

Die letzte Unterrichtsidee soll nur noch knapp skizziert werden, da sie die Grenzen des Deutschunterrichts überschreitet. Es handelt sich sozusagen um die internationale Fortsetzung und Erweiterung der Kooperation.[6]
Für die Zusammenarbeit im Rahmen eines Comenius-Projektes[7] haben Schulen aus Biecz (Polen), Lancaster (Großbritannien), Montargis (Frank-

---

6 Von einer solchen länderübergreifenden Kooperation berichten auch schon Baumgartner, Gilbert/Borrmann, Andreas: „Kooperative Produktion eines E-Mail-Romans. Ein fächerübergreifender Projektbericht", in: Deutschunterricht Heft 4, August 2001, 27–30.
7 Das Comenius-Förderprogramm der EU unterstützt (auch finanziell) europäische Bildungsprojekte, an denen Schulen aus mindestens drei Mitgliedsstaaten beteiligt sind. Vgl. *http://www.kmk.org/pad/sokrates2/sokrates/fr-comenius_1.htm*

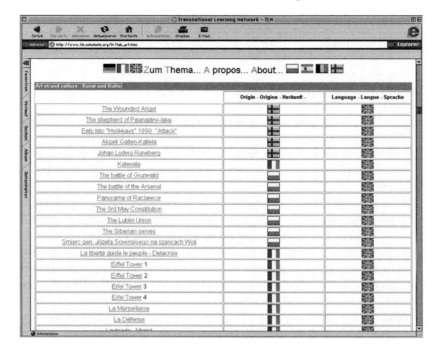

reich), Ploiesti (Rumänien) Rendsburg (Deutschland) und Tampere (Finnland) eine gemeinsame Web-Adresse eingerichtet (*www.tln.schulnetz.org*), unter der alle Schulen Arbeitsergebnisse ablegen können. Jede Schule hat einen eigenen, nur ihr zugänglichen „Raum", wo ihre Ergebnisse dokumentiert werden. Sie sind dann sofort jedem Partner zugänglich. Alle Beteiligten können unmittelbar reagieren und ihre eigenen Beiträge (per Link) auf diese Seiten beziehen.

Das Projekt ist – anders ist das kaum denkbar – fächerverbindend angelegt: Die Verkehrssprache und die Sprachen der einzelnen Module sind nicht festgelegt; ihre Wahl folgt den Anforderungen vor Ort. Das gilt auch für die Inhalte. Das Projekt hat den sehr allgemeinen Titel „Transnational Learning Network" (TLN), was die Partizipation von Klassen und Kursen in verschiedenen Fächern und trotz deutlicher Unterschiede in den nationalen Curricula ermöglicht. Für den Beginn der Arbeit wurden so unterschiedliche Teilthemen vereinbart wie „Lebensart und Traditionen", „Haltungen zum Krieg", „Exotische nationale Sportarten", „Kunst und Kultur", „Genmanipulation" oder „Quark", daneben auch Mathematik-

Wettbewerbe. Für den Deutschunterricht ist u. a. natürlich „Kunst und Kultur" interessant: Hier soll eine virtuelle Galerie entstehen, in der wichtige Werke der jeweiligen nationalen Literatur, Musik, Malerei, Architektur den Schülern der anderen Nationen vorgestellt werden, um sie zu Reaktionen oder Kommentaren aus einer alternativen Sicht zu animieren. Eine derartige europäische Teamarbeit wird erst durch die informationstechnische Vernetzung von Schulklassen möglich – der organisatorische Aufwand wäre sonst viel zu groß und der Zeitbedarf sicher auch. Diese Kooperationsform scheint aber auch außerordentlich motivierend, denn der Umfang der Webseite ist beeindruckend schnell gewachsen. Hier werden die vor Ort erarbeiteten Ergebnisse unmittelbar für alle Partner greifbar, öffnen sich sozusagen die Klassenzimmer für Schüler der anderen Länder. Deren stets präsenter Blick von außen gibt der Arbeit eine Ernsthaftigkeit, die sonst so leicht nicht zu erzeugen ist. Sie wird eben nicht (nur) von der Lehrkraft gewürdigt, sondern von Gleichaltrigen in anderen Ländern. Das ist allemal Anlass genug, diese Arbeit ernst zu nehmen und gut zu machen. Und das wiegt manche Tücke im Detail von Technik und Organisation allemal auf.

Petra Wamelink
Von der Kurzgeschichte zum Fotoroman

Themenbereich: Fiktionale Texte, vor allem Kurzgeschichten
Klasse: 9
Stundenzahl: 12 Stunden für die Besprechung der Kurzgeschichten, weitere 8 Stunden zur Planung und Fertigstellung des Romans
Voraussetzungen: Kenntnisse im Umgang mit der digitalen Kamera und in Power Point
Technische Ausstattung: Computerraum mit Netzwerk, Scanner, Drucker, PowerPoint, digitale Kamera
Ziele: Analytische und produktionsorientierte Verfahren für die Deutung von Texten kennen lernen; Kenntnisse für die Gestaltung einer neuen Textsorte nutzen

Anbindung des Projektes an den Lehrplan

Der Lehrplan des Landes NRW sieht für die Doppeljahrgangsstufe 9/10 als vorrangiges Ziel an, den „Heranwachsenden zu größerer Selbstständigkeit (zu) verhelfen" und sie „verstärkt zu Entscheidungen im Prozess der Unterrichtsplanung heranzu- ziehen" (s. Lehrplan S. 81).

Im Bereich der Unterrichtsinhalte rücken fiktionale Texte deutlich in den Mittelpunkt. Diese sollen einen „Beitrag zur Orientierung der Heranwachsenden in unserer Welt leisten" (Lehrplan S. 80).
Dafür eignen sich Texte, die sich mit der in dieser Phase schwierigen Eltern-Kind-Beziehung, der ersten Liebe, der Ich-Suche oder der Beziehung von Jugendlichen untereinander beschäftigen.
Im Lehrplan ist unter Umgang mit Texten die Anforderung vorgesehen, kurze, epische Texte in ihrer Struktur zu verstehen. Dafür eignet sich die Gattung der Kurzgeschichten, weil menschliche Konflikte, auch jugendlicher Protagonisten in Bewährungssituationen im Vordergrund stehen. Zudem bieten die Kurzgeschichten neben den klassischen Verfahren der Analyse vielfältige Möglichkeiten der produktionsorientierten Verfahren. Die kurze erzählte Zeit in den Kurzgeschichten ist darüber hinaus eine ideale Möglichkeit für die Umsetzung einer Kurzgeschichte in einen Fotoroman. Daher bietet sich die Einbeziehung des Aufgabenschwerpunkts Umgang mit Medien geradezu an. Die Schüler lernen verschiedene neue Medien wie digitale Kameras und Videos sowie Computerpräsentationsprogramme kennen und anwenden.
Zudem können die Schüler einen eigenen Fotoroman entwickeln, der ihre ureigenen Probleme beim Heranwachsen thematisiert. Das eigene Produzieren, Organisieren entspricht dem bereits zu Beginn erwähnten Lernziel der zunehmenden Selbstständigkeit.

Die Grundlage: Analyse von Kurzgeschichten

In den ersten Stunden der Unterrichtsreihe sollten die Schüler mit den Merkmalen von Kurzgeschichten vertraut gemacht werden, Analyseschritte kennen und anwenden lernen und mit der Thematik der Probleme jugendlicher Protagonisten konfrontiert werden anhand „klassischer" Kurzgeschichten wie „Die Tochter" von Peter Bichsel, „Augenblicke" von Walter Helmut Fritz, „Lange Schatten" von Marie Luise Kaschnitz, „Mittagspause" von Wolf Wondratschek und „Felix" von Hans Bender.
In Anschluss an die Besprechung der Texte wurden die Merkmale eines Fotoromans anhand eines Beispiels aus einer Jugendzeitschrift wie Bravo oder Girl/16 erarbeitet. Die Schüler erkannten, dass es Bild- und Textelemente gibt, denen unterschiedliche Funktionen zukommen: Der Vortext in einem Fotoroman gibt wichtige Informationen zum Geschehen. Die Zwischentexte verbinden einzelne Bilder miteinander, verdeutlichen Zeit-

sprünge und Ortswechsel. Die Sprechblasen hingegen vermitteln Gedanken und Aussagen der dargestellten Personen.
Die Fotos selbst stellen nur die wichtigsten Szenen nach, verdeutlichen ebenfalls Ort und Zeit der Handlung, bringen Gefühle und Gedanken durch Mimik und Gestik zum Ausdruck und zeigen Requisiten, die für den Ablauf der Handlung bedeutsam sind.

Eine Idee wird geboren – das Exposé des Fotoromans

In einer ersten Phase ging es zunächst darum, das Grundgerüst für den gemeinsamen Fotoroman zu entwickeln. Die Schüler äußerten ihre Ideen, die gesammelt, diskutiert, ausgeschmückt, verworfen und neu strukturiert wurden. Klar war sofort, dass das Zielpublikum die 14–16-Jährigen und ihre Eltern sein sollten und dass es um Liebe, aber auch um Gewalt gehen würde.
Als Grundidee wurde dann formuliert, dass jeder Mensch als soziales Wesen unbedingt emotionalen Halt von verschiedenen Bezugspersonen braucht. Geht dieser verloren, hat das Leben seinen Sinn verloren. Bei dem folgenden Handlungsgerüst spielte sicherlich eine Rolle, dass zwei Schüler aus der Klasse als Aussiedler die Integration und ihre Schwierigkeiten selbst erfahren haben:
Ein junger, sensibler Schüler, der durch Kriegseinwirkungen aus Südosteuropa schon vor Jahren mit seiner Mutter nach Deutschland verschlagen wurde, hat sich in eine Mitschülerin seiner Schule verliebt. Seine Kindheit verlief recht lieblos. Die Mutter hat kaum Zeit für den Jungen, der sich meist selbst überlassen bleibt. Er aber ist intelligent und will seinen Weg in Deutschland machen. Die Erfahrung mit einer Freundin ist für ihn völlig neu, er ist glücklich. Das Mädchen interessiert sich für den Jungen, weil er anders ist als viele seiner Mitschüler. Eine Liebesbeziehung entwickelt sich; eine feste Bindung möchte sie jedoch noch nicht eingehen. Sie sieht diese Freundschaft aus einem ganz anderen Blickwinkel als der Junge. Nach einer gewissen Zeit mit emotionaler Hochstimmung bei beiden kommt die Beziehung in eine Krise. Das Mädchen fühlt sich eingeengt, wehrt sich gegen den Besitzanspruch und versucht sich aus der Bindung zu lösen. Sie wendet sich einem anderen Mitschüler zu, um die alte Beziehung zu „überbrücken". Das stürzt den Jungen in einen bodenlosen emotionalen Abgrund. Hass gegen das Mädchen, das seine Gefühle so mit Füßen getreten hat, Hass auf den Mitschüler, der ihm die Freundin aus-

gespannt hat. Schulische Probleme kommen hinzu, die Flucht in Drogen schließt sich an. Er verursacht einen Unfall, die Probleme und der Ärger wachsen. Die Antwort ist Gewalt gegen andere, gegen Schwächere, zum Schluss auch gegen sich selbst. Nach einem gescheiterten Selbstmordversuch lernt er in der Klinik ein junges Mädchen kennen, das ein soziales Jahr im Krankenhaus ableistet. Sie hat in ihrer Kindheit ebenfalls viel Schlimmes erlebt und möchte mit ihrem sozialen Dienst zeigen, dass Liebe und Zuneigung zum Menschsein gehören. Sie ebnet dem Jungen den Weg zurück in die Gesellschaft. Ihre Liebe gibt ihm neuen Lebensmut.

Bei der Entwicklung des Handlungsgerüstes wurde sehr schnell klar, dass die Ideen der Schüler den Rahmen einer Kurzgeschichte sprengen würden. Angesichts der Begeisterung stimmte ich dem Vorschlag einer breiter angelegten Geschichte aber rasch zu.

Vom Exposé zu einzelnen Stationen

Das recht umfangreiche Handlungsgerüst galt es jetzt weiter zu bearbeiten. Bei der Planung bemerkte die Klasse, dass ein gemeinsames Arbeiten im Klassenverband nicht die adäquate Vorgehensweise sein konnte; sie machte den Vorschlag, die Handlung in einzelne Lebensstationen des Jungen zu unterteilen, um diese dann in Gruppen ausgestalten zu können. Die insgesamt acht großen Stationen (Kindheit/Entwicklung der Liebe/Sichtweise des Jungen/des Mädchens/Beziehungskrise und Bruch/ Wege des Losers/Folgen des Abgleitens/Hilfen/Umfeld/Lösung) wurden nach Vorlieben zugeteilt, wobei keine der Gruppen aus mehr als 4 Schülern bestand. Es galt zunächst, die Orte, Personen sowie die genaue Handlungsfolge festzulegen; erste Überlegungen für den Fotoroman flossen mit ein, denn es sollte in der Gruppe schon vorgeplant werden, welche der Szenen mit einem Foto dargestellt werden sollten, wobei angesichts des Umfangs eine Beschränkung von 10 Fotos pro Gruppe festgelegt wurde. Die in einer Stunde erarbeiteten Gruppenergebnisse wurden in den zwei folgenden Stunden vorgestellt, diskutiert und hinsichtlich der Übergänge/ Namen/Orte kompatibel gemacht.

Die Skizzenentwürfe entstehen

Bevor die Arbeit am Fotoroman selbst beginnen konnte, hielt ich es für sinnvoll, die für die Fotos festgelegten Szenen als Skizze auszugestalten.

Von der Kurzgeschichte zum Fotoroman

Dabei sollte gezeichnet werden, was auf dem Foto genau zu sehen sein soll: Gesichtsausdruck, Gesten, Kameraeinstellung, ergänzende Texte. Diese Entwürfe wurden in drei Stunden in den bereits bestehenden Gruppen auf großen Pappen angefertigt, die später als „Regiebuch" genutzt wurden.

Die Fotos

Nachdem nun alle „Regiebücher" vorlagen, erstellte die Klasse einen Drehplan: die Schauspieler mussten ausgesucht, die Drehorte festgelegt, Vorbereitungen getroffen werden. In dieser Phase des Projektes stand ich als Lehrerin zu Koordinationszwecken, als zentrale Anlaufstelle zur Verfügung. Die Schüler entwickelten einen hohen Grad an Selbstständigkeit und großen Arbeitseifer; sie hatten den Fotoroman zu ihrem Projekt gemacht.

Die benötigte digitale Kamera steht in der Schule zur Verfügung, ein Schüler steuerte für die Außenaufnahmen die digitale Kamera von zu Hause bei. Zunächst wurden die Schüler bei Probeaufnahmen im Klassenraum in die Technik der digitalen Kamera eingeführt, ein Schüler erklärte sich bereit, die Bilder auf eine CD-ROM zu ziehen.

Viele der Aufnahmen führten wir in zwei Deutschstunden durch: die im Klassenzimmer und die auf dem Schulhof. Eine Arbeitsgruppe traf sich nachmittags, um die Aufnahmen im Elternhaus des Jungen und der ersten Freundin zu machen, eine andere Arbeitsgruppe begleitete ich an einem Nachmittag für die Aufnahmen im Krankenhaus, unter der Brücke beim Selbstmordversuch und im Krankenwagen.

Die Bearbeitung der Fotos und die Fertigstellung des Fotoromans

Nach Abschluss der Dreharbeiten hatten wir eine ungeordnete Vielzahl von Bildern auf verschiedenen Disketten vorliegen, die in einem ersten Schritt sortiert werden. Dabei waren die „Regiebücher" eine gute Hilfe. Auch bei der Bearbeitung der Bilder, die zum Schluss noch mit Sprechblasen versehen werden mussten, griffen die Schüler immer wieder auf diese zurück.

Als die Fotos in eine geordnete Reihenfolge gebracht waren, wollten wir sie mit Hilfe eines speziellen Fotoromanprogramms bearbeiten; dieses stellte sich aber als für die Schüler zu kompliziert heraus. So entschied ich mich, mit PowerPoint weiterzuarbeiten, dass zwar einige Raffinessen des anderen Programms vermissen ließ, den Schülern aber bekannter und zugänglicher war. Auch hier stand zunächst eine Einführung am Computer im Mittelpunkt.

Fazit

Abschließend kann man sagen, dass die Arbeit am Fotoroman ein voller Erfolg war. Das gesamte Projekt zeichnete sich durch eine hohe Motivation, vor allem bei sonst eher schwächeren bzw. stilleren Schülern aus. Die Identifikation mit der eigenen Arbeit war durchgängig sehr hoch, sodass auch Arbeitsstunden am Nachmittag, ohne die ein solches Projekt nicht denkbar ist, gerne investiert wurden.

Kurzgeschichten, d. h. Geschichten, die die Schüler in ihrem Alltag nicht lesen, bislang noch nicht kennen gelernt haben und Fotoroman, d.h. eine Textsorte, die Schüler mehr oder weniger täglich in den Zeitschriften, die sie lesen, begegnet, über deren Machart sie aber wahrscheinlich noch nie nachgedacht haben, werden miteinander verknüpft: Die Geschichte muss erdacht werden, wobei dort Elemente, die sie bei der Kurzgeschichte in den Blick genommen haben, aufgegriffen werden müssen und das Handwerkszeug, das Herangehen an einen Fotoroman neu erlernt werden muss.

Durch die eigene Realisierung erhalten sie Einblick, wenngleich allen Beteiligten klar ist, dass die Methoden und Möglichkeiten eines Verlages wesentlich professioneller sind. Dennoch sind auch im Rahmen einer Schule und ihrer Ausstattung solche Projekte machbar, Kosten für diverse Filme und Abzüge entstehen durch die digitalen Kameras nicht.

Die Benutzung des Programms PowerPoint erfordert Überlegungen zum Layout, bietet Möglichkeiten, eine gängige Präsentationsform selbst anzuwenden. Zudem ist das Dokument als Download auf einer Homepage der Schule denkbar, kann auch ins schulinterne Intranet eingespeist werden.

Rainer Erhardt
Theodor Storms „Schimmelreiter" digital

Themenbereich: Erstellung einer Multimedia-CD im Literaturunterricht
Klassen: 9, 10
Stundenzahl: 12 Stunden
Voraussetzungen: Beherrschung digitaler Arbeitstechniken
Technische Ausstattung: PC mit üblichen Peripheriegeräten, Software zur Erstellung multimedialer Präsentation
Ziele: Optimierung der Nachhaltigkeit des Literaturunterrichts, berufsorientierte Fertigkeit im Umgang mit digitalen Medien

Durch die Möglichkeit optische und akustische Elemente in digitaler Form zu verknüpfen, lässt sich die Wirkung literarischen Arbeitens im Deutschunterricht vertiefen. Das Werk gewinnt dadurch zudem das erhöhte Interesse der Schüler, die gemeinsam erarbeiteten Ergebnisse lassen sich als Wissen nachhaltiger und stets abrufbar sichern.
Mittelfristig kann auf diese Weise eine literarische Datenbank, die jederzeit ergänzt oder verändert werden kann, als Fundus der Fachschaft erstellt werden. Die über diese Arbeitstechnik integrierten Klassen arbeiten hoch motiviert, da sie die berufliche Bedeutung für sich erkennen.

Vorarbeiten

Theodor Storms Novelle „Der Schimmelreiter" wurde in traditioneller Weise induktiv ausgewertet, Referate, OH-Folien und Filmausschnitte hatten in das Thema und den historischen Hintergrund eingeführt. Arbeitsteilig stellten Gruppen Material zur Struktur- und Sprachanalyse zusammen; gleichermaßen wurden in Tafelbildern die Charaktere und ihre Rolle im Handlungsverlauf erarbeitet.
Eine Gruppe von Schülern, die sich mit den spezifischen Gattungsmerkmalen der Novelle bzw. mit der Biografie des Autors auseinander setzen sollten, wählte einen völlig neuen Ansatz – die Multimediatechnik.
So genannte Autorenprogramme (z. B. Join Multimedia/Siemens; Matchware Mediator) ermöglichen es, Texte, Fotos, Videos, Zeichnungen, Sprache, Ton und Animationen miteinander zu kombinieren und unterstützen somit eine aktive und kreative Medienarbeit.

Multimediale Präsentation

Diese Schüler bereiteten ihren Vortrag nicht mit PowerPoint oder einer ähnlichen Präsentation vor, sondern wählten eine interaktiv funktionierende Darstellung. Hierbei folgt der Nutzer nicht passiv der linearen Abfolge von animierten oder statischen Bildern, die Dias ähneln, sondern kann nach Bedarf zwischen unterschiedlichen Bereichen in einem Anfangsmenü wählen.

Grafiken strukturieren den Handlungsgang und das Beziehungsgeflecht der Charaktere, Fotos von Originalschauplätzen, Videoausschnitte aus

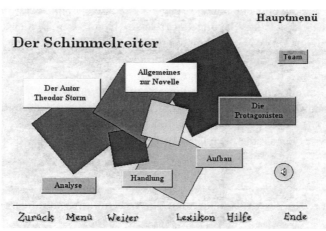

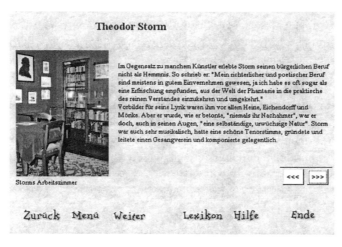

Theodor Storms „Schimmelreiter" digital

Verfilmungen und digitale Faksimileabdrucke aus Museen gestalten das virtuelle Klassenzimmer einprägsamer als herkömmlicher Literaturunterricht, der auf diese neuen Medien verzichtet.
Der Schüler orientiert sich an Kernbegriffen, die Neugierde wecken sollen. Die selbst erklärende Navigation erlaubt es dem Lernenden sich selbstständig mit den wesentlichen Aspekten dieser Novelle vertraut zu machen.

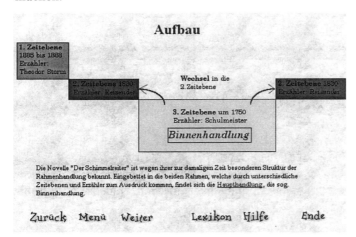

Als hilfreich erwies sich das integrierte Lexikon, das sich aus fast allen Bereichen aufrufen lässt und niederdeutsche Begriffe paraphrasiert.

Die CD enthält auch einen etwa zweiminütigen Lesetext der dramatischen Szene, als sich Hauke Haien in die Bruchstelle im Damm mitsamt seinem Pferd stürzt. Die Möglichkeit, eine Schülerstimme als Kommentator oder Leser mit den Mitteln der Multimediatechnik in die optischen Elemente zu integrieren, motivierte die übrigen Schüler.

Erstellung einer Multimedia-CD

Grundlage des technischen Einblicks ist das Autorenprogramm Matchware Mediator, das in den Modulen des Lehrerfortbildungsprogramms „Intel Lehren für die Zukunft" (*http://www.intel-lehren.net*) enthalten ist. Bei grundsätzlicher Vorkenntnis laufen die Programmschritte durchaus selbsterklärend ab.

Theodor Storms „Schimmelreiter" digital

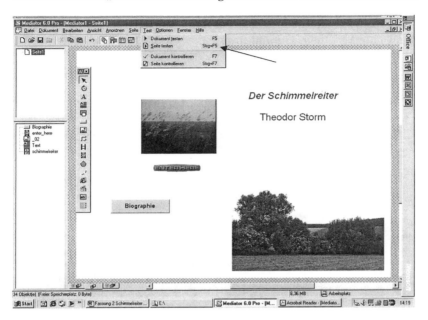

- Einstieg über Auswahl nach Vorhaben.
- Vorlagen (Wizard) geben einen Rahmen, der jedoch häufig nicht befriedigt. Deshalb ist die individuelle Gestaltung nach den didaktischen Erfordernissen vorzuziehen.
- Die linke Arbeitsmappe, die später die Einzelelemente auflisten wird, enthält noch keine Dateien.
- Elemente zur didaktisch funktionalen Gestaltung lassen sich miteinander kombinieren. Sollte sich später die Notwendigkeit zur Ergänzung oder Veränderung der Präsentation ergeben, lässt sich jede Seite beliebig bearbeiten und erneut speichern.
- Die Menüführung ist sachlogisch gestaltet und folgt dem MSWindows-Standard.
- Das im Beispiel geöffnete Menü gestattet Testdurchläufe der dynamischen Seiten- und Dokumentabfolge.
- Die folgende Grafik zeigt Funktionen, die sich einzelnen Elementen als so genannte Ereignisse zuordnen lassen. Hierbei muss der Pfad angegeben werden, unter dem das Programm die gewünschte Datei finden kann. Dauer, Lautstärke, Anfang und Ende lassen sich dabei über Untermenüs und Zeitleisten exakt definieren.

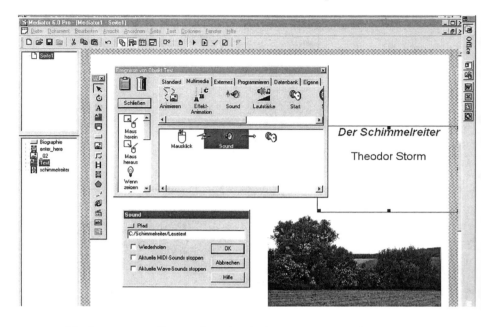

- Die Steuerung soll interaktiv durch den Anwender erfolgen, also nicht wie eine mit starren Intervallen definierte Bilderabfolge (Diaschau). Deshalb kann auch die das Ereignis auslösende Aktion – sei es ein Mausklick, ein Tastendruck oder ein Button auf dem Bildschirm – definiert werden. Ein für den Schüler nötiger Hinweis wird neben oder im entsprechenden Feld eingetragen.
- Falls es sinnvoll erscheint, kann auch ein automatischer Ablauf definiert werden, in den der Nutzer in dieser programmierten Phase nicht eingreifen kann.
- Die weiteren detaillierten Hinweise zur Nutzung des Programms können dem Handbuch, das als pdf-Datei integriert ist, entnommen werden.

Spezifische Vorteile digitaler Unterrichtsmedien

Gegenüber herkömmlichen Medien wie Tafelanschrift, OH-Folien, Buch, Dia und Film bietet digitale Medientechnik signifikante Vorzüge:
- Dokumente können kostengünstig unbegrenzt lange in originaler Qualität und in kompakter Form (z. B. CD-ROM) aufbewahrt werden.

- Die spätere Reproduktion solchermaßen archivierter Inhalte ist jederzeit möglich.
- Die Effizienz digital erfasster Inhalte ergibt sich durch die verlustfreie Übertragbarkeit auf andere Medien und die Möglichkeit der Weiterverarbeitung und Optimierung nach den sich später ergebenden kontextuellen Bedingungen.
- Durch die Integration aller medialen Elemente wird diese Lehrform allen Lerntypen gerecht, da sie sowohl den auditiven als auch den optischen Wahrnehmungskanal anspricht.

Weitere Vorschläge

Die breite Palette der Anwendungsmöglichkeiten macht deutlich, dass sich alle Schülerinnen und Schüler angesprochen fühlen können, eben nicht nur der Spezialist. Einige Anregungen:
- Präsentation einer Klassenfahrt
- Virtueller Schulhausrundgang
- Vorstellung der Heimatgemeinde
- Galerie von Schülerarbeiten aus dem Kunstunterricht
- Vorstellung von Schülerprojekten

Jan Diehm

Ein Webseitenprojekt zu Schillers „Kabale und Liebe"

Themenbereich: Standbilder zu einem Drama, inszenierende und produktorientierte Interpretation, Webseitenerstellung (HTML-Texte und Bildimport)
Klasse: 10
Stundenzahl: 9–12 Stunden
Voraussetzungen: Umgang mit PC, Maus, Tastatur, Textverarbeitungsprogrammen, Bildverarbeitung und -verlinkung kann nach kleiner Demonstration erfolgen
Technische Ausstattung: Computer für je zwei Schüler, einfache HTML-Editoren, einfache Bildbearbeitungsprogramme, Internetzugang
Ziele: Inszenierende Interpretation durch Webseitenerstellung

Schillers Drama „Kabale und Liebe" – formal dem aristotelischen Theater verhaftet, thematisch aber dem Sturm und Drang verbunden – ist oft exemplarische Lektüre klassischer Dramen in Klasse 10 und auch in der Oberstufe. Für Schüler ist die Liebesgeschichte und der Generationenkonflikt von besonderer Bedeutung, wobei der allgemeine Konflikt zwischen individuellen Interessen und gesellschaftlich tradierten Werten und Normen Identifikationsmöglichkeiten mit den handelnden Personen bietet. Eine inszenierende Interpretation greift dieses Potenzial der Identifikation auf, erweitert um die Reflexion der Aufführungsmöglichkeiten und Aktualisierungen. Die Dokumentation solcher inszenierenden Interpretationen und Analysen in Form einer Website motiviert in produktorientierter bzw. konstruktivistischer Hinsicht zusätzlich.

Für die zügige Gestaltung dieses Projekts sind Vorkenntnisse in Textverarbeitung nötig, wie sie die Schüler der Klassen 9 und 10 in der Regel bereits haben. Ansonsten müssten kleine Einführungen zur Handhabung der jeweiligen Programme gegeben werden.

Ein Computerraum sollte zur Verfügung stehen, in dem je zwei Schüler an einem Rechner arbeiten können. Die Rechner sollten HTML-Editoren haben, Browser und Bildbearbeitungsprogramme (StarOffice z. B. kombiniert alle Programme mit einfacher Handhabung).[1]

Im Verlauf der Lektürearbeit oder auch am Anfang sollte die Klasse entscheiden, ein Webseiten-Projekt mit Standbildern zu ausgewählten Textstellen des Dramas durchzuführen. Zum einen sind allein schon die kreativen und kommunikativen Aspekte der Erstellung von Standbildern von Interesse, zum anderen ist die Dokumentation auf einer Webseite auf der Schulhomepage zusätzlich motivierend, da sie eine breite Öffentlichkeit, zumindest die Schulöffentlichkeit anspricht. Darüber hinaus werden an Webseitentexte höhere inhaltliche, sprachliche, orthografische Qualitätsansprüche gestellt. Das Webseitenprojekt kann dabei eine Methode im Verlauf der Lektürearbeit sein, nicht die einzige. Allerdings lassen sich auch viele andere Methoden der Lektürearbeit in Webseiten dokumentieren (z. B. grafische Darstellungen von Personenkonstellationen, und/oder Bilder von den Hauptfiguren verknüpft mit Charakterisierungen, Kombinationen von Bildern und biografischen Details, Hintergrunddarstellungen zu den historischen Verhältnissen in Text und Bildern, Sammlung von Theateraufführungen u. a.). Vorrangig für die sinnvolle Nutzung didgitaler Medien ist die Symbolkompetenz.[2]

---

1 Star Office steht kostenlos zur Verfügung unter *http://www.sun.com/staroffice*. Eine Übersicht über andere Programme bietet: *http://www.interware.de/edit.html*.
2 Baurmann, Jürgen/Weingarten, Rüdiger: Internet und Deutschunterricht, in: Praxis Deutsch 158/1999.

Die einzelnen Arbeitsschritte

Vorstellung der Projektabsicht (Standbilder und Dokumentation in einer Webseite)

Sinnvoll ist die Demonstration einer vergleichbaren Webseite per Beamer (z. B. die Webseiten zu Peter Schneiders „Schlafes Bruder", Hesses „Siddhartha" oder anderen literarischen Themen auf Schulhomepages).[3] Deutlich werden soll die Absicht, mehrere Seiten von Arbeitsgruppen zu gestalten, Verlinkungen herzustellen und mit Bildern zu verbinden. Nach dieser Vorstellung und Ideensammlung wählen die Schüler aus dem Drama „Kabale und Liebe" ausdrucksstarke Szenen aus, die sich für Standbilder eignen[4].
Diese Aufgabe kann auch als Hausaufgabe mit schriftlicher Begründung gestellt werden, um dann in der folgenden Stunde eine Entscheidungsgrundlage zu haben. In dieser Stunde sollen die Szenenauswahl und Arbeitsgruppenbildung erfolgen. Erfahrungsgemäß sind zwei Unterrichtsstunden zu veranschlagen, wenn mehr als zwei Standbilder vorbereitet, diskutiert und präsentiert werden.
Die Arbeitsgruppen beschäftigen sich mit der Figurenwahl, Kleidung, Haltung, Mimik usw. und bauen das Standbild allmählich auf. Die Wahl eines Erbauers/Regisseurs ist sinnvoll, aber nicht zwingend. In einer „Trockenübung" bauen die Arbeitsgruppen nacheinander ihre Standbilder auf, lassen die Spieler „erstarren" und geben den Mitschülern Gelegenheit, das entstandene Bild auf sich wirken zu lassen. Danach wird das Standbild zu dem ausgewählten Szenenausschnitt beschrieben und interpretiert, wobei zuerst die Beobachter ihre Eindrücke wiedergeben, danach die Spieler. Hierbei erfolgt auf spielerische Weise eine intensive Interpretation des Dramas, da Figurendarstellung, Haltung, Ausdruck im Dramenkontext gerechtfertigt werden müssen.
Die Stellungnahmen eröffnen die Möglichkeit der Korrektur für die Aufnahmestunde und sollten evtl. als Hausaufgabe schriftlich formuliert werden. Sie lassen sich auch zusätzlich als erläuternde Texte in die Webseite einfügen.

---

3 Vgl. *http://www.schlafes-bruder.Zya.com* und *http://acg-bonn/projekte/deutsch/schneider/index.htm*
4 Vgl. Tipps zum „Standbild bauen", in: Texte, Themen und Strukturen. Deutschbuch für die Oberstufe, hrsg. von Biermann, Heinrich/Schurf, Bernd. Berlin, Cornelsen 1999, S. 56.

Vorbereitung der Aufnahmen

Nach dieser Vorübung werden dann die Aufnahmen vorbereitet. Die Schüler vereinbaren Requisiten, Kostüme und Räumlichkeiten für die Standbilder. Eine Kamera soll die Standbilder dokumentieren, am besten eine digitale Kamera, die sofortige Korrekturen ermöglicht. Wir machten die Aufnahmen noch mit analogen Kameras und scannten dann die Bilder ein. Einige Schüler trafen sich auch in Arbeitsgruppen zu Hause, wo sie ungestört von den Mitschülern ihre Aufnahmen durchführten. Die Schüler entschlossen sich spontan für eine Serie von Standbildern. Die Konzentration auf ein Bild ermöglicht eine intensivere Interpretation.

Gestaltung der Webseiten

Für die Webseitengestaltung werden die Textstellen aus dem Drama entweder von digitalen Medien kopiert oder von Textvorlagen eingescannt und kurze Erläuterungstexte zum Auftreten der Figuren in den jeweiligen Standbildern angefertigt.[5]

Im Computerraum werden die Bilder dann in einem Verzeichnis auf dem Server abgelegt, damit alle Schüler Zugriff auf die Bilder haben. Nachdem der Import von Bildern in eine HTML-Datei per Beamer demonstriert wurde, importieren die Schüler der einzelnen Arbeitsgruppen die Bilder nun in ihre jeweiligen Textseiten. Dabei können Untergruppen einzelner Arbeitsgruppen auch alternative Webseiten gestalten, damit alle Schüler Erfahrungen sammeln. Die Arbeitsgruppe entscheidet sich schließlich für die bessere Webseite oder kompiliert eine Seite. Eine weitere Arbeitsgruppe beschäftigt sich mit der Startseite (index.htm) und der Verknüpfung dieser Seite mit den anderen Webseiten. Wenn diese Auftaktseite hergestellt ist, legen die Arbeitsgruppen auf ihre Webseite auch eine Verknüpfung (Hyperlink) zurück auf die Auftakt- oder Hauptseite.

Technische Details: Für die Arbeit im Computerraum ist wichtig, dass für die Klasse ein eigenes Verzeichnis bzw. ein eigener Ordner für das Projekt eingerichtet wird, in den dann alle Dateien (z. B. H:\kabale\...) und in einem Unterverzeichnis alle Bilder (H:\kabale\bilder\...) der Schüler aufgenommen werden. Die Schüler erarbeiten ihre Texte mit HTML-Editoren (z. B. StarOffice), die auch die Bildbearbeitung (der eingescannten bzw. digitalen Bilder) ermöglichen. Wichtig ist die Konvention der Dateinamen (Festlegung der Dateinamen zu den jeweiligen Text- und Stand-

---

5 z. B. bei *http://www.gutenberg2000.de*

Ein Webseitenprojekt zu Schillers „Kabale und Liebe"

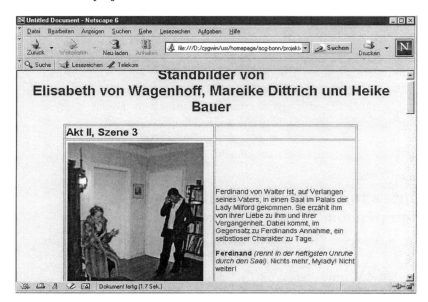

Nähere Informationen siehe auf Homepage: *http://acg-bonn.de/projekte/deutsch/kabale/index.htm*)

bilddateien sowie Bild- und Grafikdateien). Eine Übersicht mit Angabe der jeweiligen Arbeitsgruppe erleichtert die Arbeit.

Arbeitsgruppe/Szene	Dateinamen	Bilddateien	Arbeitsgruppe/ Schauspieler
Startseite	index.htm	index1.jpg	Christian, Christine ...
Szene II/2	stand1.htm	II-1.jpg II-2.jpg	Markus, Helge, Philipp/Mareike ...
Szene II/5	stand2.htm	II-3.jpg II-4.jpg	Heike, Nils, Conrad, ...
Szene IV/7	stand3.htm	IV-1.jpg IV-2.jpg	usw.
Szene V	stand4.htm	-1.jpg	...
Aktualisierung	aktuell.htm		...
Inhaltsübersicht	szenen.htm		... usw.
Biografie	biograf.htm	schiller.jpg	
Online-Recherche	links.htm		

Abschlussarbeiten

In einer weiteren Stunde werden die Ergebnisse der Seiten überarbeitet, einander vorgestellt, korrigiert und optimiert. Eine kleine Expertengruppe sollte dann die letzte Überarbeitung hinsichtlich eines einheitlichen Layouts (Schrift, Hintergrund, Bildgrößen u.Ä.) vornehmen, da bei einer Vielzahl von Arbeitsgruppen sich doch immer kleine Fehler oder Abweichungen einschleichen. Anschließend erfolgt die Bewertung.[6]

Jan Diehm

Präsentation einer Webseite zum Thema „Werbeanalyse"

Themenbereich: Erstellung von Hypertext und Webseiten
Klasse: 9, 10
Stundenzahl: 8–10 Stunden
Voraussetzungen: Umgang mit PC, Maus, Tastatur, Textverarbeitungsprogrammen; Bildverarbeitung und -verlinkung könnte ein kleines Team übernehmen
Technische Ausstattung: Computer für je zwei Schüler, einfache HTML-Editoren, Bildbearbeitungsprogramme, Internetzugang
Ziele: Einsicht in die Hypertextstruktur, Produktion eigener Hypertexte zur Werbeanalyse, Verlinkung von Texten und Bildern

Vorüberlegungen

Vorab sei auf zwei innovative Beiträde verwiesen, die sich mit dem Thema Werbung im Deutschunterricht befassen.[1] Das Beispiel wurde in einer 10. Klasse erarbeitet. Bei entsprechender Reduktion ließe es sich aber auch in der 8. und 9. Klasse durchführen. Für die zügige Gestaltung dieses Projekts sind Vorkenntnisse in Textverarbeitung nötig, wie sie die Klassen 9 und 10 in der Regel bereits haben. Ansonsten müssten kleine Einführungen zur Handhabung der jeweiligen Programme gegeben werden. Hinsichtlich der Analyse von Werbeanzeigen kann eine Vorphase nach „traditionellem" Unterricht erfolgen, in der die Schüler mit der Analysemethode vertraut gemacht werden.

6 Debray, Christiane: Bewertungskriterien für Homepages, in: Praxis Deutsch 158/1999, S. 55–58.
1 Hurrelmann, Bettina: Nie waren die wertvoller als heute, in: Praxis Deutsch, 163/2000, S. 16–25; ein Vortrag von Bernd Rüschoff, abrufbar unter *http://www.lbw.bwue.de/Kruscho.html*

Ein Computerraum sollte zur Verfügung stehen, in dem je zwei Schüler an einem Rechner arbeiten können. Die Rechner sollten HTML-Editoren wie StarOffice von Sun (StarOffice wird über die Medienzentren von Nordrhein-Westfalen den Schulen kostenlos angeboten. Es ist dem Office-Programm von Microsoft durchaus gleichwertig.), Microsoft Word haben; auch spezielle wie Microsoft Frontpage, AOL-press, Netscape Composer, Mediator von Matchware, octOpus, Browser wie Internet Explorer, Netscape Navigator u. Ä. Bildbearbeitungsprogramme wie auch Embellish, Microsoft Paint, PhotoDraw, Photoshop u. Ä.
Ebenfalls sollte ein Beamer verfügbar sein, damit man im Plenum bzw. im Klassenraum die Ergebnisse präsentieren und besprechen kann (Laptop mit Beamer).
Das Ziel der Unterrichtsreihe zum Thema „Werbung" ist eine Präsentation einer Webseite als Anregung für andere Klassen.
Die Vorlaufphase wurde wegen einer bevorstehenden Klassenarbeit (Analyse einer Werbeanzeige) „traditionell" durchgeführt, das heißt ohne Nutzung der neuen Medien (Werbemittel und -träger, Werbepsychologie, Geschichte der Werbung, wirtschaftliche Dimension usw.). Die Erarbeitung und Präsentation der Webseite hatte hier nicht nur die Funktion der Übung von Analysemethoden und Stellungnahmen, sondern auch des vertiefenden Verständnisses für die komplexe Wahrnehmung von Werbung (Bild- und Textkorrelationen), wie sie gerade die Hypertextstruktur ermöglicht. Die Themen Bildgestaltung, -wirkung und wirtschaftliche Dimension der Werbung ermöglichen ein fächerübergreifendes Projekt zusammen mit den Fächern Politik und Kunst.

Unterrichtsablauf

Vorstellung

Die Vorstellung des Projektes in der ersten Stunde (Bildteile verlinkt mit Analyse- und Informationstexten) soll zwar anfangs Ideen der Schüler sammeln bzw. deren medienspezifisches Kenntnispotenzial nutzen, anschließend jedoch die Besonderheit der Hypertext- und Hypermediastruktur verdeutlichen. Sinnvoll ist die Präsentation einer exemplarischen Webseite (z. B. die Homepage der eigenen Schule) per Beamer im Klassenraum und die Erläuterung der nichtlinearen Netzstruktur an der Tafel (Links von Text zu Text, zu Wörtern, zu Bildern und umgekehrt). Hilfreich ist es, wenn das Beispiel bereits die Grundstruktur der geplanten Webseite enthält, nämlich die Abbildung einer Werbeseite, wo die einzelnen Bestandteile (Text- und Bildteile) durch Mausklick mit den jeweiligen Analysetexten verbunden sind. Anschließend verständigt sich die Klasse auf eine solche Struktur und auf eine interessante Werbeanzeige, die gemeinsam auf bestimmte Analyseschwerpunkte hin untersucht wird (hier als Beispiel die „Peugeot-Werbung").

Auswahl

In der nächsten Stunde sollen die Einzelteile der Werbeanzeige und die Schwerpunktthemen ermittelt werden, wobei man gut mit Mind-Maps arbeiten kann (vgl. Mind-Manager). Das Original der Werbeanzeige sollte für alle sichtbar ausgehängt sein und alle Schüler sollten zudem einfache Schwarz-Weiß-Kopien verfügbar haben, um Details besser erkennen zu können. Die Farben können dann jeweils am Original noch überprüft werden.
Entsprechend der Verästelungen des Mind-Maps können die Arbeitsgruppen gebildet werden.

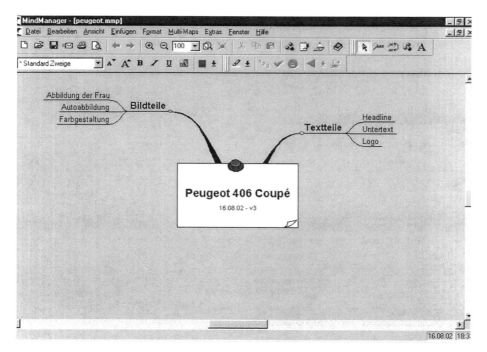

Präsentation einer Webseite zum Thema „Werbeanalyse" 123

Analyse

Es können die ca. sechs bis acht Einzelthemen (noch ohne Rechner im Klassenraum) arbeitsteilig aufbereitet werden: die Analyse der Autoabbildung, der Abbildung der Frau, der Headline, der Textteile (Überschrift, Untertext und Markenzeichen mit Logo), sowie der Bild-Text-Beziehung und Frau-Auto-Beziehung. Dabei ist es durchaus von Vorteil, wenn sich zu Einzelthemen auch mehr Arbeitsgruppen bilden. Bei der späteren Überarbeitung der Texte kann man sich für den besseren Text entscheiden oder einen gemeinsamen Text kompilieren.

Die Gruppenarbeit (schriftliche Analyse der Bild- und Textteile) wird im Sinne der Überarbeitung und Ergänzung als Hausaufgabe fortgesetzt, wobei bereits vereinbart wird, die Texte mit dem Rechner zu schreiben, aber auch ausgedruckt mitzubringen, um in den folgenden Stunden alternativ mit Rechnern im Computerraum oder mit den ausgedruckten Texten zu arbeiten. Wichtig ist, dass die Schüler Analysetexte bzw. Textentwürfe zur nächsten Stunde haben. Erfahrungsgemäß dauert es lange, wenn erst in der Stunde die Texte entworfen und getippt werden. In diesem Fall müsste man eine weitere Stunde ansetzen. Bei der Arbeit im Netzwerk des Computerraums ist die Speicherung der Dateien in einem gemeinsamen Verzeichnis des Servers sinnvoll, wobei man vorab unterscheidbare Dateinamen vereinbaren sollte (Gefahr der Überschreibung).

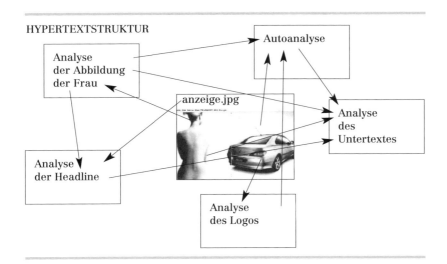

Für die Textüberarbeitung, die vorläufige Dokumentation der Texte als Wandzeitung und für die Verlinkungsvorschläge mit Wollfäden müssen mehr Stunden angesetzt werden. Die Textüberarbeitung kann auch nach der vorläufigen Webseitengestaltung noch vorgenommen werden, da ja alle Texte in eigenen Dateien gespeichert sind. Die ausgedruckten Analysetexte werden an der Klassenwand ausgehängt und mit Wollfäden werden inhaltliche Verbindungen zwischen Bildteilen, Texten und auch einzelnen Wörtern (Fachbegriffe) hergestellt. Diese Wollfäden entsprechen den später zu setzenden Links in den Hypertext-Dokumenten (vgl. Verknüpfung). Die Schüler werden schnell feststellen, dass es unterschiedliche Möglichkeiten der Vernetzung gibt, je nach individuellen Wünschen oder auch im Hinblick auf die Gesamtarchitektur der Webseite.

Die Wandzeitung soll neben den Themen auch die Gruppenmitglieder sowie die Verfasser der Texte dokumentieren, damit zwischen den Gruppen Rücksprachen möglich sind. Wichtig ist deshalb, dass bei allen Texten die jeweiligen Verfasser angegeben sind.

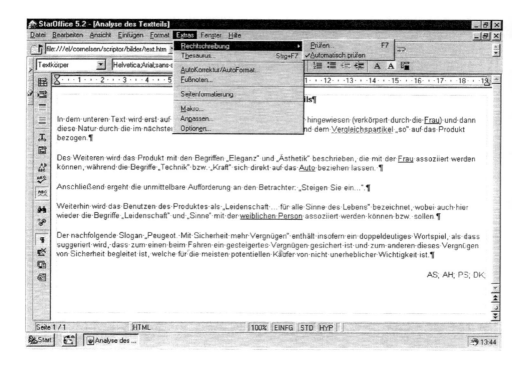

Vernetzung

Auch wenn die Texte noch nicht vollständig und korrekt sind, ist es sinnvoll, die einzelnen Webseiten zu gestalten. Evtl. müssen die Textdateien noch in Html-Texte umgewandelt werden (s. Dateiformat). Damit dies einheitlich ausfällt, sollten sich die Schüler auf gemeinsame Gestaltungsmerkmale einigen: Schrifttyp und -größe, Format der Überschriften, Absätze (mit oder ohne Leerzeile), Hintergrundfarbe u. Ä. Bei weiterführenden medienpädagogischen Absichten ist es auch sinnvoll, das Layout, einer Webseite mit den Schülern zu diskutieren, durch Internet-Recherchen nach einigen Vorlagen, Beispielen zu suchen.

Kurze Variante: Wem die Layoutdiskussion zu langwierig ist, kann auch so genannte HTML-Formatvorlagen entwerfen, in denen Schriftart, Schriftgröße von Textkörper, Überschriften, Untertiteln, Hintergrund u. Ä. bereits voreingestellt sind. Nach einer Demonstration der Arbeit mit solchen Stylisten oder Formatvorlagen öffnen dann die Schüler die Formatvorlage vom Server, schreiben ihre Texte und speichern sie mit den jeweiligen Dateinamen der Arbeitsgruppe ab. Damit ist die Einheitlichkeit der Texte gewährleistet.

Für die Textarbeit sollten auch immer die Rechtschreib- und Grammatikprüfungsmöglichkeiten der jeweiligen Programme genutzt werden (auch die Editoren wie StarOffice und MS-Word kennzeichnen bei entsprechenden Voreinstellungen fehlerhafte Wörter mit roten und grünen Unterstreichungen). Auf diese Weise werden die meisten Fehler bereinigt und eine eigenständige Fehlerkorrektur ohne Eingriffe des Lehrers oder der Lehrerin durchgeführt. Die fertiggestellten Texte werden in ein besonderes Verzeichnis auf dem Server abgelegt. Wichtig ist, dass jede Gruppe einen eigenen Dateinamen für den jeweiligen Text wählt und unterschiedliche Versionen evtl. mit Ziffern gekennzeichnet werden (z. B. auto1 oder auto2), damit man sie im gemeinsamen Verzeichnis sofort identifizieren kann. Die Verfassernamen unter den jeweiligen Texten ermöglichen bei späterer Überarbeitung der Texte konkrete Rücksprachen zwischen den Arbeitsgruppen. Auch hier ist die Dokumentation der Veränderung auf der Wandzeitung in der Klasse hilfreich. Die ausgedruckten Texte sollten jedem Gruppenmitglied verfügbar sein, um sie dann als Hausaufgabe stilistisch zu überarbeiten. In dieser Phase der Arbeit sollte man als Lehrer noch nicht eingreifen und Texte korrigieren, da der folgenden Stunde der pädagogische Effekt der Schreibkonferenz entzogen werden würde.

Schreibkonferenz

Eine Schreibkonferenz sollte zur Information aller Schüler und zu einer Überarbeitung und Ergänzung der Texte führen. Es ist sinnvoll, dafür die Gruppen zu mischen. Auf diese Weise erfahren alle die Inhalte der jeweiligen Arbeitsgruppentexte und können sie in eine Beziehung zu den eigenen Texten stellen (wichtig für die Verlinkungen).

Bei solchen Schreibkonferenzen sollten Nachschlagematerialien wie Rechtschreib-Duden, Stilwörterbuch und Fremdwortlexikon bzw. entsprechende Programme verfügbar sein, am besten im Rechnernetz des Computerraums.

Die jeweiligen Verbesserungs- und Überarbeitungsvorschläge müssen gesammelt, im Gesamtplenum diskutiert und dann übernommen werden. Die Schlussversion lässt sich für alle per Beamer vorstellen und in Kleinigkeiten umgestalten. Wichtig ist bei allen Beamer-Demonstrationen, dass die Schülerrechner abgeschaltet sind. Erst danach sollten die Rechner wieder eingeschaltet werden und die Schüler selbstständig arbeiten. Die selbstständige Überarbeitung unter Nutzung des Rechtschreib-, Grammatikprogramms und des Wörterbuchs bzw. Thesaurus wird durch eine Demonstration der Programme per Beamer erleichtert.

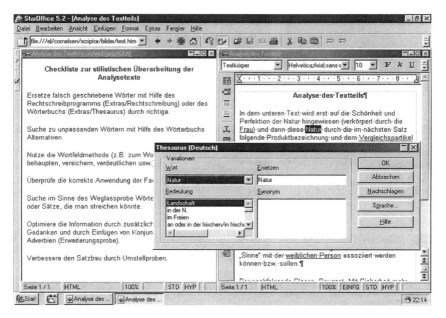

Verlinkung

Am Schluss erfolgt die Verlinkung von Bild- und Textteilen entsprechend den vorher angelegten Verknüpfungen mit Wollfäden, wobei in der Folgearbeit der Textüberarbeitungen auch wieder neue Verknüpfungen entstehen können. Jede Gruppe fügt nur in der eigenen Textseite eine oder mehrere Links ein. Auch hier ist wieder eine Demonstration per Beamer hilfreich. Um eine solche Verknüpfung herzustellen, wird ein Wort im Text, der in einer inhaltlichen Beziehung zu einem anderen Text steht, markiert. Nach dem Anklicken des Hyperlink-Symbols (im Menü von SO: Einfügen, Hyperlink) wird entweder der Dateiname der Zielseite eingegeben oder über den Befehl „Durchsuchen" dieser Dateiname angeklickt. In der Ausgangsseite wird dann dieses Wort, das den Link enthält, meist blau und unterstrichen angezeigt, sodass der Leser sofort erkennt, dass sich hier ein Link befindet. Wenn man mit dem Mauszeiger über dieses Wort fährt, verwandelt sich der Mauszeiger in eine Hand. Ein Klick auf die linke Maustaste lässt die Zieldatei auf dem Bildschirm erscheinen.

Damit der Leser sich in dem Netz der Texte nicht verläuft, sollte jede Seite einen Link auf die Ausgangsseite oder Startseite enthalten (z. B. „Zurück zur Startseite", „Zurück zur Inhaltsangabe" o. Ä.).

Wenn man einen Link auf eine fremde Seite im Internet setzen möchte, dann wird anstelle des Dateinamens die Adresse der jeweiligen Internetseite angegeben (sog. URL wie *http:/www.acg-bonn.de*). Zwar wurde in unserem „Werbe"- oder „Webseitenprojekt" darauf verzichtet, doch lässt sich eine Erweiterung einer solchen Analyse vorstellen, wenn man auf andere Webseiten zum Thema verweisen kann. Das Funktionieren der „Verlinkung" sollte mit einem Browser überprüft werden, denn einige Editoren zeigen das Ergebnis nicht so, wie sie dann im Browser erscheinen.

Die einzelnen Bildelemente der Grafik kann man mit einem Bildbearbeitungsprogramm – mit Rechtecken oder Kreisen – markieren und mit der jeweiligen Textdatei verlinken.

Die Bildbearbeitung und das Einfügen der Grafikdatei in die Startseite sowie die Verknüpfung einzelner Bildelemente mit den Textdateien kann zwar von einer versierten Kleingruppe übernommen werden. Es ist aber sinnvoll, dass alle den Umgang mit Bildbearbeitungsprogrammen kennen lernen. Eine Demonstration sowie die anschließende eigenständige Handhabung dieser Bildbearbeitungsmöglichkeiten kann mit dem gegebenen Material sozusagen als Spielmaterial (Grafikdatei und Textdateien) durchgeführt werden. Die ursprünglichen Texte sollte man extra sichern.

Die Werbeanzeige muss erst als Grafikdatei erzeugt und eingescannt werden (Format .jpg oder .gif). Mit einem Bildbearbeitungsprogramm werden nun die Bildelemente mit Rechtecken oder Kreisen markiert und diese Stellen dann mit der jeweiligen Textdatei verknüpft (Setzen eines Hyperlinks wie bei den Wörtern in Textdateien).

Die Endredaktion einer solchen Webseite sollte doch von einer kleinen Gruppe übernommen werden, damit auch alle Elemente wie Schriftgröße, -art, Absätze u. a. überprüft und vereinheitlicht werden.

Die beschriebene Webseite kann man anschauen unter *http://www.acgbonn/projekte/deutsch/analyse/index.htm*

Checkliste zur stilistischen Überarbeitung der Analysetexte
- Ersetze falsch geschriebene Wörter mit Hilfe des Rechtschreibprogramms (Extras/Rechtschreibung) oder des Wörterbuchs (Extras/Thesaurus) durch richtige.
- Suche zu unpassenden Wörtern mit Hilfe des Wörterbuchs Alternativen.
- Nutze die Wortfeldmethode (z. B. zum Wortfeld „sagen" – behaupten, versichern, verdeutlichen usw.).
- Überprüfe die korrekte Anwendung der Fachbegriffe.
- Suche im Sinne der Weglassprobe Wörter (z. B. Füllwörter) oder Sätze, die man streichen könnte.
- Optimiere die Information durch weiterführende Gedanken und Einfügen von Konjunktionen und Adverbien (Erweiterungsprobe).
- Verbessere den Satzbau durch Umstellproben.

Thema	Verfasser	Dateiname
Startseite	Andreas S., Andreas H.	index.htm
Frau	Marius, Aidjn, Mario	frau.htm
Auto	Veronika, Julia, Jerome, Michael	auto.htm
Überschrift	Christoph, Thomas, Sören	head.htm
Untertext	Andreas, Philipp, Daniel	text.htm
Logo	Ajdin,	logo.htm
Bild-Textvergleich	Katja, Alexandra	bildtext.htm
Frau-Autobeziehung	David, Sandra	frauauto.htm
Zielgruppe	Carsten, Oliver	ziel.htm
Materialien		material.htm

Günter Sämmer

Multimediales Informationssystem zu Einstellungs- und Bewerbungsverfahren

Themenbereich: Vernetztes multimediales Informationssystem in Word zum Thema „Einstellungs- und Bewerbungsverfahren"
Klasse: 9, 10
Stundenzahl: 8 Stunden
Voraussetzungen: Einfache Texte in Word schreiben können; wünschenswert aber nicht notwendig sind Kenntnisse zum Recherchieren im Internet, zur Interpretation multimedialer Elemente in Word-Texte und zum Arbeiten mit einem Scanner; das fachliche Niveau der Quellenerschließung und Textgestaltung richtet sich nach den Fähigkeiten der Klasse.
Technische Ausstattung: Scanner, CD-ROM-Brenner
Ziele: Informationen in Fachliteratur und im Internet sammeln, einen Word-Text erstellen und die Beiträge zu einem komplexen Hypertext vernetzen

Die wichtigste Eigenschaft des World Wide Web ist seine *multimediale Hypertextstruktur*: Vom Computer darstellbare Informationen (Texte, Grafiken, Fotos, Videos, Tonaufzeichnungen) können durch Links miteinander verbunden werden, sodass sich ein Benutzer von den eigenen Interessen gesteuert frei durch das Netzwerk der Informationen bewegen kann. Um einen Hypertext herzustellen, ist es aber weder erforderlich, mit dem Internet umzugehen, noch muss man die Internetsprache HTML beherrschen oder einen entsprechenden HTML-Editor. Wer Texte in Word schreiben kann, der ist auch in der Lage einen Hypertext zu konstruieren und daraus ein umfassendes Informationssystem herzustellen. (Ähnliches geht natürlich auch mit anderen Textverarbeitungssystemen wie Corel-Word-Perfect oder Star Office.)

Der Beitrag soll zeigen, wie Schülerinnen und Schüler Informationen zusammentragen, aufbereiten und vernetzen können, um sie z. B. auf CD-ROM zugänglich zu machen. Als Thema wurde ein Bereich gewählt, der im Deutschunterricht der Klassen 9 oder 10 eine wichtige Rolle spielt: Einstellungs- und Bewerbungsverfahren.

Vorbereitung des Projekts

Die Schüler werden zunächst über die Zielsetzung informiert: Sammeln, Aufbereiten und Vernetzen von Informationen zum Thema „Einstellungs- und Bewerbungsverfahren" mit dem Textprogramm Word. Das Informationssystem soll allen zur Verfügung gestellt werden.

In einem anfänglichen Brainstorming wird erörtert: Was wäre für euch oder andere Schüler interessant über das Thema „Einstellungs- und Bewerbungsverfahren" zu erfahren? Die Ergebnisse werden als Mind-Map dargestellt und auf dieser Basis die konkreten Themen für Arbeitsgruppen (optimal: Zweiergruppen) gewonnen. Hier beispielhaft einige Themen:

Gruppe 1: Übersicht: Die Einstellungsverfahren der Firmen in der Umgebung unserer Schule

Gruppe 2: Die schriftliche Bewerbung – Gestaltungstipps

Gruppe 3: Das Vorstellungsgespräch: Zielsetzungen, Verlauf, Tipps zum Auftreten und Verhalten

Gruppe 4: „Präsentation" und „Gruppendiskussion" als Elemente eines Assessment-Centers

Gruppe 5: Einstellungstests: Welche gibt es, was messen sie und wie geht man damit um?

Gruppe 6: Erfahrungen älterer Schülerinnen und Schüler, die sich schon einmal beworben haben

Gruppe 7: Vorbereitung auf eine Bewerbung: Was raten Fachleute aus Personalabteilungen von Firmen oder vom Arbeitsamt?

Gruppe 8: Informationen, Literatur, Anleitungen zum Thema

Sammeln und Aufbereiten von Informationen

Arbeitsweisen

Die Schülerinnen beschaffen Informationen zu ihrem jeweiligen Gruppenthema, z. B.:
- Sie sichten Literatur (in der Schülerbücherei, in öffentlichen Bibliotheken, beim Arbeitsamt) (s. *Anhang 1*).
- Sie recherchieren im Internet (s. *Anhang 1* – ebenso in *Anhang 2*).
- Sie nehmen Kontakt auf zu den Personalabteilungen von Firmen aus ihrer Umgebung und fragen nach den dort üblichen Einstellungsverfahren.
- Sie interviewen Verantwortliche von Personalabteilungen.
- Sie befragen Mitschülerinnen und Mitschüler, die bereits Bewerbungen bzw. Einstellungsverfahren absolviert haben.

Jede Arbeitgruppe erstellt eine Word-Datei, die alle zusammengetragenen Informationen (geschriebene Texte, Grafiken, Fotos ...) enthält.
Texte können selbst verfasst, aus dem Internet übernommen (bei Angabe der Internetadresse als Quelle), aus der Literatur zitiert werden (bei Angabe der Quelle).
Fotos und Grafiken können selbst erstellt werden (mit entsprechenden Computerprogrammen), von Papiervorlagen eingescannt, aus dem Internet kopiert werden (jeweils unter Nennung der Quelle).

Vorgaben für die Textgestaltung

Damit das entstehende Informationssystem ein einheitliches Layout erhält, werden für die Gestaltung der Texte Vorgaben gemacht, z. B.:

Layout des Textes
- Standardschrift: Times New Roman 12 Punkt; einzeiliger Abstand; Überschriften auch größer; alternative Schrift: Arial
- Hervorhebungen in fett, kursiv oder farbig
- Seitenhintergrund: weiß; nur besondere Felder mit farbigem Hintergrund

Kopfbereich des Textes
Jeder Beitrag erhält einen Kopf mit folgenden Angaben:
- Autoren
- Thema
- Inhaltsverzeichnis
- Kurze Beschreibung der Zielsetzung: „Hier erfahren Sie ..."

Jede Arbeitsgruppe liefert nur *eine Datei* ab, die alle Texte und Bilder enthält!
Nach Beendigung der ersten Projektphase hat nun jede Arbeitsgruppe ihren Informationstext als Datei erstellt und mit einem *kurzen einprägsamen Dateinamen* versehen z. B.:
Gruppe 1: Einstellungsverfahren.doc
Gruppe 2: Schriftliche Bewerbung.doc
Gruppe 3: Vorstellungsgespräch.doc
usw.

Die Vernetzung der Informationen – das Erstellen von Hypertexten

Die interne Vernetzung der einzelnen Texte

Jede Arbeitsgruppe beginnt damit, den *eigenen* Text durch Einbau von Links zu vernetzen.

Grundaufgabe ist zunächst die Verlinkung des Inhaltsverzeichnisses: Jede Überschrift des Inhaltsverzeichnisses erhält einen Hyperlink. Wenn man auf dem Bildschirm mit der linken Maustaste auf diesen Hyperlink klickt, dann wird ein Sprung erzeugt und es erscheint die entsprechende Textstelle. Am Ende eines jeden Abschnittes wird ein Rücksprung „zurück zum Textanfang" eingefügt. Außerdem soll von jedem Abschnittende aus das Hauptinhaltsverzeichnis des gesamten Projektes „index.doc" (s. S. 134) erreichbar sein: „zurück zum Hauptinhaltsverzeichnis". Nun kann jede Gruppe in ihren Text weitere interne Links von einer Textstelle zur anderen einbauen.

Wichtig für die spätere Koordination der Arbeit der verschiedenen Gruppen: Alle in den Texten verwendeten Textmarken werden durchgezählt und bekommen dasselbe Format: TM1, TM2, TM3, usw.

Damit sich der spätere Leser nicht im „Dickicht" des vernetzten Textes verliert, sollte jeder Hyperlink (die Absprungstelle) mit einem kurzen Kommentar („Quickinfo"; vgl. Anlage) versehen werden, damit man *vor* dem Absprung weiß, wo es hingeht.

Die Vernetzung der verschiedenen Beiträge: die große „Linksitzung"

Um die Ergebnisse der verschiedenen Arbeitsgruppen miteinander zu vernetzen wird eine *große Linksitzung* im Plenum veranstaltet: Jede Arbeitsgruppe bringt einen Ausdruck ihres Beitrags mit, und zwar in folgender Form (s. S. 133):
- Alle verwendeten Textmarken (TM1, TM2, ... TMx) werden an den linken Rand handschriftlich an der richtigen Stelle vermerkt.
- Die Seiten jedes Beitrages werden von oben nach unten zusammengeklebt.
- Alle Texte werden im Raum verteilt ausgehängt.

Weiteres Vorgehen während der großen Linksitzung:
1. *Alle Teilnehmer lesen alle Texte*: Welche Querverweise zwischen den verschiedenen Texten sind sinnvoll?

Rand: 2,5cm; handschriftliche Einträge aller Textmarken:		Rand: 2,5cm; handschriftliche Wünsche für Hyperlinks von anderen Teilnehmern
	Dateiname (z. B. **Einstellungsverfahren.doc**)	
	(Textmarken sind im Ausdruck und auf dem Bildschirm unsichtbar) ↓	
TM0	[TM0] **Autorennamen**	
	Thema <u>Titel Abschnitt 1</u> (Hyperlink zur Textmarke TM1) <u>Titel Abschnitt 2</u> (Hyperlink zur Textmarke TM2) <u>Titel Abschnitt 3</u> (Hyperlink zur Textmarke TM3)	
	Kurze Beschreibung der Zielsetzung	
	<u>zurück zum Hauptinhaltsverzeichnis</u> (Hyperlink zur Datei: index.doc)	
TM1	[TM1] **Titel Abschnitt 1**	
	TEXT von Abschnitt 1	
	<u>zurück zum Textanfang</u> (Hyperlink zur Textmarke TM0) <u>zurück zum Hauptinhaltsverzeichnis</u> (zur Datei: index.doc)	
TM2	[TM2] Titel Abschnitt 2	
	TEXT von Abschnitt 2	
	<u>zurück zum Textanfang</u> (Hyperlink zur Textmarke TM0) usw.	

2. Möchte ein Teilnehmer *im eigenen Text einen Hyperlink zu einem anderen Text eintragen,* dann geht er so vor:

a) im eigenen Text: Absprungstelle unterstreichen; Dateiname der Zieldatei und Textmarke des Zieles am *rechten* Rand handschriftlich vermerken, z. B. Schriftliche Bewerbung.doc #TM7 (Wichtig: auf genaue Schreibweise achten!). Hat das gewünschte Ziel im anderen Text noch keine Textmarke, dann

b) im anderen Text eine Textmarke am *linken* Rand von Hand eintragen, z. B. TM7; die richtige laufende Nummer beachten!

3. Möchte ein Teilnehmer, *dass in einem anderen Text ein Hyperlink zum eigenen Text eingetragen wird,* dann geht er so vor:
   a) im anderen Text: Absprungstelle markieren (unterstreichen) und am *rechten* Rand Ziel vermerken, z. B.: Schriftliche Bewerbung.doc #TM8 (auf genaue Schreibweise achten!).
   „Quickinfos" für die Kommentierung der jeweiligen Hyperlinks vor dem Absprung werden auf kleinen Zetteln am rechten Rand neben die Zielangabe geklebt.
   b) Hat im eigenen Text das gewünschte Ziel noch keine Textmarke, dann im eigenen Text am *linken* Rand die Ziel-Textmarke eintragen, z. B. TM8.

Zur Kontrolle:
– am linken Rand stehen stets nur Textmarken der Art TMx
– am rechten Rand stehen stets nur Sprungziele der Art Dateiname.doc# TMx und die entsprechenden Quickinfos

Abschlussarbeiten

Alle Gruppen arbeiten die an den Rändern vermerkten Textmarken und Hyperlinks in ihre Texte ein.
Eine neu gebildete Arbeitsgruppe übernimmt folgende Aufgaben:
a) Sie sammelt alle fertigen Dateien auf Disketten oder CD-ROM und kopiert sie in ein leeres Verzeichnis einer Festplatte.
Wichtig: Alle Kopiervorgänge (von Festplatte auf Diskette oder CD-ROM und umgekehrt) bitte immer außerhalb von Word vornehmen, also z. B. mit dem Windows-Explorer! *Nicht den Word-Befehl Datei/Speichern unter … verwenden!!* Andernfalls verändert das Programm alle eingetragenen Hyperlinks!
b) Sie legt im selben Verzeichnis eine neue Word-Datei *index.doc* an, die das Hauptverzeichnis des gesamten Projektes enthalten wird.
c) In diese Datei werden alle Köpfe der einzelnen Beiträge hineinkopiert.

So ergibt sich für jeden einzelnen Beitrag:
Autorennamen
Thema (mit Hyperlink zur Datei z. B. Schriftliche Bewerbung.doc)
Titel Abschnitt 1 (mit Hyperlink: Schriftliche Bewerbung.doc#TM1)
Titel Abschnitt 2 (mit Hyperlink: Schriftliche Bewerbung.doc#TM2)

Multimediales Informationssystem 135

Von der so entstandenen Datei index.doc aus kann man nun alle Beiträge und auch deren Abschnitte durch „Anklicken" erreichen.

d) Alle Dateien werden in ein gemeinsames Verzeichnis einer CD-ROM gebrannt, möglicherweise genügt eine Diskette.

Anhang 1: Einige Quellen als Beispiel

A. Internetrecherche

Sehr gute Ergebnisse und auf Anhieb seriöse Quellen erhält man mit der Suchmaschine *www.google.de* unter den Stichwörtern: „Vorstellungsgespräch", „Einstellungstest", Assessment Center", „Bewerbung".

Hier trifft man auch auf die Seiten des Arbeitsamtes und privater Job-Vermittler:

http://www.arbeitsamt.de/hst/services/bsw/index.html
http://berufswahl-tipps.de
Ausbildung – Beruf – Berufswahlentscheidung – Bewerbung – Bewerbungsschreiben – E-Mail-Bewerbung – Einstellungstest – Foto – Bewerbungsmappe – Lebenslauf – Vorstellungsgespräch – Assessment-Center – Praktikum – Schnupperlehre
http://inhalt.monster.de/
Jobs finden: Wie Traumjobs in greifbare Nähe rücken – Bewerbung: Der erste Eindruck zählt. Werbung in eigener Sache – Vorbereitung: Konzentration auf das Wesentliche –
Vorstellungsgespräch: Die Einladung ist eingetroffen. Jetzt sind Fakten gefragt
http://de.careers.yahoo.com/careerco1.html
Assessment Center: Übersicht – Vorbereitungstipps – Eigenschaftstests – Mögliche Aufgabetypen
http://www.jobpilot.de/content/journal/bewerbung/index.html
Bewerben leicht gemacht: Stellenangebote richtig verstehen – Die schriftlichen Unterlagen – Der erste Eindruck zählt – Das Bewerbungsfoto – Bei der Vita auf dem Teppich bleiben – Das Vorstellungsgespräch – Online Bewerben
Auswahlverfahren: Einstellungstests bei Beratern – Gespräche der besonderen Art – Assessment Center – Immer unter Beobachtung – Emotionale Intelligenz – Blick hinter die Fassade – Schriftprobe – Graphologen unterstützen Personalauswahl

B. Neuere Literatur

Beitz, Holger/Loch, Andrea: Assessment Center. Erfolgstipps und Übungen für Bewerber. Falken, Niedernhausen 2001.

Essmann, Elke: Hundertelf (111) Arbeitgeberfragen im Vorstellungsgespräch. Falken, Niedernhausen 1999.

Hesse, Jürgen/Schrader, Hans Christian: Testtraining 2000plus. Einstellungs- und Eignungstests erfolgreich bestehen. Eichborn, Frankfurt am Main 2001.

Hesse, Jürgen/Schrader, Hans Christian: Das erfolgreiche Vorstellungsgespräch. Wie Sie beeindrucken, überzeugen, gewinnen, Eichborn, Frankfurt am Main 2001.

Leciejewski, Klaus D./Fertsch-Röver, Christof: Assessment Center. Standard Tabellen Verlag 2000.

Siewert, Horst H.: Die besten Bewerbungsbriefe. Perfekt formuliert und branchenübergreifend einsetzbar. MVG 2000.

Anhang 2: Die Übernahme von Internet-Inhalten in Word

Ausgangssituation: Mit einem Browser (Internet-Explorer oder Netscape-Navigator) wurde im Internet „gesurft" und eine Seite gefunden, deren Elemente (Text oder Bilder) in eine Word-Datei übernommen werden sollen. Die Internet-Seite wird auf dem Bildschirm angezeigt:
1. **Schritt:** Word starten: (z. B. mit: Start/Programme/Microsoft Word); wenn Word gestartet ist, dann sofort wieder zurück zum Internet-Explorer.
2. **Schritt:** Das gewünschte Objekt in die Zwischenablage übernehmen
- soll Text übernommen werden, dann wie aus Word gewohnt mit der Maus markieren und über Bearbeiten/Kopieren in die Zwischenablage übernehmen
- soll ein Bild übernommen werden, dann das Bild kurz mit der rechten Maustaste anklicken und im nun geöffneten Menü (mit links) „Kopieren" anklicken.
3. **Schritt:** Objekt aus der Zwischenablage in Word einfügen
Zunächst nach Word wechseln.
- soll Text eingefügt werden, dann zunächst Bearbeiten/Inhalte Einfügen... . Nun öffnet sich das Fenster „Inhalte Einfügen"; hier „Unformatierten Text" anklicken und dann OK.
Hinweis: das einfache Bearbeiten/Einfügen übernimmt häufig zuviel von der Formatierung des Internet-Textes! Sollen allerdings formatierte Elemente wie z. B. Tabellen übernommen werden, dann wie üblich mit: Bearbeiten/Einfügen
- soll ein Bild eingefügt werden, dann einfach: Bearbeiten/Einfügen
Der Word-Text kann nun wie gewohnt mit den eingefügten Elementen weiterverarbeitet werden.

Anhang 3: Erstellen eines Hypertextes mit MS-Word

1. Begriffserklärung: Was ist ein Hypertext?
Mit Hypertext bezeichnet man ein computergestütztes Informationssystem. Hypertext besteht aus
- einzelnen Informationseinheiten, den Hypertext-Seiten und aus
- Sprungverbindungen zwischen diesen Informationseinheiten, den Hyperlinks (oder einfach Links)

Die Seiten eines Hypertextes können Texte, Grafiken, Bilder, Fotos, Videofilme, Tonaufzeichnungen enthalten. Sie können also multimedial sein.
Alle in Word erstellten Texte können zu Hypertexten gemacht werden. Ein aus Word-Texten bestehender Hypertext wird am Computer-Bildschirm mit dem Programm MS-Word betrachtet und gelesen.

2. Die zentralen Sprungelemente: Hyperlinks und Textmarken
Verschiedene Word-Texte können durch Hyperlinks miteinander verknüpft werden. Dadurch erzeugt man Sprünge, die durch Anklicken des Hyperlinks ausgelöst werden.

Multimediales Informationssystem 137

Um einen Sprung zu erzeugen, sind zwei Stellen zu markieren:
- Die Startstelle, der Hyperlink (häufig ein unterstrichener Text in blauer Farbe, auf den man klicken muss) und
- die Zielstelle, eine Textmarke (die im Dokument meist unsichtbar ist).

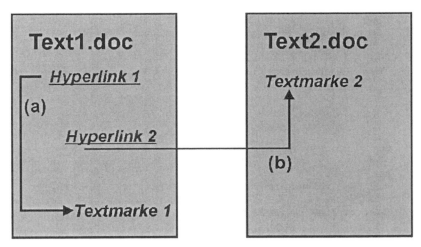

Abb 1: Zwei Arten von „Links":
a) Sprung innerhalb eines Word-Dokuments (Text1.doc) zur Textmarke 1
b) Sprung von einem Word-Dokument (Text1.doc) an eine bestimmte Stelle (Textmarke 2) eines anderen Word-Dokuments (Text2.doc)

3. So legt man in Word-Dokumenten Textmarken und Hyperlinks an
3.1 Vorbereitende Einstellungen
- Betrachten Sie Word-Hypertexte auf dem Bildschirm im „Seitenlayout": Ansicht/Seitenlayout
- Öffnen Sie als Hilfe die Symbolleiste „Web" mit: Ansicht/Symbolleisten/ Web.
- Mit dem ganz links in der Leiste befindlichen Pfeil „zurück" können Sie nun beim Navigieren durch einen Hypertext jeden vollzogenen Sprung auch wieder rückgängig machen.

3.2 Eintrag einer Textmarke in einen Hypertext
Zuerst muss das Ziel eines Sprunges (hier z. B. die Textmarke TM1) definiert werden:
- Setzen Sie den Cursor an die Stelle, an der die Textmarke stehen soll.
- Klicken Sie nun: Einfügen/Textmarke ... es öffnet sich das Fenster „Textmarke"
- In das Feld „Name der Textmarke" eintragen: TM1, dann „Hinzufügen" anklicken

3.3 Hyperlinks in einen Hypertext einfügen

Speichern Sie zunächst das Word-Dokument in ein Verzeichnis, in dem Sie es dann belassen können.

Wichtig: Bitte verwenden Sie ab jetzt in Word danach nur noch Datei/Speichern und nicht mehr Datei/Speichern unter .... Word würde dann alle Hyperlinks der Datei wieder verändern!

Das spätere Kopieren der Datei von der Festplatte auf eine Diskette oder CD-ROM darf nur noch mit dem Windows-Explorer vorgenommen werden!!

Nun können Sie den Start des Sprunges festlegen:
- Markieren Sie den Text, von dem aus der Sprung erfolgen soll.
- Klicken Sie nun: Einfügen/Hyperlink...; es öffnet sich das Fenster „Hyperlink einfügen".
- Klicken Sie zuerst oben links auf „Datei oder Webseite".
- Dann in das Feld „Dateityp oder Webseite" das Ziel eintragen; und zwar:
- wenn das Ziel eine Textmarke in derselben Word-Datei (z. B. TM4) ist, dann eintragen: #TM4
- wenn das Ziel der Beginn einer anderen Word-Datei ist, die sich im selben Verzeichnis wie die aktuelle Datei befindet (z. B. Zieldatei.doc), dann eintragen: Zieldatei.doc
- wenn das Ziel eine Textmarke innerhalb einer anderen Word-Datei ist, die sich im selben Verzeichnis wie die aktuelle Datei befindet (z. B. die Textmarke TM2 in der Datei Zieldatei.doc), dann eintragen: Zieldatei.doc#TM2

Sehr wichtig: Verwenden Sie das Fenster „Hyperlink einfügen" ausschließlich wie hier beschrieben mit dem angeklickten oberen linken Feld „Datei oder Webseite" und tragen Sie den Namen der Textmarke stets nur mit der Hand in das Feld „Dateityp oder Webseite" ein; jede Benutzung von anderen Auswahlformen (z. B. mit „aus Liste auswählen" oder „Durchsuchen" oder „Aktuelles Dokument") führt zu falschen Links, wenn die Datei später auf eine CD-ROM gebrannt wird!!
Bei WORD97 tragen Sie das Ziel in der oben beschriebenen Form in das Textfeld „Verknüpfung zu Datei oder URL" ein.

4. „Quickinfos" zu einem Hyperlink hinzufügen (nur ab Word 2000)

Es wird empfohlen, den Leser eines Hypertextes vor einem Sprung darauf hinzuweisen, was ihn am Sprungziel erwartet. Hierdurch kann unkontrolliertes und unbeabsichtigtes „Verzetteln" durch Sprünge ins „Ungewisse" verhindert werden. Beim Einfügen eines Hyperlinks können deshalb „Quickinfos" hinzugefügt werden, die in einem kleinen Kästchen angezeigt werden, sobald man mit dem Mauszeiger den Hyperlink berührt.

Um eine Quickinfo hinzuzufügen
- klicken Sie beim Anlegen des Hyperlinks im Fenster „Hyperlink einfügen" das Feld „Quickinfo..." an,
- schreiben Sie den QuickInfo-Text in das sich öffnende Fenster (z. B.: „Hier gibt es weitere Informationen zum Thema ...") . Abschließen mit OK.

5. Die Gesamtorganisation eines Word-basierten Hypertextes

Sollen verschiedene Word-Dokumente zu einem Hypertext verbunden werden, dann wird folgendes vereinfachte Vorgehen empfohlen:

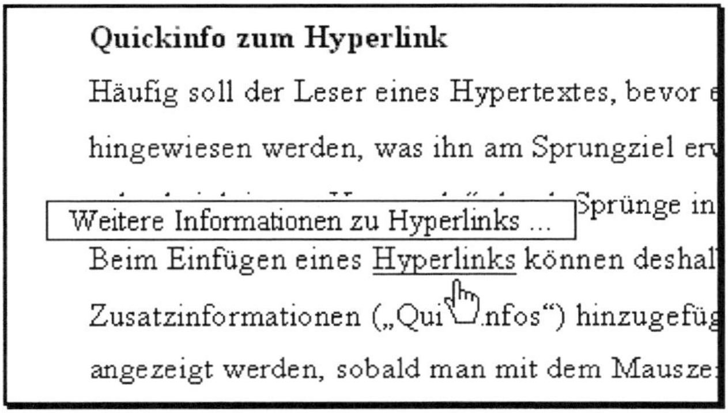

> **Quickinfo zum Hyperlink**
>
> Häufig soll der Leser eines Hypertextes, bevor e
>
> hingewiesen werden, was ihn am Sprungziel erv
>
> ┌─────────────────────────────────────┐
> │ Weitere Informationen zu Hyperlinks ... │ prünge in
> └─────────────────────────────────────┘
> Beim Einfügen eines Hyperlinks können deshal
>
> Zusatzinformationen („Qui🖑nfos") hinzugefüg
>
> angezeigt werden, sobald man mit dem Mauszei

Abb. 2: Bei der Annäherung des Mauszeigers an einen Hyperlink erscheint ein Kästchen mit „Quickinfos", z. B. über das Ziel des Hyperlinks

- Alle zum Hypertext gehörenden Teildokumente werden in einem gemeinsamen Verzeichnis gehalten. Grafiken und Fotos werden in die Word-Dokumente eingebunden.
- Video- oder Audiodateien, die in einem Word-Dokument abgespielt werden sollen, sind ebenfalls im selben Verzeichnis untergebracht. Sie erhalten außerdem denselben Dateinamen wie die Datei, in der sie abgespielt werden; allerdings mit einem charakteristischen Zusatz z. B.: Dateiname-Video1.avi oder Dateiname-Audio3.wav.

Gerd Brenner
Textrevision per E-Mail

Themenbereich: Schreiben, Textverbesserung von Hausaufgaben, Klassenarbeiten per Computer und Internet
Klasse: 9, 10
Stundenzahl: 3 Stunden + Hausaufgabe
Voraussetzungen: Versenden von E-Mails sollte bekannt sein
Technische Ausstattung: private Internet-Anschlüsse eines großen Teils der Schülerinnen und Schüler
Ziele: Verbesserung von Texten, Reflexion und Bewertung von Verbesserungsvorschlägen

Vorüberlegungen

Traditionelle Formen der Textrevision sind vielen Schülerinnen und Schülern zuwider. Zugleich hat in der Schreibdidaktik in den letzten Jahren die Einsicht zugenommen, dass Prozesse der Textrevision unabding-

bare Voraussetzung für den Aufbau einer Schreibkompetenz sind; denn kompetente Schreiber zeichnen sich dadurch aus, dass sie
- Schreibintentionen für sich klären können (Präzisierung von Äußerungsabsichten),
- erkennen, dass inhaltliche Aussagen, wenn sie Adressaten erreichen sollen, immer einer angemessenen Gestaltung der Äußerung bedürfen (Einsicht in die Gestaltungsnotwendigkeit),
- über Fähigkeiten der Textwahrnehmung verfügen, also „Antennen" dafür haben, welche Entscheidungen beim Schreiben eines Textes immer wieder neu getroffen werden müssen und welche Folgen solche Entscheidungen für die Textgestalt haben (Aufbau einer Kompetenz der Textwahrnehmung),
- reflektieren, welche alternativen Optionen der Textgestaltung zur Verfügung stehen, und damit kritische Distanz zum eigenen Text gewinnen (Denken in Gestaltungsalternativen),
- Missverhältnisse zwischen Schreibintention und bisheriger Realisierung in einem Text erkennen (kritische Prüfung von Ziel-Mittel-Verhältnissen),
- bereit sind, Texte zu überarbeiten (Offenheit für Textoptimierungen).

In der Schreibdidaktik, so heißt es zusammenfassend in einer neueren wissenschaftlichen Untersuchung, „wurde zunehmend die Abkehr von der Produktorientierung hin zu einer Prozessorientierung gefordert. Zentrale Bedeutung erlangte dabei der Teilprozess des Überarbeitens, bei dem ein Autor versucht, das Missverhältnis zwischen seiner Intention und der noch unvollkommenen Realisierung dieser Intention in seinem Text zu überwinden. Ziel des Überarbeitens ist es also, einen Text einem Schreibziel angemessener zu gestalten. Überarbeitungen können sowohl lokale sprachliche Mittel als auch die Kohärenz des ganzen Textes betreffen" (Fix 2000, S. 52).

Lehrer müssen zunächst mit Widerständen gegen Textrevisionen rechnen. Oft bauen gerade Jugendliche Schutzwälle um ihre Texte; Textgestaltungen werden voreilig und z.T. vehement verteidigt, obwohl sie erkennbar unfertig sind. Dafür gibt es meist eine Reihe von Gründen:
1. Eine kritische Grundhaltung eigenen Texten gegenüber konnte bisher nicht aufgebaut werden. Im Gegenteil kommt es zu Überidentifikationen mit eigenen Texten; Kritik an diesen Texten wird dann als Infragestellung der eigenen Person empfunden.

Textrevision per E-Mail

2. Wenn Texte in den Unterricht eingebracht wurden, so werden sie – auch von Mitschülern – eher verteidigt als kritisch reflektiert, um den beurteilenden, Noten gebenden Lehrer zu veranlassen, zu einem positiven Urteil zu kommen.
3. Schülerinnen, die über Texte kritisch nachdenken sollen, können sich Alternativen zur vorliegenden Textgestaltung nicht vorstellen; sie können noch nicht hinreichend in Gestaltungsalternativen denken.

Die beschriebenen Blockaden von Prozessen der Textrevision können mit Hilfe von Computer und Internet z.T. leichter überwunden werden als auf herkömmliche Weise.

Überidentifikationen auflösen und kritische Distanz aufbauen

Der Computer als Schreibgerät hat einerseits sicherlich zum Verfall der Schreibkultur beigetragen – viele Texte im Internet sind flüchtig verfasst und fehlerhaft –, andererseits lädt der Computer mit seinen Möglichkeiten des leichten Markierens, Kopierens, Ersetzens und Verschiebens jedoch auch zu Textrevisionen ein. Viele Texte – auch die von Schülerinnen – entstehen am Computer in einem permanenten Revisionsprozess, in dem sich die Schreiberinnen von ersten Textversionen immer wieder lösen. Gegenüber dem traditionellen Heft oder Schreibblock, in dem überarbeitete Texte kaum noch lesbar sind, bietet der Text auf dem Computerbildschirm eine immer wieder neu sich aufbauende Übersichtlichkeit. Die Textrevision am Computer hat außerdem den Vorteil, dass eine Reinschrift (komplette Abschrift) des überarbeiteten Textes nicht mehr nötig ist. Revisionsarbeit ist daher weniger mühsam. Die Prozesslogik des Schreibens am Computer stützt daher die kritische Distanz zum eigenen Text.

Allerdings muss eine entsprechende Grundhaltung gegeben sein. Diese kann man z. B. dadurch stützen, dass man Schüler darauf hinweist, dass Schriftsteller ihre Texte in der Regel immer wieder revidieren. Der Autor Christoph Ransmayr, einer der renommiertesten Vertreter der Postmoderne („Die letzte Welt"), der als großer Stilist gilt, schreibt z. B. „eine Seite fertig, löscht sie, schreibt sie neu, immer wieder, bis sie ihm gefällt. Er hat keine Seite weniger als 30mal geschrieben, die meisten zwischen 100- und 200mal. ‚Das Wiederkäuen hilft mir, vertraut zu werden mit dem Text ...'", stellt er fest (Eckardt 1995, S. 13f.). In solche Herstellungsprozesse haben Schülerinnen und Schüler in der Regel keinen Einblick. Texte werden ihnen fertig präsentiert. Es gilt daher, der Vorstellung entgegenzutreten, gedruckte Texte seien immer schon fertig gewesen. Dieses falsche Bewusstsein vom Schreiben lässt sich z. B. dadurch auflösen, dass man Schülern und Schülerinnen Vorfassungen gedruckter Texte vorlegt, seien es solche von bekannten Literaten oder auch solche von Journalisten, damit sie die Plausibilität von Textrevisionen buchstäblich „einsehen" können.

Die Bewertungsproblematik entschärfen

Mit Hilfe von Computer und Internet können Textrevisionen in einen eher spielerischen Kommunikationsmodus eingebracht werden. Zudem kann man über E-Mails verstärkt die Gruppendynamik für Textrevisionsprozesse nutzen. Textverbesserungen bekommen so ein stärkeres Eigengewicht; Verbesserungen von Klassenarbeiten z. B. werden so neu und anders motiviert. Textrevisionen finden nicht mehr (nur) im Klassenarbeitsheft unmittelbar unter der mit roter Tinte festgehaltenen Note statt. Schülertexte aus dem laufenden Unterricht, über E-Mail-Austausch weiterentwickelt, können auf diese Weise eine Zeit lang offen gehalten werden. Schülerinnen können ihren Mitschülern Texte präsentieren, ohne dass sofort eine endgültige Beurteilung erfolgt.

Gestaltungsalternativen entwickeln

Der Computer bietet eine Reihe von Möglichkeiten, für einen Text Gestaltungsalternativen zu erarbeiten. Dazu gehören:
- Verbesserungssignale, die der Computer aussendet (automatische Hinweise auf Orthografiefehler usw.), durch die Textrevisionen leichter und zugleich selbstverständlicher werden;
- ein Thesaurus mit Formulierungsalternativen, wie er sich in neueren Textverarbeitungsprogrammen findet, so dass Revisionsabsichten gestützt werden;
- zusätzliche Software zur Unterstützung von Textrevisionen wie der „Duden Korrektor", der eine umfassende Rechtschreib- und – auf der Basis einprogrammierter Grammatikregeln – eine Grammatikprüfung vornimmt und dabei den Zugriff auf Standardwerke wie „Die deutsche Rechtschreibung", „Das große Wörterbuch der deutschen Sprache" in zehn Bänden und „Das große Fremdwörterbuch" zulässt und der über die Einzelwortgrenze hinaus auch komplexere orthografische und grammatische Satzerkennungen und Satzanalysen ermöglicht.

Der „Duden Korrektor PLUS" integriert über die genannten Funktionen hinaus Duden-Bände wie „Die sinn- und sachverwandten Wörter" und „Richtiges und gutes Deutsch" und enthält eine Fehlerstatistik-Funktion. Die Software analysiert komplette Sätze qualitativ und erkennt Deklinations- und Kongruenzfehler und stellt z. B. auch fest, ob in einem Satz die Konjunktion „dass" fälschlicherweise wie das Relativpronomen „das" geschrieben worden ist. Das Programm meldet ermittelte Fehler in leicht verständlicher Form. Korrigieren kann man entweder über ein Dialogfenster oder das Kontextmenü, wobei den Fehler farblich markiert und über Korrekturvorschläge verbessert werden, die mit der rechten Maustaste eingeblendet werden.

Die Entwicklung komplexerer Gestaltungsalternativen kann z. B. mit der „Schriftstellerübung" entwickelt werden, die in die Ausgaben 7 und 8 der Lernsoftware „Auftrag Deutsch" (vgl. Literaturverzeichnis) integriert ist. Hier werden Schüler im Rahmen bestimmter Textsorten mit Formulierungsalternativen konfrontiert; sie können Überlegungen anstellen, wie sich der gewählte Texttyp mit Hilfe des angebotenen, stilistisch disparaten und daher nur zum Teil passenden Materials weiter ausgestalten und verbessern lässt.

Ein Projekt

Das im Folgenden dargestellte Projekt zur Intensivierung der Textrevisionsarbeit wurde in den Klassenstufen 9 und 10 am St. Wolfhelm Gymnasium in Schwalmtal erprobt. Der Schwerpunkt lag auf der Verbesserung insbesondere von Ausdrucks- und Stilfehlern in Klassenarbeiten. In den genannten Jahrgangsstufen sind Schülerinnen und Schüler oft nur noch schwer zu motivieren, eine Verbesserung anzufertigen. Das Angebot, Computer und Internet für Textrevisionen zu nutzen, konnte im vorliegenden Fall – aus verschiedenen Gründen (s.u.) – nur von einem Teil der Klasse genutzt werden. Für die übrigen Schüler wurde eine parallele Printversion der Projekt-Anregungen angeboten.

Einführung in den Bearbeitungsmodus

Die Schüler wurden nach einführenden Erläuterungen zu Sinn und Zweck von Textrevisionen zunächst über die speziellen Ziele des Projekts informiert: Hauptsächlich sollte es darum gehen, die Ausdrucks- und Stilkompetenz zu verbessern.

Diese Kompetenz lässt sich über die gängigen Unterstützungs-Tools in Textverarbeitungssystemen, aber auch über Lernsoftware (s.o.) nur in begrenztem Maße weiter aufbauen.

Zugleich kommen Übungen zur Verbesserung von Ausdruck und Stil auch im Deutschunterricht der Klassen 9 und 10 oft zu kurz. Daher sollte die Attraktivität der neuen Medien genutzt werden, um das Ausdrucksvermögen und Stilempfinden der Schüler voranzubringen. Weiterhin sollte die Aufgabe der Textrevision aus der isolierten Arbeitssituation herausgeholt werden, in der sie normalerweise erledigt werden muss. Sie sollte – mit Hilfe eines E-Mail-Austausches – zu einer Gruppenerfahrung umgestaltet und damit attraktiver werden. Die gruppendynamischen Impulse eines E-Mail-Verbundes sollten den Lernfortschritt stützen.

Das Medium Computer sollte zugleich genutzt werden, um den Schülerinnen und Schülern ihren eigenen Lernfortschritt vor Augen zu führen und ihn damit in besonderer Weise bewusst zu machen. Zu diesem Zweck erhielten die Schüler eine Empfehlung zu einer speziellen Einrichtung ihres Computers, die sie in die Lage versetzen sollte, kurze Texte (Sätze) so zu überarbeiten, dass die Verarbeitungsspuren sichtbar blieben. Damit wurde der Prozesscharakter der Textüberarbeitung betont.

(Problematischer) Ausgangstext und revidierte Version sollten nebeneinander sichtbar sein. Gängige Textverarbeitungsprogramme erlauben bei vertretbarem Aufwand solche Gestaltungen. Für das am weitesten verbreitete Programm „Word for Windows" erhielten die Schüler und Schülerinnen die folgende Befehlsfolge zur Einrichtung ihres Bildschirms:

Pfad	Operationen
Extras	Mit linker Maustaste anklicken
Änderungen verfolgen	Den Cursor auf dieses Feld herunterziehen und nach rechts gehen, loslassen
Änderungen hervorheben	Mit linker Maustaste anklicken
Änderungen während der Bearbeitung markieren	Mit einem Mausklick einen Haken einfügen (falls noch nicht vorhanden)
Änderungen am Bildschirm hervorheben	Mit einem Mausklick einen Haken einfügen (falls noch nicht vorhanden)
Änderungen im Ausdruck hervorheben	Mit einem Mausklick einen Haken einfügen (falls noch nicht vorhanden)
OK	Mit linker Maustaste anklicken

Textrevision per E-Mail

Die Schüler bekamen dann den Hinweis, dass die Einrichtung des Bildschirms für Folgearbeiten auf die gleiche Weise wieder zurückgenommen werden muss, wenn Textänderungen nicht mehr hervorgehoben werden sollen.

Einrichtung von Gruppenordnern

Für Gruppenordner im Adressbuch des Outlook-Express (oder einer entsprechenden Software zum Austausch von E-Mails) wurden in der Klasse dann E-Mail-Adressen von allen Beteiligten zusammengestellt. Einem Teil der Schüler stand zu Hause kein Computer zur Verfügung, einige konnten jedoch E-Mails über die Adressen ihrer Freunde verschicken.

Zwei mögliche Verfahren

Nach diesen organisatorischen Vorklärungen wurde diskutiert, wie ein Austausch von Verbesserungsideen über ein E-Mail-Netz organisiert werden könne. Dabei kristallisierten sich ein dezentrales und ein zentrales Arbeitsverfahren heraus:

Dezentral: Individuell Sätze/Textauszüge von anderen in der Klasse verbessern lassen

Zunächst wurde das folgende Verfahren getestet: Die Schülerinnen tippten am PC aus Klassenarbeiten Sätze oder kurze Textpassagen ab, in denen der Lehrer bei der Korrektur einen Ausdrucks- oder Stilfehler vermerkt hatte. Es sollte sich um Formulierungsprobleme handeln, deren Lösung den Betreffenden nicht leicht fiel. Diese abgetippten Textelemente wurden als Anhang-Datei per E-Mail und mit Hilfe von Gruppenordnern an zwei bis drei ausgesuchte Mitschüler verschickt. Diese bemühten sich dann, nach dem oben dargestellten Verfahren verbesserte Versionen der Sätze bzw. Textpassagen zu schreiben. Die Revisionen wurden an die Absender zurückgemailt. Diese prüften die Vorschläge und entschieden sich für einen der Vorschläge oder für eine Kombination mehrerer Vorschläge; zu jeder Entscheidung wurde eine kurze Begründung verfasst. Einige Schüler stellten ihr gesamtes Material – die problematischen Ausgangsversionen, die Verbesserungsvorschläge und die eigene Entscheidung – in der Klasse vor. Im Anschluss daran wurden jeweils einige grundsätzliche Ausdrucks- und Stilfragen diskutiert.
In einem zweiten Schritt wurden nach einiger Zeit dann Hausaufgaben-

Texte revidiert. In diesem Fall sollten die Schüler ohne vorherige Prüfungsvermerke des Lehrers auskommen. Sie sollten problematische Formulierungen in Texten von Mitschülern selbst finden und dann den oben beschriebenen E-Mail-Austausch einleiten.

Zentral: „Verunglückte Sätze" sammeln und zur Verbesserung verschicken

Das zweite Verfahren sollte den Lehrer am Anfang des Prozesses stärker einbinden: Dieser sollte nicht nur die Klassenarbeiten korrigieren, sondern selbst aus den Klassenarbeitstexten auch eine „Liste verunglückter Sätze" zusammenstellen, ohne dabei die Namen der Verfasser zu nennen. Diese Sätze wurden in einer Anhang-Datei per E-Mail und über einen Gruppenordner, der alle E-Mail-Adressen der Klasse umfasste, versandt. Die Verbesserungen gingen dann wieder an die Mailbox des Lehrers und einiger Schüler-Projekt-Koordinatoren zurück. Diese moderierten anschließenden Klassengespräche, in denen Verbesserungsvorschläge zu jeweils einem Ausgangstext (bzw. -satz) miteinander verglichen und evtl. daran anschließbare Grundsatzfragen zu Ausdruck und Stil diskutiert wurden. (Für Schüler, die nicht auf elektronischem Weg mitarbeiten konnten, wurde eine Papierversion ermöglicht.)

Beispiele

Der Lehrer verschickte an alle E-Mail-Empfänger in der Klasse z. B. den folgenden Brief:

Liebe Internet-Verbesserer,
bitte in den Anhang schauen! Ich hoffe, ihr seid hingerissen von dieser Möglichkeit, mit einem Internet-Spiel Punkte für Deutsch zu sammeln.
Bis bald

Kann man/frau besser machen, oder?
1. Ja, meiner Meinung nach finde ich das auch nicht sehr sinnvoll.
2. Zu dieser strittigen Frage gibt es viele Ansichtspunkte.
3. Manche Leute sind durch das Alter nicht mehr sehr lernfähig.
4. Ein zu Rate gezogener Professor kritisierte, dass wenn man jetzt in Deutschland nur deutsch sprechen wolle, müsse man um seinen Arbeitsplatz fürchten.
5. Natürlich gibt es nicht nur Vorteile am Gebrauch englischer Fachausdrücke.

Dazu gingen u. a. die folgenden Revisionen ein:

Kann man/frau besser machen, oder? – Antwort 1
1. ~~Ja, m~~Meiner Meinung nach ~~finde ich~~ ist das auch nicht sehr sinnvoll.
2. ~~Zu dieser strittigen Frage gibt es viele Ansichtspunkte.~~ Diese strittige Frage lässt viele Meinungen zu.
3. Manche Leute sind ~~durch das~~ aufgrund ihres Alters nicht mehr sehr lernfähig.
4. Ein zu Rate gezogener Professor kritisierte, dass man in Deutschland um seinen Arbeitsplatz fürchten müsse, wenn man dort ~~jetzt in Deutschland nur~~ deutsch spreche~~n wolle, müsse man um seinen Arbeitsplatz fürchten~~.
5. ~~Natürlich gibt es nicht nur Vorteile am Gebrauch englischer Fachausdrücke.~~ Natürlich bringt der Gebrauch englischer Fachausdrücke auch einige Probleme mit sich.

Kann man/frau besser machen, oder? – Antwort 2

1. Ja, auch meiner Meinung nach ~~finde ich~~ ist das ~~auch~~ nicht sehr sinnvoll.
2. Zu dieser ~~strittigen~~ Frage gibt es viele ~~Ansichtspunkte~~ verschiedene Ansichten.
3. Manche Leute sind ~~durch das~~ wegen ihres Alters nicht mehr sehr lernfähig.
4. Ein zu Rate gezogener Professor kritisierte, dass man um seinen Arbeitsplatz fürchten müsse, wenn man jetzt in Deutschland nur deutsch sprechen wolle~~, müsse man um seinen Arbeitsplatz fürchten~~.
5. Natürlich gibt es ~~nicht nur Vorteile am~~ beim Gebrauch englischer Fachausdrücke nicht nur Vorteile.

Auswertung

Vergleicht man das Engagement der Schüler während der beiden Verfahren, so ergibt sich, dass
- beide Verfahren der Textrevision gegenüber der herkömmlichen „Papierversion" der Verbesserungen mit mehr Interesse umgesetzt wurden,
- das zweite Verfahren die meiste Zustimmung erfuhr, und zwar u. a. deswegen, weil die „Fehlleistungen" nicht Einzelnen persönlich zugeschrieben werden mussten, sondern – vom Lehrer anonymisiert – allen

gleichermaßen zur Bearbeitung vorgelegt wurden; Textrevisionen konnten so ohne persönliche Versagenserlebnisse öffentlich erarbeitet werden.

Die Schülerinnen und Schüler haben in diesem Projekt intensiv die Erfahrung gemacht,
- dass es darum geht, sich beim Schreiben von Texten bewusst für eine sinnvolle Formulierungsoption zu entscheiden,
- dass man dabei oft den Kontext der Formulierung prüfen und in die Überlegungen mit einbeziehen muss,
- dass erste aktzeptabel erscheinende Formulierungen oft noch weiter verbessert werden können, wenn weitere Optionen in den Blick kommen,
- dass man Mitschülern Aussageabsichten mit einem prägnanten Ausdruck besser vermitteln kann als mit einem problematischen.

Literaturhinweise

Auftrag Deutsch. 7. Klasse, 2 CD-ROMs, Cornelsen, Berlin 2001/sowie Deutschbuch interaktiv 7. Klasse 2003.
Auftrag Deutsch. 8. Klasse, 2 CD-ROMS. Cornelsen, Berlin 2001/sowie Deutschbuch interaktiv 8. Klasse 2003.
Brenner, Gerd: Methodenbox „Texte verbessern", in: Fenske, Ute/Grunow, Cordula/Schurf, Bernd (Hrsg.): Deutschbuch 5/6. Ideen für den Unterricht. Kopiervorlagen. Cornelsen, Berlin 2002.
Duden Korrektor PLUS. CD-ROM für Windows. Bibliographisches Institut & F.A. Brockhaus AG, Mannheim 2001.
Eckardt, Emanuel: Porträt: Christoph Ransmayr, in: Brigitte, 21/1995, S. 12-15.
Fix, Martin: Textrevisionen in der Schule. Prozessorientierte Schreibdidaktik zwischen Instruktion und Selbststeuerung. Schneider Hohengehren, Baltmannsweiler 2000.

Pierrre Hornick, Charles Meder

Einüben von Arbeitstechniken – ein Projekt zum Thema Gewalt

Themenbereich: Rassismus, Fremdenfeindlichkeit, Analyse von Befindlichkeiten und Stimmungen: Hass, Gleichgültigkeit, Angst. Bewertung von Verhaltensweisen und Handlungsmustern: Gewaltbereitschaft, Opportunismus, Toleranz, Zivilcourage. Orientierung an den Werten des Grundgesetzes und den Menschenrechten.
Klasse: 8–9
Stundenzahl: 16–18 (abhängig von den Vorerfahrungen der Schüler)
Technische Ausstattung: 1 Computer je Arbeitsgruppe (Internetzugang, Textverarbeitung, Präsentationssoftware)
Voraussetzungen: Erfahrungen im Umgang mit Internet, Textverarbeitung und Präsentationssoftware sind nicht erforderlich, beeinflussen aber den zeitlichen Ablauf der Unterrichtseinheit; erste Erfahrungen im Umgang mit Sachtexten
Ziele: Informationen aus dem Internet aufnehmen, bewerten, verwalten, auswerten und verwerten; sachgemäßer und produktiver Umgang mit Informationen unterschiedlicher Provenienz; Vermittlung respektive Wiederholung des Textsortenwissens bzw. der Aufsatzarten; fundierte Auseinandersetzung mit dem Themenbereich

Mit neuen Medien im Deutschunterricht zu arbeiten, heißt, den neuen Medien den Platz einzuräumen, der ihnen gebührt: als leistungsfähiges Werkzeug zur schriftlichen und mündlichen Kommunikation, das kognitive und metakognitive Aktivitäten der Lernenden unterstützt und fördert. Dies setzt voraus, dass die Lehrkraft mit den Spezifitäten der Informations- und Kommunikationstechnologien vertraut ist, sich aktiv mit deren pädagogischem Potenzial auseinander setzt und sie zielgerichtet einzusetzen weiß[1]. Voraussetzung ist aber auch, zusammen methodisch neue Wege zu beschreiten und die traditionelle Lehrerrolle um neue Dimensionen zu erweitern.

Mit neuen Medien im Deutschunterricht nutzbringend zu arbeiten, bedeutet aber auch, dass bei den Schülern gewisse Schlüsselqualifikationen entwickelt werden:
– Fähigkeiten des Sichtens, Strukturierens, Bewertens, Auswählens, Verwertens und Präsentierens von Informationen im Unterricht. Um nicht in Informationen zu ertrinken, muss man lernen, den richtigen Weg

---

[1] In der Unterrichtseinheit gelangen die neuen Medien auf drei Gebieten zum Einsatz: 1. Zur Informationsbeschaffung und -verwertung im Internet (in Verbindung mit Printprodukten); 2. zur Informationsaufbereitung; 3. zur Präsentation der Ergebnisse.

zur Information zu finden, Wesentliches von Unwesentlichem, Glaubwürdiges von Unglaubwürdigem zu unterscheiden und Informationen in nutzbares Wissen zu verwandeln.
– Der Erwerb einer Informationskultur durch den sachverständigen Umgang mit einer Vielzahl von Instrumenten der Wissensaneignung, angefangen bei dem kompetenten Umgang mit Bibliotheken und elektronischen Informationsquellen über das Beherrschen von Arbeitstechniken zur Informationserschließung bis hin zu ansprechenden Darstellungs- und Schreibformen.

Inhaltliche und methodische Aspekte

Neben der thematischen Aufarbeitung sollen auch erste Bausteine für den Erwerb einer Informationskompetenz gelegt werden. Ausgehend von der Lektüre eines Jugendromans wird die Aufgabe gestellt, den thematischen Bereich der Gewalt von und unter Jugendlichen in seiner ganzen Komplexität anhand von gezielten Leitfragen und ausgewählten Informationsangeboten weitestgehend autonom zu erschließen.

Das Thema ist trotz seiner Aktualität und Brisanz exemplarisch gewählt. Erfahrungsgemäß sind die Schüler einer verwirrenden Informationsvielfalt ausgeliefert und nicht immer in der Lage sich in einer emotionsgeladenen öffentlichen Diskussion zu orientieren und zu behaupten. Informationsbeschaffung im Internet und in Printmedien sowie die anschließende Bewertung des Materials sollen bei den Schülern ein dem Sachverhalt angemessenes Problembewusstsein entwickeln helfen. Der kritische Umgang mit Vorurteilen, die Reflexion über Möglichkeiten der Konfliktbewältigung und der Erwerb von Methodenkompetenz sind weitere sozial und fachspezifisch relevante Lernziele. Die Schüler lernen sich Informationen anhand ausgewählter Webseiten zu beschaffen, sie zu bewerten und auszuwerten, die Ergebnisse in Kurzreferaten vorzustellen, um anschließend zu einem konkreten Schreibanlass sachverständig und mit einem geschärften Problembewusstsein über das Thema schreiben zu können.

Die Informationsangebote werden bei diesem Projekt vom Lehrer ausgewählt und vorgegeben, wobei großer Wert auf schülergerechte Angebote gelegt wird. Zudem stehen weder das Bibliographieren noch das Recherchieren im Internet im Mittelpunkt, das Ziel liegt vielmehr im methodischen Bereich:

- Gezielt Informationen aus unterschiedlichen Quellen herauszufiltern und für die eigene Arbeit nutzbar zu machen, um daraus aktives Wissen werden zu lassen.

Zu diesem Zweck wird mit den Schülern zusammen ein Leitfaden mit methodologischen Anleitungen entwickelt, der sie über den gesamten Projektverlauf hinweg in ihrem Arbeitsprozess begleiten und unterstützen soll. Hierbei wird großer Wert auf die Punkte gelegt, die erfahrungsgemäß Probleme bereiten:
- bei Informationsangeboten Wesentliches von Unwesentlichem zu unterscheiden, die Hauptgesichtspunkte aus Sachtexten herauszufiltern, Informationen aus Texten zu exzerpieren, Materialien sorgsam zu archivieren, eigene Texte zu konzipieren und zu verfassen, mündlich zu referieren und Ergebnisse übersichtlich zu präsentieren.

Die Rolle des Lehrers besteht während der gesamten Projektdauer darin, die Schüler in ihrem Lernprozess zu begleiten: Leitfragen stellen, Arbeitsgruppen bilden, bei Problemen moderierend und unterstützend eingreifen, Fragen beantworten, Rückmeldungen liefern, usw.

Der Roman[2]

Anna rennt, durch die Stadt, rastlos und planlos, getrieben von ihren Schuldgefühlen, ihrer Empörung, ihrer Angst, aufgewühlt von dem skandalösen Zwischenfall an ihrer Schule. Niemand ist zugegen, mit dem sie über das Vorgefallene reden könnte, niemand, der sie beraten könnte, ihr sagt, wie sie sich zu verhalten hat.

Was ist geschehen? Wir schreiben das Jahr 1953. In einer westfälischen Kleinstadt kommt es auf dem Schulhof zu einer Prügelei zwischen zwei Jugendlichen. Georg, der Sohn eines angesehenen Rechtsanwalts, tritt, blind vor Hass und Eifersucht, immer wieder zu und fügt hierbei dem Flüchtlingsjungen Helmut tödliche Verletzungen zu.

Anna ist die einzige Zeugin des Vorfalls. Obwohl sie die Möglichkeit hat, greift sie nicht ein. Und als Einzige kennt sie den Täter, dem sie sich fast ebenso verbunden fühlt wie dem Opfer. Wie soll sie sich verhalten? Wird Anna sich dazu durchringen können vor Gericht auszusagen?

---

2 Elisabeth Zöller: Anna rennt. Stuttgart/Wien 2000.

Gründe für die Auswahl dieses Romans

Die Einbettung des Handlungsgeschehens in die Nachkriegszeit schafft Distanz und Nähe zugleich: die zeitliche Distanz gibt den Blick frei für eine unbefangene Analyse von gesellschaftlichen und persönlichen Denkmustern, die soziale Ausgrenzung, Hass und Gewalt hervorrufen; die Nähe wird durch altersbedingte Identifikationsangebote mit den Handlungsfiguren und durch eine fesselnde Sprache hervorgerufen, die betroffen macht und die Bereitschaft für eine Auseinandersetzung weckt.

„Anna rennt" ist „nicht ‚einfach nur' eine Geschichte zu Gewalt unter Jugendlichen, es ist eine Geschichte, die ohne Mahnfinger unverbrauchte Werte aufzeigt und vielschichtig den Umgang mit Wahrheit und Schuld thematisiert"[3], eine Geschichte, die vielfältige Fragen aufwirft, die Schüler zu eigenen Stellungnahmen geradezu herausfordert und somit dazu beiträgt, dass sie eigene Handlungsmuster kritisch zu hinterfragen lernen. Der Roman ermutigt gleichermaßen zum Nachdenken über Zivilcourage und zu einer tiefgreifenden Auseinandersetzung mit dem eigenen Gewissen.

Projektverlauf

Das Projekt lässt sich in zwei Phasen gliedern, die eng miteinander verwoben sind:
1. Klassische Textanalyse in Verbindung mit eigenständigen Nachforschungen über Ursachen und Formen der Gewalt von und unter Jugendlichen; Nachdenken über Auswege aus der Gewalt.
2. Produktiver Umgang mit dem Thema Gewalt (Schreibprojekt).

In der ersten Phase werden zunächst im Unterrichtsgespräch wichtige Aspekte des Romans (Figurenkonstellation, Charakterisierung des Opfers und des Täters, der erwachsenen Handlungsträger, Analyse von Georgs und Annas Verhalten usw.) mit der Klasse andiskutiert und anschließend systematisch vertieft. Hierbei werden die Lernenden dazu aufgefordert, sich im Zusammenhang mit dem Romangeschehen ausführlicher über den Bereich „Gewalt an und unter Jugendlichen" zu informieren und darüber mündlich zu referieren, um so erhellende Rückschlüsse für eine Interpretation des Romangeschehens und der ihm zu Grunde liegenden Hand-

---

[3] Rezension von Christine Lischer für die Berner Jugendschriften-Kommission. Quelle: *http://www.bjk.ch/themen_angst.htm*

lungsmuster zu gewinnen. In Gruppen von maximal fünf Schülern werden durch präzise formulierte Leitfragen (s. das Arbeitsblatt 1) die folgenden Themenbereiche abgehandelt:
1. Situation der Flüchtlinge in den 50er-Jahren
2. Gewalt hat viele Gesichter
3. Wege in die Gewalt/Ursachen der Gewalt
4. Erstellen eines typischen Opfer- und Täterprofils
5. Auswege aus der Gewalt
6. Zivilcourage

Um diese Arbeitsaufträge erledigen zu können, wird ausgewähltes Material (Informationsangebote im Internet, Sachbücher) zur Verfügung gestellt (s. Arbeitsblatt 1). Die Schülerbeiträge werden zuerst schriftlich am Computer festgehalten, bevor sie in einem mündlichen Kurzreferat vorgestellt werden. Anschließend soll der Bogen zurück zum Roman geschlagen werden: Die Schüler erhalten einen Fragenkatalog, für dessen Beantwortung sie unmittelbar auf die Referate zurückgreifen müssen. Dadurch müssen sie eine differenzierte Transferleistung leisten (s. Arbeitsblatt 2).

Anschließend werden die gewonnenen Erkenntnisse in Partnerarbeit produktiv umgesetzt. Beim Konzipieren und Verfassen eines Berichts, einer Rollenbiografie, einer Vor- oder Fortsetzungsgeschichte erhalten die Schüler die Möglichkeit ihr Wissen zum Themenbereich konkret, d. h. unter Berücksichtigung vorgegebener situativer Komponenten anwenden zu können (s. Arbeitsblatt 3). Wie in der vorherigen Arbeitsphase sollten auch hier die Texte am Computer verfasst und die spezifischen Vorteile dieses Schreibwerkzeugs genutzt werden.

Ablaufplan

Stunden 1 + 2	Besprechung von Projektthema und Vorgehensweise, Ausarbeitung des Projektleitfadens, Bildung von Referatsgruppen
Stunden 3–5	Romananalyse (I)
Stunden 6–8	Freies Arbeiten anhand von Material, Arbeitsaufträgen und Leitfragen. Erstellen der schriftlichen Referatsfassung
	Hausaufgabe: Fertigstellen der Referate

Stunden 9 + 10   Halten der Referate in Gruppen, maximal je drei in einer Stunde
Stunden 11 + 12 Romananalyse (II)
Stunden 13–15   Produktiver Umgang mit dem Thema Gewalt (Schreibprojekt)
Stunde 16   Abschlussdiskussion

Arbeitsblätter

Arbeitsblatt 1:
Leitfragen und Informationsquellen zum Thema
Gewalt unter Jugendlichen

Thema 1: Situation der Flüchtlinge in den 50er-Jahren

- Wer waren diese Flüchtlinge?
- Wodurch wurde der Flüchtlingsstrom ausgelöst?
- Aus welchen Gebieten stammte die Mehrheit der Flüchtlinge?
- Wie sah der Alltag der Flüchtlinge aus?
- Welche Probleme ergaben sich sowohl für die Wohnungsnehmer als auch für die Wohnungsgeber?
- Analysiere Georgs Verachtung für die Flüchtlings- und Schlüsselkinder im 13. Kapitel (S. 59–63).
- Vielleicht sind in Georgs Optik Flüchtlings- und Schlüsselkinder nur austauschbare Namen für ungeliebte Mitmenschen, die in eine Außenseiterposition gedrängt werden. Wer könnte sonst noch damit gemeint sein?

Thema 2: Gewalt hat viele Gesichter

Gewalt hat viele Gesichter. Ihr sollt uns über die unterschiedlichen Formen von Gewalt an und unter Jugendlichen berichten.
1. Welche Formen der Gewalt gibt es? Geht hierbei u. a. auf Mobbing, verbale Gewalt, Körperverletzung, Erpressung usw. ein.
2. Wo trifft man häufig auf Gewalt?
3. Illustriert eure Aussage durch konkrete, aktuelle Beispiele.

Thema 3: Wege in die Gewalt/Ursachen der Gewalt

Für die Gewaltbereitschaft unserer Gesellschaft gibt es vielfältige Gründe.
– Arbeitet mögliche Ursachen für die Gewalt unter Jugendlichen heraus! Welche Rolle spielen dabei die sozialen Verhältnisse?
– Woher stammt die Lust an der Gewalt?
– Wie entscheidend ist der Einfluss der Medien?
– Geht hierbei auch auf gegenwärtige Ereignisse wie z. B. auf den Amoklauf von Erfurt ein.

Thema 4: Erstellen eines typischen Opfer- und Täterprofils

Viele werden nicht rein zufällig Opfer von Gewalt. Und auch die Täter weisen oft ein spezifisches Täterprofil auf.

1. Gibt es typische Opfer/Täter?
2. Wer wird aus welchen Gründen zum Opfer?
3. Wie und warum wird jemand zum Täter?
4. Geht hierbei auch auf gegenwärtige Ereignisse wie z. B. auf den Amoklauf von Erfurt ein.

Thema 5: Auswege aus der Gewalt

Eine gewaltlose Gesellschaft ist sicherlich eine Illusion. Und trotzdem soll und darf niemand Gewalt tatenlos hinnehmen.
1. Wie kann man der Gewalt frühzeitig entgegenwirken?
2. Welche Initiativen gibt es, die gezielt gegen Jugendgewalt vorgehen? Wie schätzt ihr diese Initiativen (bspw. die Einführung von Schülerschlichtungsstellen an den Schulen) ein?
3. Wie kann man in bestimmten Situationen verhindern, dass latente Gewaltbereitschaft zu offenem Terror eskaliert?
4. Ist „hart durchgreifen" eine Lösung?
5. Oft verhängen die Richter bei gewalttätigen Übergriffen jugendlicher Täter gegenüber Fremden milde Strafen. Gibt es dafür einleuchtende Gründe?
6. Welche Maßnahmen erscheinen dir besonders ungeeignet im Kampf gegen die Gewalt?

Thema 6: Zivilcourage – Gesicht zeigen

Die Entscheidung für oder gegen Zivilcourage lässt keine Ausflüchte zu, davon muss man eine klare Vorstellung haben und sein Handeln danach ausrichten.

1. Definiert den Begriff der Zivilcourage. Was kann alles damit gemeint sein?
2. Zeigt, dass Zivilcourage meist nicht mit spektakulären oder waghalsigen Unternehmungen gleichzusetzen ist.
3. Welche Möglichkeiten für ein besonnenes, aber wirksames Eingreifen gibt es?
4. Kann man Zivilcourage trainieren?
5. Wodurch wird Zivilcourage in vielen Fällen verhindert?
6. Warum wollen viele mutige Helfer später unerkannt bleiben und nicht in den Medien aussagen?
7. Warum sollten aber in jedem Falle Akte der Zivilcourage publik gemacht werden?
8. Gibt es Schulen, die sich in dieser Sache besonders engagieren?
9. Welche Aktionen und/oder Projekte couragierter Schüler und Schülerinnen oder Schülergruppen imponieren euch besonders? Begründet eure Antwort.
10. Könnt ihr weitere aktuelle Beispiele anführen von Menschen, die durch beherztes und besonnenes Einschreiten „noch Schlimmeres" verhütet haben?

Die Informationsquellen zu den sechs Themen sind unter folgender Internetadresse zu finden:
http://www.al.lu/deutsch/cornelsen.htm

Arbeitsblatt 2:
Abschließende Fragen zum Roman

Nach einer gründlichen Dokumentation in der Bibliothek und im Internet wird es dir wohl leichter fallen die Befindlichkeiten und Handlungen der Hauptpersonen der Erzählung kritisch zu beurteilen und folgende Fragen zu beantworten.

1. Hätte Anna gleich reagieren sollen, als Georg zutrat? Was hätte sie tun können?
2. Wie sollten Zeugen einer Gewalttat sich verhalten?

Einüben von Arbeitstechniken 157

3. Sind im Falle einer fremdenfeindlichen Tat besondere Rücksichten zu nehmen?
4. Rechtfertigt eine gefühlsmäßige oder andere innere Verbundenheit mit dem Täter einen Aufschub oder gar eine Unterlassung der Zeugenaussage?
5. Findest du es richtig, dass Anna im weiteren Handlungsverlauf ihre Zeugenaussage von Georgs Geständnis, der „Hauptaussage", abhängig zu machen scheint?
6. Zeige, dass die in ihr Schülerpult eingeritzte Lebensweisheit „Sich treffen und sich trennen, das ist das Leben" ihre Entschlossenheit aufweicht.
7. Hätte Anna ausgesagt, wenn Georg sich nicht gegen seinen Vater gestellt und für die Wahrheit entschieden hätte?
8. Als Anna versucht sich über ihre Gefühle klar zu werden, ist die Angst wieder da.
Schreibe in einem Abschlussbericht zum Thema „Angst vor Zivilcourage?", was man durch couragiertes Eingreifen alles verlieren, aber auch gewinnen kann und komme zu einem abschließenden Ergebnis.

Arbeitsblatt 3:
Produktiver Umgang mit dem Thema Gewalt unter Jugendlichen

Thema 1: Bericht

Du wirst Zeuge/Zeugin (oder Mitwisser) einer fremdenfeindlichen Gewalttat an deiner Schule. Der Vorfall erregt großes Aufsehen. Als Freund des Opfers setzt du dich für eine rückhaltlose Aufklärung des Zwischenfalls ein und sinnst auf Abhilfe. Welche Mittel erscheinen dir geeignet, die jungen Täter von ihrem Horrortrip abzubringen?
– Schildere den Vorfall.
– Du betreibst intensive Ursachenforschung. Zu welchem Ergebnis kommst du? Welche Maßnahmen ergreifst du und welche „Therapie" schlägst du vor?
– Halte deine Ergebnisse in Form eines Abschlussberichts fest.

Thema 2: Vor- und Fortsetzungsgeschichte

1. Verfasse zunächst eine Vorgeschichte zu dem folgenden Vorfall an einer Gesamtschule in Friedenstadt:

Der Kreis schließt sich immer enger um Marco, in weiter Ferne vernimmt er das Grölen der Schülermeute, das sich zwischen die wütenden Schläge mischt, die wie ein nicht enden wollendes Trommelfeuer auf ihn niederprasseln. „Zeigt es ihm, dem Spagettifresser." – „Los, immer feste druff, der hat noch nicht genug."
Seine beiden Kontrahenten, Hans und Peter, lassen sich nur zu gerne anfeuern, dies ist ihre Bühne, hier fühlen sie sich stark.
Doch urplötzlich macht das Getöse auf dem Pausenhof einer eisigen Stille Platz. Mit einem Male sind alle Anfeuerungsrufe verstummt, Hans und Peter verharren bewegungslos und der Kreis um Marco herum beginnt sich langsam zu lichten ...

Du solltest versuchen, die folgenden Fragen möglichst genau zu beantworten:
- Warum wird Marco von seinen beiden Klassenkameraden derart brutal zusammengeschlagen? Warum greift niemand der Umstehenden ein?
- Hat es einen bestimmten Vorfall gegeben, der zu dieser Tat geführt hat?
2. Finde sodann einen passenden Schluss zu obigem Bericht. Hierbei können die Reaktionen der Mitschüler sowie der Lehrer und Lehrerinnen von Bedeutung sein:
- Wie haben sie sich in dieser Situation verhalten?
- Welche Maßnahmen werden ergriffen, um die Gewaltbereitschaft unter den Schülern einzudämmen und ähnliche Vorfälle in Zukunft zu verhindern?

Thema 3: Rollenbiografie (Opfer/Täter)

Auch in diesem Fall handelt es sich um einen Vorfall an einer Schule.
Hoffentlich pfeift er bald ab! Edmund schleppte sich mühselig über den Platz. Wie so oft hatte er kräftig einstecken müssen. Bei jedem Ballkontakt war einer zugegen gewesen, der ihn brutal am Abspielen gehindert und ihm gezielt gegen die Schienbeine getreten hatte.
Dann endlich, der heiß ersehnte Pfiff des Sportlehrers. Edmund rannte, so schnell seine lädierten Beine ihn noch zu tragen vermochten, in Richtung Umkleideräume, doch erneut waren sie schneller als er. Joachim und Georg bauten sich vor dem zierlichen Jungen auf und zerrten ihn in einen Nebenraum der Turnhalle. „Jetzt bist du wieder dran", fauchte Joachim

Einüben von Arbeitstechniken

und stülpte ihm ein Handtuch über den Kopf. Dunkel vernahm Georg das Stimmengewirr, das allmählich den Raum zu füllen begann. Dann spürte Edmund, wie ein Seil um seinen Hals gelegt wurde. „Hier, über das Lüftungsrohr, und dann nix wie weg mit dem", rief Georg aufgeregt und heimste dafür den Beifall der versammelten Schüler ein. Das Seil zog sich immer enger um Edmunds Kehlkopf und schnitt ihm die Luft ab. Doch plötzlich lockerte sich der Strick. Edmund sank zu Boden und schlug mit dem Kopf gegen einen harten Gegenstand. „Das haben wir nicht gewollt, es war doch nur ein Spiel", gaben die Schüler später dem Sportlehrer zu Protokoll, der rein zufällig den Raum betreten hatte.

1. Schreibt eine Rollenbiografie zu Edmund.
Folgende Fragen sollen dabei u. a. beantwortet werden:
– Wie alt ist Edmund?
– In welchen Verhältnissen lebt er? Wer kümmert sich um ihn?
– Wie sieht sein Alltag aus?
– Was macht er in seiner Freizeit?
– Welchen Umgang hat er?
2. Schreibt eine Rollenbiografie zu den Tätern.
Folgende Fragen sollen dabei u. a. beantwortet werden:
– Wie alt sind die Täter?
– In welchen Verhältnissen leben sie? Wer kümmert sich um sie?
– Wie sieht ihr Alltag aus?
– Was machen sie in ihrer Freizeit?
– Welchen Umgang haben sie?

Projektleitfaden

1. Nach der Zusammenstellung der Arbeitsgruppen und noch vor Beginn der eigentlichen Informationssuche wird ein Sekretär gewählt, der für die Verwaltung der Dokumente zuständig ist. Die Leitfragen auf den Arbeitsblättern müssen genau gelesen werden. Ihr müsst euch jederzeit über Sinn und Zweck der gestellten Aufgaben im Klaren sein. Erst dann wird die Arbeit unter den Gruppenmitgliedern so gerecht wie möglich aufgeteilt. Wenn es zu Konflikten kommt, wird der Lehrer als Schlichter und Ratgeber zur Verfügung stehen. Vorerst müsst ihr den Arbeitsanweisungen entsprechen, in den vorgeschlagenen Büchern und Internetseiten die benötigten Informationen finden und mit Hilfe

eines geeigneten Textverarbeitungsprogramms exzerpieren und speichern. Erst später können bei Bedarf und auf besonderen Wunsch weitere Recherchen durchgeführt werden.

2. Der Sekretär der Gruppe sorgt dafür, dass alle Materialien in einer elektronischen Dokumentenmappe aufbewahrt und sinnvoll angeordnet werden. Der Lehrer sowie alle Mitschüler müssen jederzeit als Gäste dieses Verzeichnis einsehen können. Bestimmte Materialien können auch ausgedruckt und an alle Mitarbeiter verteilt werden, so dass Besprechungen und Planungen auch unabhängig vom Computer stattfinden können. Auch diese Dokumente sind in einem Ordner unterzubringen, der immer auf den letzten Stand gebracht und zu allen Arbeitssitzungen mitgeführt wird. Das Gelingen des Projekts hängt zum großen Teil von einem disziplinierten Recherchieren und dem zuverlässigen Archivieren der gewonnenen Materialien ab.

Damit keine wichtige Etappe übersprungen wird, könnt ihr eine Kontrollliste mit den einzelnen Arbeitsschritten anfordern oder selbst aufsetzen, in welcher der Sekretär alle erledigten Aufträge einfach abhakt.

3. Schreibt die Ergebnisse eurer Nachforschungen in geordneter und zusammenhängender Reihenfolge auf und stellt sie den Klassenkameraden in einem arbeitsteiligen, freien mündlichen Vortrag von maximal zehn Minuten vor.

- Dabei sind einige Regeln einzuhalten. Die Ergebnisse der Dokumentation sind durch präzise Quellenangaben zu belegen (Bibliografie, Verzeichnis der benutzten Internetseiten und ihrer Urheber, u. U. mit Hinweisen auf das Impressum).
- Die Informationsverwertung und -verarbeitung findet ihren Niederschlag in einer schriftlichen Referatsfassung, wobei der Sachverhalt mit eigenen Worten formuliert wird. Falls diese zu umfangreich ausfallen sollte, muss gekürzt, gerafft, Wesentliches herausgefiltert, Irrelevantes weggelassen werden. Der Text kann durch Tabellen, Grafiken und Bilder mit genauen Quellenangaben illustriert werden.
- Nach der Verwertung der Informationen erstellt ihr ein Thesenpapier, das euch als Grundlage für den Vortrag dient und dessen Hauptgesichtspunkte mit Hilfe von Overheadfolien und Overheadprojektor oder einer PowerPoint-Präsentation projiziert werden. Vor Beginn des Vortrags erhalten die Mitschüler das Thesenblatt, auf dem die Hauptgesichtspunkte mit Hilfe eines Textverarbeitungsprogramms in übersichtlicher Form dargeboten werden.

- Achtet darauf, dass Thesenblatt und Vortrag für jedermann verständlich sind und nicht mit Details überfrachtet werden. Fachtermini oder schwierige Wörter müssen mittels eines beiliegenden Glossars oder durch das Einfügen von entsprechenden Fußnoten erläutert werden.
- Zu Beginn des Vortrags stellt die Gruppe sich und das gewählte Thema kurz vor, und gibt einen Überblick über den Inhalt des Referats. Während des Vortrags halten die Referenten möglichst Blickkontakt mit dem Publikum, lesen nicht vom Blatt ab, sondern orientieren sich an den wenigen Stichworten des einzig zugelassenen Notizzettels. Ihr müsst lebendig vortragen, laut und deutlich artikulieren, Standpunkte präzise und in kohärenter Reihenfolge anbringen, an entscheidenden Stellen Pausen einlegen und zu einem einprägsamen abschließenden Ergebnis kommen.

Seid darauf gefasst, dass eure Mitschüler nach dem Referieren Fragen stellen, von deren kompetenter Beantwortung es u. a. abhängt, ob ihr einen guten Eindruck hinterlasst.

Literaturhinweise und Links

Zur Deutsch- und Mediendidaktik

Abraham, Ulf/Beisbart, Ortwin/Koß, Gerhard/Marenbach, Dieter: Praxis des Deutschunterrichts. Arbeitsfelder – Tätigkeiten – Methoden. Donauwörth 1998.

Blatt, Inge: Medien-Schrift-Kompetenz im Deutschunterricht. Ein Basiskonzept mit unterrichtspraktischen Hinweisen, in: Computer im Deutschunterricht der Sekundarstufe, hrsg. von Günther und Dorothea Thomé. Braunschweig 2000, S. 24–53.

Blatt, Inge: Deutschunterricht als Kernfach in der Informationsgesellschaft, in: Neue Medien in der Sekundarstufe I und II, hrsg. von Wilfried Hendricks. Cornelsen, Berlin 2000, S. 130–140.

Koechlin, Carol/Zwaan, Sandi: Informationen: beschaffen, bewerten, benutzen. Basistraining Informationskompetenz. Mühlheim an der Ruhr 1998.

Plieninger, Martin: Schreiben – Überarbeiten – Veröffentlichen. Aspekte einer computergestützten Schreibdidaktik, in: Computer im Deutschunterricht der Sekundarstufe, hrsg. von Günther und Dorothea Thomé. Braunschweig 2000, S. 88–106.

Reuen, Sascha/Schmitz, Ulrich: Schule im Netz. Das Internet als Arbeits-

mittel im Deutschunterricht, in: Der Deutschunterricht, Heft 1/2000, S. 23–32. Der Text ist auch im Internet unter folgender URL veröffentlicht worden: *http://www.linse.uni-essen.de/papers/schule_netz/s_netz. htm*
Rhetorische Grundlagen – Präsentationstechniken: *http://www.kreidestriche.de/onmerz/werkstatt/schreiben/7_praesentation.html*

Zum Projektthema

Gansel, Carsten: Moderne Kinder- und Jugendliteratur: ein Praxishandbuch für den Unterricht. Berlin, Cornelsen Scriptor 1999.
Frohloft, Stefan (Hrsg.): Gesicht zeigen! Handbuch für Zivilcourage. Frankfurt/New York, Campus 2001.
Hurrelmann, Klaus/Rixius, Norbert/Schirp, Heinz: Gewalt in der Schule. Ursachen – Vorbeugung – Intervention. Weinheim und Basel, Beltz 1999.
Olweus, Dan: Gewalt in der Schule. Was Lehrer und Eltern wissen sollten – und tun können. Göttingen, Huber 1999.
Schlentz, Joëlle: Sachgemäße Informationsbeschaffung zum Thema Gewalt an Schulen und deren produktive Verwertung ausgehend von einem Jugendroman. Unveröffentlichte pädagogische Arbeit. Luxemburg 2002.

http://www.schule-fuer-toleranz.de
Hindergrundinformationen und Unterrichtsmaterialien zu den Themen Gewalt und Rechtsextremismus

http://www.friedenspaedagogik.de
Beispiele zu Zivilcourage, Unterrichtsmaterialien

http://www.politische-bildung.de
Internetportal der Landeszentralen und der Bundeszentrale für politische Bildung mit vielen Links zum Thema Gewaltprävention

http://schule-und-medien.info/gewaltpraevention/index.htm
Gewalt an Schulen: Übersicht, Lösungsansätze, Unterrichtsmaterialien

http://www.gewalt-in-der-schule.info/Gewaltprävention in der Schule

Schwerpunkt Klassen 10 bis 13

Michael Schopen

Virtuelle Lernumgebung zur Berufsfindung

Themenbereiche: Berufsorientierung, Gewinnung, Verarbeitung und Präsentation von Informationen; mündliche und schriftliche Kommunikation (Interviews, E-Mail, Chat); medienspezifische Textproduktion
Klasse: 11, 12 (z. B. Berufsfachschulen), 9, 10 (allgemeinbildende Schulen)
Stundenzahl: 8–12
Voraussetzungen: Grundlagenkenntnisse in Textverarbeitung, Internetrecherche und internetbasierten Kommunikationsformen (E-Mail, Quickmessage, Chat). Die Grundlagen können auch im Verlauf der Reihe erworben werden (höherer Zeitaufwand).
Technische Ausstattung: je Schülergruppe mindestens ein Computer mit Textverarbeitungsprogramm und Internetzugang
Ziele: sich über verschiedene Ausbildungsberufe informieren, die kommunikative und die Medienkompetenz erweitern

Die Plattform: Lehrer-Online-Netzwerk (www.lo-net.de)

Für das Verständnis des Unterrichtsmodells ist es wichtig, zunächst einen Einblick in die Funktionsweise des virtuellen Klassenraums zu bekommen.

Das Lehrer-Online-Netzwerk ist eine eigens für schulische Belange konzipierte virtuelle Lern- und Kommunikationsplattform. Sie steht Lehrern sowie allen an der Lehreraus- und -fortbildung Beteiligten kostenfrei (und werbefrei) zur Verfügung. lo-net ist Teil von Lehrer-Online (*www.lehrer-online.de*), einem Projekt von Schulen ans Netz e. V., dessen Ziel es ist, Lehrkräfte beim Einsatz neuer Medien im Unterrichtsalltag inhaltlich zu unterstützen. Das Netzwerk wird aus Mitteln des Bundesministeriums für Bildung und Forschung finanziert.

Um die Plattform nutzen zu können, muss man sich lediglich einmalig anmelden (ACHTUNG: Passwort nicht vergessen!). Es bedarf keinerlei Installationen auf dem Computer und es wird keine spezielle Software benötigt. Alle Funktionen erschließen sich intuitiv und werden zudem über die Hilfsfunktion sehr anschaulich beschrieben, so dass keine gesonderte Einarbeitungszeit erforderlich ist.

Dem Nutzer bieten sich je nach Bedarf drei virtuelle Räume mit unterschiedlichen Funktionen an. Der *Privatraum* ist der Bereich, der ausschließlich der jeweiligen Lehrkraft zur Verfügung steht (E-Mail-Service, Terminkalender, Adressbuch usw.). Der *Gruppenraum* dient der orts- und zeitunabhängigen Zusammenarbeit mit Kollegen, wobei man nicht nur Gruppenmitglied werden kann, sondern auch eigene Gruppen gründen kann. Im Rahmen des beschriebenen Unterrichtskonzeptes wurde mit dem virtuellen *Klassenraum* gearbeitet.

Der virtuelle Klassenraum zeichnet sich durch eine deutliche Trennung zwischen Lehrer- und Schülerbereich aus. Nur die Lehrkraft kann eigenständig einen virtuellen Klassenraum anlegen und den Schülern individuelle Rechte zuteilen oder Aufgaben stellen. Die Lernenden gelangen über eine gesonderte Adresse in den virtuellen Klassenraum (*http://pupil.lo-net.de*; siehe unter *Schülerzugang*).

Der Klassenraum erleichtert nicht nur die Zusammenarbeit und Kommunikation zwischen Schülergruppen, die räumlich voneinander getrennt sind. Er stellt auch sicher, dass die erforderlichen Materialien bzw. Dateien jederzeit und von verschiedenen Orten aus verfügbar sind und bearbeitet werden können. Darüber hinaus bietet der Klassenraum mit seinem integrierten Homepagegenerator die Möglichkeit, Projektergebnisse sehr einfach und schnell in Form einer Homepage zu präsentieren und damit auch über das Klassenzimmer hinaus verfügbar zu machen, z. B. über eine Verlinkung mit der Schulhomepage.

Einrichten eines virtuellen Klassenraums:

- Nach Anmeldung bzw. Login auf den Bereich „Klassenraum" klicken.
- Links im Menü auf „Klassenraum anmelden" klicken.
- In der Mitte die beiden Formularfelder ausfüllen und damit den Klassenraum benennen, anschließend auf die Schaltfläche „Klassenraum anmelden" klicken.
- Damit wird der Klassenraum angelegt und taucht links im Menü auf. Man wird automatisch in den Bereich „Schülerverwaltung" geleitet.
- Im Bereich „Schülerverwaltung" kann eine Klassenliste erstellt werden, man gibt die Schülernamen sukzessive ein.
- Um den Schülern individuelle Rechte zuzuteilen, müssen dann nur noch die entsprechenden Kästchen neben den Schülernamen angeklickt werden. Schließlich sichert man die Rechtevergabe mit Hilfe der Schaltfläche „Änderungen speichern". (vgl. Abb. 1)

Virtuelle Lernumgebung zur Berufsfindung 165

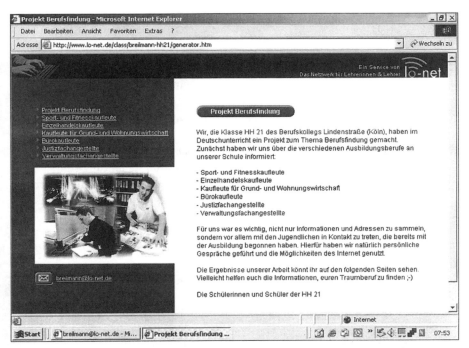

Abb. 1: Bereich Schülerverwaltung im virtuellen Klassenraum „Berufsfindung"

Schülerzugang:

- Eingabe der Internetadresse *http://pupil.lo-net.de* (ACHTUNG: ohne www!)
- Ausfüllen der beiden oberen Eingabefelder: a) lo-net-Benutzername der Lehrkraft; b) Nutzername des Schülers gemäß der vom Lehrer angelegten Klassenliste.
- Ein Passwort brauchen die Lernenden bei Erstanmeldung nicht, sie können sich aber danach eines zulegen. Dies ist ratsam, damit jeder Schüler einen eigenen geschützten Bereich hat.

Funktionen:

- Chat: synchrone Kommunikation z. B. mit Experten zu einem festen Zeitpunkt

- Forum: Erfüllt die Funktion eines schwarzen Brettes innerhalb der Klasse.
- Mitgliederliste: Zeigt alle Klassenmitglieder und ermöglicht die direkte Kontaktaufnahme zu einzelnen Teilnehmern.
- Mailverteiler: Ermöglicht es der Lehrkraft, eine E-Mail an alle Klassenmitglieder gleichzeitig zu schicken.
- Aufgaben: Hier kann die Lehrkraft online Aufgaben stellen und den Lernenden individuell zuweisen.
- Terminkalender: Hier können für alle sichtbar Termine eingetragen werden, die für das Projekt oder die Klasse von Bedeutung sind.
- Dateiaustausch: Bereitstellung und Austausch von Arbeitsblättern, Berichten, Arbeitsplänen, (Teil-)Ergebnissen für die gesamte Klasse (beliebige Formate).

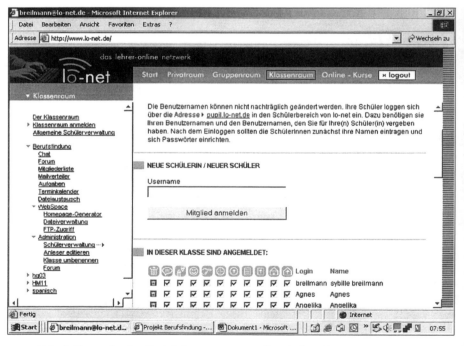

Abb. 2: Startseite der Projekthomepage, erstellt mit dem Homepagegenerator des virtuellen Klassenraums

- Webspace (Homepagegenerator, Dateiverwaltung, FTP-Zugriff): Präsentation von Projektergebnissen in Form einer Klassen- bzw. Projektwebsite (vgl. Abb. 2)
- Administration/Schülerverwaltung: Die Lehrkraft gestaltet den virtuellen Klassenraum individuell, aktualisiert und weist den Lernenden Rechte zu.

Webseitenerstellung mit Hilfe des Homepagegenerators:
- Im linken Menü „Webspace" und dann „Homepagegenerator" ansteuern. (In der Mitte oben ist bereits die zukünftige Internetadresse des Klassenraums angegeben.)
- Auf „Grundeinstellung wählen" klicken, dann eine der vorgegebenen aussuchen und übernehmen. Damit steht das Grunddesign für die zu erzeugenden Seiten.
- Dann wiederum auf der Ausgangsseite in der Mitte „neue Seite anlegen" auswählen, in die entsprechenden Eingabefelder Überschrift und Text eingeben und zum Schluss auf „Änderungen speichern" klicken. Damit kommen Sie auf die Ausgangsseite zurück.
- Jetzt müssen Sie nur noch „Site generieren" anklicken und es öffnet sich ein Fenster mit der ersten erstellten Internetseite. Beliebig viele lassen sich nun auf diese Art hinzufügen.
- Selbstverständlich kann man die Internetseiten nachträglich wieder löschen, bearbeiten, ein Bild oder einen Link einfügen und minimale Formatierungen vornehmen.

Lehrplanbezug und Intentionen

Berufswahlvorbereitung, -orientierung und Bewerbung gehören zu den Standardthemen im Deutschunterricht vollzeitschulischer Bildungsgänge an berufsbildenden Schulen, da in der Regel nach Beendigung der schulischen Ausbildung ein Ausbildungsplatz gesucht wird. Der Deutschunterricht unterstützt die Jugendlichen bei der Wahl eines geeigneten Berufes und leistet Hilfe bei konkreten Bewerbungen.

Das Unterrichtsmodell setzt bei der Informationsgewinnung und -verarbeitung an und verknüpft diese unter Zuhilfenahme neuer Medien mit kommunikativen Aspekten. Es geht induktiv vor: Die Schülerinnen und Schüler konzentrieren sich zunächst auf die Ausbildungsberufe, die an der eigenen Schule angesiedelt sind und stützen sich auf Erfahrungsberichte von Auszubildenden ihrer Schule. Durch persönliche Gespräche und Interviews. erhalten sie Einblicke in die verschiedenen Berufe, die sich z. T. stark von den recherchierten „offiziellen" Informationen, z. B. des Arbeitsamtes, unterscheiden.

Drei Hauptziele lassen sich nennen:
a) Fachkompetenz
Die Schülerinnen und Schüler informieren sich im Rahmen arbeitsteiliger Gruppenarbeit über die kaufmännischen Ausbildungsberufe, die am eigenen Berufskolleg unterrichtet werden: Einzelhandelskaufleute, Bürokaufleute usw. Sie befragen Auszubildende nach ihren persönlichen Erfahrungen innerhalb der Ausbildung, recherchieren im Internet Zahlen und Fakten zum Bildungsgang und kommentieren weiterführende Links für eine intensivere Auseinandersetzung mit dem speziellen Bildungsgang. Die Arbeitsergebnisse werden verschriftlicht und der gesamten Klasse (und darüber hinaus) bereitgestellt.

b) Kommunikationskompetenz
Die Lernenden befragen und interviewen Auszubildende. Durch gezielte Übungen, reale Gesprächserfahrungen und deren Reflexion erhöhen sie ihre kommunikativen Kompetenzen. Als positiver Nebeneffekt ist eine nachhaltige klassen- bzw. schulformübergreifende Kommunikation zu beobachten – nicht nur auf Schüler-, sondern auch auf Lehrerebene. Die Schüler kontaktieren auch außerschulische Institutionen wie Arbeitsamt, IHK und Ausbildungsbetriebe.

c) Medienkompetenz
Die themenspezifische Suche im Internet bietet den Schülern die Möglichkeit, ihre Recherchefähigkeiten und -strategien zu verbessern bzw. zu verfeinern. Durch die Arbeit mit der virtuellen Arbeits- und Kommunikationsplattform lernen sie deren Möglichkeiten und Funktionsweise kennen und nutzen. Dazu gehören z. B. der Dateiaustausch im virtuellen Raum, verschiedene Kommunikationsmöglichkeiten (E-Mail, Chat, Quickmessage) und die Einrichtung eines elektronischen Terminkalenders. Darüber hinaus erstellen die Lernenden eine eigene Webseite mit Hilfe eines Homepagegenerators – und zwar unter fachspezifischen – Gesichtspunkten: Schreiben für das Netz, Adressatenbezug, Grundlagen des Textdesigns.

Umsetzung

Im konkreten Fall geht es um ein Berufskolleg, an dem Auszubildende aus sieben Ausbildungsberufen unterrichtet werden. Darüber hinaus gibt es verschiedene vollzeitschulische Bildungsgänge, unter anderem die zweijährige Höhere Berufsfachschule, die die Jugendlichen mit der Fachhochschulreife abschließen. Insgesamt verteilen sich die Schüler auf vier räumlich voneinander entfernte Schulstellen. Die Schule hat in allen vier Gebäuden Internetzugänge.

Um die Kommunikationsmöglichkeiten des virtuellen Klassenraums optimal nutzen zu können, wurden nicht nur die Mitglieder der Projektklasse, sondern auch ausgewählte Auszubildende aus den unterschiedlichen Berufsschulklassen im Klassenraum angemeldet. Damit sind sie als „Experten" des jeweiligen Bildungsgangs jederzeit im virtuellen Raum erreichbar und können z. B. am „Expertenchat" teilnehmen. Darüber hinaus sollten wichtige Webseiten zur Berufsfindung vorrecherchiert werden, damit man die Lernenden gegebenenfalls bei ihrer Recherche unterstützen kann.

Im Unterrichtsverlauf ergeben sich verschiedene Arbeitsschwerpunkte, die in ihrer ungefähren zeitlichen Abfolge beschrieben werden, wobei Überlappungen möglich sind.

a) Informationsgewinnung

Nach Vorstellung des Unterrichtsthemas, Auflistung der schulinternen Ausbildungsberufe und gemeinsamer Verabschiedung eines Arbeitsplans (Arbeitsschwerpunkte, Vorgehensweise, Strukturvorgaben für die zu erstellende Webseite) organisieren sich die Schülerinnen und Schüler in berufsspezifischen Arbeitsgruppen. Die Phase der Informationsgewinnung umfasst einerseits den intensiven Austausch mit Mitschülern, die eine Ausbildung im jeweiligen Beruf absolvieren, andererseits sollen im Internet und im Austausch mit externen Institutionen (Beispiel IHK: regionale Ausbildungszahlen, Adressen von Unternehmen usw.) offizielle Informationen recherchiert werden. Die Kleingruppen bereiten Befragungen von Auszubildenden vor, führen diese durch und verschriftlichen anschließend die Ergebnisse mit Hilfe eines Textverarbeitungsprogramms. Im virtuellen Klassenraum können im Rahmen von Expertenchats zu fest vereinbarten Zeiten weitere Fragen gestellt und geklärt werden. Das Forum dient als schwarzes Brett für allgemeine Anfragen und über die E-Mail-Funktion ist jedes Mitglied des virtuellen Klassenraums jederzeit individuell erreichbar. Im Dateiaustausch des virtuellen Klassenraums können sämtliche Materialien (Interviewergebnisse, Erfahrungsberichte von Auszubildenden, Zahlen und Fakten zum Ausbildungsberuf, weiterführende Informationen) in entsprechenden Dateiordnern abgelegt werden und stehen somit als Rohmaterial für die Phase der Informationsverarbeitung bereit (gilt auch für Bild-, Audio- und Videodateien).

b) Informationsverarbeitung
In dieser Phase greifen die Schüler auf die „Rohmaterialien" und vorrecherchierten Ergebnisse zurück und bearbeiten diese so, dass sie im nächsten Schritt in die vereinbarte Struktur der Webseite eingefügt werden können. Hierbei geht es um „klassische" Themen des Deutschunterrichts: Reduktion und Auswahl bestimmter Informationen, Textkohäsion, Adressatenbezug, Sprachrichtigkeit, Wortwahl, Satzbau usw. Die Lehrkraft übernimmt bei der Texterstellung redaktionelle Aufgaben und berät. Auch hier spielt der Dateiaustausch im virtuellen Klassenraum eine wichtige Rolle, da die Gruppen orts- und zeitunabhängig auf die gespeicherten Dateien zugreifen, diese bearbeiten und wieder dort ablegen können.

c) Webseitenerstellung
Jeder Gruppe steht eine einzelne Webseite zur Verfügung, auf der individuelle und offizielle Informationen zum gewählten Ausbildungsberuf einander gegenübergestellt werden. Im konkreten Fall war folgende Struktur vorgegeben: *Persönliche Erfahrungen, Zahlen und Fakten, Zusatzinformationen, „Expertenkontakt"* (E-Mail-Adressen ein oder mehrerer Auszubildender). Wenn die Informationsaufbereitung mit Hilfe der Textverarbeitung abgeschlossen ist, beansprucht die Erstellung der Webseite (inklusive Formatierungen, Verlinkungen und Einfügen eines Bildes) weniger als eine Schulstunde!
Die zuerst angelegte Seite ist zugleich die Startseite der Projekthomepage und sollte daher eventuell vorher vom Lehrer oder als Zusatzaufgabe von einer der Gruppen angelegt werden. Ansonsten können alle Gruppen zeitgleich und ortsunabhängig mit dem Homepagegenerator arbeiten, was große Vorteile für die Unterrichtsorganisation hat. Die Möglichkeiten, die der Generator bietet, sind bewusst spartanisch gehalten und ausführlich erläutert, damit auch Einsteiger leicht damit umgehen können.
Dies ist aber durchaus von Vorteil, da durch das Fehlen von medialen „Spielereien" die Konzentration auf fachspezifische Inhalte gefördert

wird, wozu unter anderem auch das medienspezifische Schreiben gehört: Wie lang sollte die Webseite maximal sein (Problem „langes scrollen")? Welche Abschnitte sollten gebildet werden? Wie kann eine mögliche Hypertextstruktur aussehen? Hat das Medium Einfluss auf Satzstruktur und Wortwahl?

Sind die Einzelseiten erstellt, muss in einer Endredaktion noch einmal die Stimmigkeit und Einheitlichkeit der gesamten Homepage überprüft werden, bevor sie endgültig für eine Präsentation freigegeben werden kann.

d) Präsentation

Unter kommunikativen Gesichtspunkten ist zunächst eine klasseninterne Präsentation der verschiedenen Seiten sinnvoll, da die Schülerinnen und Schüler sich zunächst gegenseitig über die verschiedenen Ausbildungsberufe informieren sollen. Außerdem gewinnen sie dadurch an Sicherheit für eine öffentliche Präsentation ihrer Ergebnisse, etwa vor Parallelklassen oder vor den Auszubildenden, die als Experten zur Verfügung gestanden haben. Darüber hinaus sind die Experten auch wichtige Feedbackgeber für die Inhalte der einzelnen Seiten. Nicht zuletzt lässt sich die Projekthomepage auch auf institutioneller Ebene präsentieren: an schulischen Berufsorientierungstagen, wenn Schüler aus der Sekundarstufe I sich über die verschiedenen Bildungsgänge am Berufskolleg informieren.

Anregungen zur Erweiterung

Das Thema Berufswahlvorbereitung ist mit der Vorstellung einer Handvoll kaufmännischer Ausbildungsberufe natürlich nicht umfassend behandelt. Ziel im konkreten Beispiel war es vielmehr, nahe liegende Berufe aus der Sicht von und im persönlichen Austausch mit Auszubildenden kennen zu lernen. Wichtig war nicht ein umfassender Überblick, sondern vielmehr der Einblick in das Spannungsverhältnis aus offiziellen Berufsinformationen und individuellen Erfahrungen von Auszubildenden. Nichtsdestotrotz ist leicht vorstellbar, dass die Schüler im einem nächsten Schritt den Ausbildungsbereich der eigenen Schule verlassen, sich über andere Ausbildungsberufe informieren und diese auf weiteren Webseiten vorstellen. Dabei kann man sich an den Wunschberufen der Lernenden, an einzelnen Berufsfeldern, an der Liste der beliebtesten Ausbildungsberufe oder weiteren Kriterien orientieren.

Die Auswahl der Berufe ist eng verbunden mit den Voraussetzungen der

Lerngruppe. So ist das dargestellte Konzept gegen Ende der Sekundarstufe I ebenso einsetzbar wie an berufsbildenden Schulen. Denkbar ist auch ein Einsatzszenario, in dem angehende Abiturienten im Rahmen eines Berufsfindungsprojektes durch Befragung von Studierenden beispielsweise verschiedene Studiengänge vorstellen.
Zur Förderung der Präsentationskompetenz und des klassen- bzw. schulformübergreifenden Austausches kann die Klasse ihre Ergebnisse nicht nur über das Internet bereitstellen, sondern diese auch vor anderen Klassen präsentieren. Auch was die Komplexität der Homepage betrifft sind Varianten möglich. Es ist nicht zwingend erforderlich, sich auf den Homepagegenerator zu beschränken, selbstverständlich können weit komplexere Webseiten entstehen als die im konkreten Beispiel. Die Schlichtheit des Generators hat allerdings den großen Vorteil, dass man sich auf deutschspezifische Inhalte konzentrieren kann: Im Vordergrund stehen Textinhalt, sprachliche Gestaltung und die zu vermittelnden Informationen und nicht Fragen des Webdesigns.

Links zum Thema Berufsorientierung

www.bibb.de – Homepage des Bundesinstitutes für berufliche Bildung; bietet umfassende, gesicherte und seriöse Informationen zu sämtlichen Ausbildungsberufen; neben inhaltlichen Informationen zu allen Berufen gibt es auch Statistiken zur Beliebtheit von Ausbildungsberufen, zur Entwicklung von Ausbildungszahlen, zu Rahmenlehrplänen usw.
www.dihk.de – Homepage des deutschen Industrie- und Handelskammertages. Von hier gelangt man unter anderem zu den einzelnen IHKs für regionalspezifische Informationen. In der Rubrik Aus- und Weiterbildung gibt es Informationen zu Ausbildungsprüfungen.
www.arbeitsamt.de – Hierüber gelangt man unter anderem zum Berufsinformationszentrum des Arbeitsamtes (BIZ).
www.berufsbildung.de – Dieses Online-Magazin für Ausbildung, Studium, Job und Karriere wird vom W. Bertelsmann Verlag herausgegeben. Hier finden Schülerinnen und Schüler u. a. Tipps für die Berufswahl und Bewerbung sowie Hinweise auf andere nützliche Angebote.
www.lehrer-online.de/berufsbildung – Lehrer-Online bietet nicht nur nützliche Internetadressen, sondern weist zusätzlich auch auf konkrete Unterrichtsmaterialien hin.

Sybille Breilmann
Zeitungen in der Hand und auf dem Schirm

Themenbereich: Zeitungsanalyse, journalistische Textsorten
Klasse: 11
Stundenzahl: 8–10 Stunden
Voraussetzungen: Grundkenntnisse im Umgang mit einem Internetbrowser; flexibles Anspruchsniveau
Ziele: Besonderheiten journalistischer Texte im Internet kennen, entsprechende eigene Texte für das Internet schreiben

Thema und Produkte

Die Analyse von Zeitungen, Zeitschriften und journalistischen Textsorten gehört seit vielen Jahren zu den klassischen Themen des Deutschunterrichts. Dies scheint vor dem Hintergrund abnehmender Zeitungslesefreudigkeit der Jugendlichen gerade jetzt besonders wichtig zu sein. Mit dem Durchbruch des Internets hat sich der Zeitungsmarkt auch auf dieses Medium ausgeweitet. Die meisten Verlage bieten ihre Print-Angebote ebenfalls online an. Die große Beliebtheit des Internets bei den Schülern kann in diesem Zusammenhang genutzt werden, um neues Leseinteresse zu wecken. Diese Online-Versionen der parallel erscheinenden gedruckten Ausgaben sollen hier als neuer Untersuchungsgegenstand des Deutschunterrichts vorgestellt werden. Der Vergleich einer Tageszeitung mit ihrer Online-Ausgabe bietet den Schülern vielfältige Möglichkeiten, den Einfluss des Mediums auf Themenauswahl, sprachliche Gestaltung und Textlayout des jeweiligen Angebots zu untersuchen.

Am Ende der Unterrichtsreihe stehen Schülertexte, die veröffentlicht werden sollen. Hier bietet das Internet unterschiedliche Möglichkeiten, wie z. B. die Schulhomepage, eine eigene Webseite im Netz oder Online-Schülerzeitungen. Gleichzeitig können die Texte auch in einer Klassen-, Schüler- oder Projektzeitung abgedruckt werden. Reizvoll ist es, den Schülern die Möglichkeit zu geben, ihre Texte sowohl in Print- als auch in Online-Form zu publizieren. So sammeln sie Erfahrungen mit medienspezifischem Textaufbau und Layout.

Wahl eines Themenschwerpunkts

Nur in Ausnahmefällen wird es sinnvoll sein, den oben beschriebenen Vergleich für die Gesamtausgabe einer Zeitung vorzunehmen. Die Auswahl eines Themenschwerpunkts wird für die meisten Klassen und Kurse die anspruchsvolle Aufgabe eines Medienvergleichs deutlich vereinfachen. Eigene Unterrichtserfahrungen in Klassen der Höheren Handelsschule haben mir gezeigt, dass es für viele Schüler reizvoll ist, den Schwerpunkt dieser Reihe im Bereich des Sports anzusiedeln. Gerade Jungen, über deren vermeintliche Benachteiligung im Deutschunterricht zu lesen war (Focus, ZEIT im August 2002), sind über die Beschäftigung mit Themen wie Fußball oder Autorennen leichter für Textanalysen oder eigene Schreibversuche zu motivieren. Natürlich sollte hier das Interesse der Klasse abgefragt werden.

Analyse von Print- und Online-Zeitungen

In der ersten Arbeitsphase sollte zunächst ein analytischer Blick auf journalistische Texte aus dem Bereich des Sports geworfen werden. Es bietet sich an, eine Auswahl verschiedener Sportteile lokaler und überregionaler Tageszeitungen im Unterricht vorzustellen.

Nach der Auswertung erster Leseeindrücke werden die unterschiedlichen journalistischen Textsorten klassifiziert. Die Schüler entdecken und diskutieren die Unterschiede zwischen Bericht, Reportage, Glosse, Kommentar oder Porträt. Beim Schreiben eigener Texte, z. B. zum letzten Bundesligaspieltag oder zum eigenen Schulsportfest, werden ihnen die spezifischen Merkmale der unterschiedlichen Textsorten noch einmal bewusst.

In einem zweiten Schritt sollen nun die Sportberichte aus dem Internet gelesen werden. Es ist nicht unbedingt nötig, dies in einem Raum mit Rechnern zu tun, denn die Internettexte können als Screenshot (über die Print-Taste kann das Bild des Bildschirms kopiert werden, um dann über die Option „Einfügen" in eine Textdatei kopiert zu werden) ausgedruckt werden. Liegt der gleiche Text in Print- und Online-Fassung vor, sollte zunächst das Textlayout verglichen werden. Bei dem Beispiel aus Mat 2b fällt die unterschiedliche Größe der farbigen Fotos und die durch Leerzeilen markierte Abschnittsaufteilung auf. Dass Ersteres mit dem Wunsch nach kurzen Ladezeiten zusammenhängt, ist den meisten Schülern sofort klar. Dass beispielsweise die Abstände zwischen den Abschnitten deutlich größer sind, liegt daran, dass wenig strukturierte Texte am Bildschirm schwerer zu lesen sind. Dies kann bei einer „Lektürestunde im Netz" selbst erlebt werden.

Zeitungslektüre im Netz

Das Ziel dieser Unterrichtsphase ist es, die Schüler den Zusammenhang zwischen Textrezeption und Textproduktion erleben zu lassen. Die Lesegewohnheiten am Bildschirm bzw. am Frühstückstisch sind so unterschiedlich, dass sie zu unterschiedlicher Textgestaltung führen. Wie die Texte am Rechner gelesen werden, kann im Unterricht beobachtet werden. Dazu ist es notwendig, mindestens zwei Schüler an einen Computer zu setzen. Während einer der Schüler, angeleitet durch gezielte Arbeitsaufträge, das Internetzeitungsangebot sichtet (Mat.1a), beobachtet der andere Schüler, wie hier gelesen und gesurft wird (Mat. 1b). Natürlich werden in dieser Arbeitsphase auch deutliche individuelle Unterschiede beim Leseverhalten beobachtet und beschrieben werden. Sicherlich diskutiert werden wird die generell recht kurze Verweildauer auf den einzelnen Internetseiten und damit die schnelle und flüchtige Rezeption eines Textes. Nur wenige Leser sind dazu geneigt, einen längeren Text gründlich am Bildschirm zu lesen, da dies häufig als anstrengender empfunden wird. Die deutliche Abgrenzung der Textblöcke verhindert, dass der Internetleser, durch eine große Textfülle abgeschreckt, direkt zur nächsten Seite weiterklickt. Beide Unterschiede der Textgestaltung, der Fotogröße und des Textlayouts sind somit durch die technischen Bedingungen des Mediums geprägt.

Textvergleich

Dass nicht nur die Textgestaltung, sondern auch die Sprache und der Inhalt durch das Medium Computer beeinflusst wird, soll in einem zweiten Textvergleich gezeigt werden. Nicht alle Artikel werden aus der Print-Version eins zu eins in das Online-Angebot übernommen. Die in Material 2a und 2b abgebildeten Artikel behandeln beide das gleiche Thema, den Wechsel des Fußballspielers Stefan Effenberg zu einem neuen Verein, dem VFL Wolfsburg. Neben den auch hier zu beobachtenden Unterschieden im Layout ist der Text zudem in einer anderen Sprache formuliert und mit anderen Themenschwerpunkten konzipiert. Augenfällige Unterschiede lassen sich im Hinblick auf Satzbau, Wortarten und Wortschatz erkennen. Während im Zeitungstext komplexere Sätze zu beobachten sind, dominiert in der Online-Version der einfache Hauptsatz bzw. der unvollständige Satz. Der Wortschatz der Online-Version enthält eine Vielzahl umgangssprachlicher Elemente, der Zeitungsartikel ist in der Hochsprache formuliert. Zitate in der direkten Rede gibt es im Internettext dreizehnmal, im Zeitungstext lediglich fünfmal. Hier eine knappe Übersicht:

		Print	Online
a)	Wortschatz	formulierte der Hamburger	sagte der Spieler grinsend
		Kontrakt	Einjahresvertrag
		Effenbergs Debüt am Samstag	schon am Samstag könne er erstmals spielen
		deutete unmissverständlich an auf einer gut 30-minütigen Pressekonferenz	davon bin ich überzeugt Beim Gespräch mit Journalisten
b)	Satzbau	Begleitet vom Medienrummel hat Stefan Effenberg erstmals seine Beweggründe für den Wechsel zum VfL Wolfsburg erläutert.	Stau vor dem Stadion, ein ungewollter Stadtbummel, herumalbernde Fußball-Profis und die ersten verärgerten Fans – beim Einstand von Stefan Effenberg herrschte Ausnahmezustand.
		Die Verwunderung in der Öffentlichkeit darüber, dass der umstrittene Blondschopf sich für den eher biederen norddeutschen Werksclub entschieden habe, wollte Effenberg nicht teilen.	Endlich hat die als bieder geltende Werksmannschaft der Volkswagen AG die gewünschte Aufmerksamkeit.

Diese Auflistung von Beispielen zeigt sehr anschaulich, welche unterschiedlichen sprachlichen Mittel für Anschaulichkeit, Lebendigkeit bzw. Seriosität sorgen und den Lesefluss steuern.

Auch inhaltlich unterscheiden sich die beiden Artikel insofern, als in der Print-Version im Gegensatz zur Online-Version zusätzliche Hintergrundinformationen gegeben werden. Während im Zeitungsartikel über das tragische Schicksal eines schwer erkrankten ehemaligen Mitspielers berichtet wird, geht es im Online-Bericht ausschließlich um Stimmungen,

Impressionen und Spieltaktik. Zu dem im leichten und flotten Stil geschriebenen Online-Artikel hätte der Bericht über einen durch eine Nervenkrankheit an den Rollstuhl gefesselten Spieler auch nicht so gut gepasst.

Auswertung

Der Vergleich der beiden Zeitungsartikel wirft eine Reihe von Fragen auf, die im Verlauf der weiteren Unterrichtsreihe behandelt werden können. Hier einige Anregungen:
- Warum ist es nicht sinnvoll, eine Zeitung unverändert ins Internet zu stellen?
- Wie wird dies von den großen Zeitungen gehandhabt?
- Welche unterschiedlichen Zielgruppen gibt es für Zeitungen und Internetzeitungen?
- Wie sehen meine eigenen Lese- und Informationsbedürfnisse aus?
- Wie beeinflusst das Medium Computer den Schreibstil?
- Wie beeinflusst der Schreibstil den Inhalt der Texte? Ist dies zwingend notwendig?
- Liegt die Zukunft eher bei den Online-Zeitungen oder bei den Print-Zeitungen? Begründet eure Einschätzung.

Wie diese Aspekte im Unterricht behandelt werden sollten, hängt von den Bedingungen der einzelnen Lerngruppe ab und bleibt der individuellen Planung des Lesers überlassen. Wichtig scheint mir jedoch, dass die Schüler die bisher erarbeiteten Ergebnisse des Vergleichs bei der Produktion eigener Texte umsetzen. Sie sollten versuchen, gezielt für das Internet – sowohl in Bezug auf mediale Besonderheiten als auch in Bezug auf die spezifische Zielgruppe – zu schreiben und dabei überlegen, wie ihr Text im Gegensatz dazu auf dem Papier aussehen sollte.

Ausblick

Zum Abschluss sei noch kurz auf eine einfache Möglichkeit hingewiesen, einen Schülertext im Internet zu veröffentlichen. Auch ohne Vorkenntnisse lässt sich mit einfachen Homepage-Generatoren von den Schülern leicht eine Webseite erstellen. Diese Möglichkeit bietet z.B. lo-net (www.lo-net.de), die virtuelle Arbeits- und Kommunikationsplattform von Lehrer-Online (vgl. dazu auch den Beitrag von Fenske „Tipps und Tricks"). In wenigen Schritten melden sich Schüler in einem „Klassenraum" an, gehen dann zu der Option „Webspace" und wählen von dort den „Homepage Generator". Alles Weitere erklärt sich von selbst.

Das vorgestellte Modell kann in unterschiedlichem Umfang, je nach Klassenstufe und Anspruchsniveau, neben dem beschriebenen Schwerpunkt der medialen Beeinflussung von Texten grammatische und stilistische Fragen wiederholen, vertiefen oder erarbeiten. Auch grundlegende Aspekte des Textaufbaus und der Textrezeption lassen sich in diesem Modell in den Unterricht integrieren. Mit wenig technischem Aufwand lassen sich neue Entwicklungen mit grundsätzlichen Fragestellungen des Deutschunterrichts verbinden.

Material 1a

Arbeitsblatt Zeitungslektüre im Netz

Internetadressen einiger Tageszeitungen:
www.ksta.de
www.faz.de
www.fr.de
www.waz.de

1. Wählen Sie zwei der angegebenen oder andere Ihnen bekannte Internetadressen von Tageszeitungen aus und schauen Sie sich jeweils den Sportteil dieser Zeitung an.
2. Vergleichen Sie die beiden Zeitungsangebote und überlegen Sie, welches Ihnen mehr zusagt. Achten Sie auf Stil, Themenauswahl und Textgestaltung. Ihre begründete Einschätzung sollten Sie später vor der Klasse vortragen.

Material 1b

Arbeitsblatt Zeitungslektüre im Netz
a) Notieren Sie, wie viele Seiten Ihr Mitschüler anklickt.
b) Beobachten Sie, wie lange er ungefähr auf den einzelnen Seiten verweilt.
c) Werden Artikel ganz gelesen?
d) Wird der Bildschirmtext gescrollt?
e) Was fällt Ihnen noch an seinem Leseverhalten auf?

Material 2a

Kölner Stadtanzeiger / 20. August 2002

Geplant beispielloser Rummel um Effenberg

Der VfL Wolfsburg genießt, erstmals in der Vereinsgeschichte im Interesse zu stehen

Der Mittelfeldspieler, dessen Vertrag beim FC Bayern nicht verlängert worden war, präsentierte sich gestern in Niedersachsen.

Wolfsburg - Begleitet von beispiellosem Medienrummel hat Stefan Effenberg erstmals seine Beweggründe für den Wechsel zum VfL Wolfsburg erläutert. „Ich bin ganz sicher, dass man hier einiges bewegen kann, Platz fünf oder sechs ist möglich", sagte der 34-Jährige am Montag auf einer gut 30-minütigen Pressekonferenz in der Volkswagenstadt. Effenberg, dessen Vertrag beim Weltpokalsieger Bayern München am Ende der vergangenen Saison ausgelaufen war, wirkte bei seinem Auftritt locker und gelöst: „Ich freue mich tierisch auf diese neue Aufgabe." Die Verwunderung in der Öffentlichkeit darüber, dass der umstrittene Blondschopf sich für den eher biederen norddeutschen Werksklub entschieden habe, wollte Effenberg nicht teilen. „Es ist ein »Back-to-the-roots-Feeling«, die Strukturen hier sind doch ähnlich wie in Mönchengladbach. Ich glaube, dass hier eine ähnliche Euphorie entstehen wird", formulierte der Hamburger, dessen bis zum Saisonende gültiger Kontrakt mit zwei Millionen Euro dotiert sein soll.

Trainer Wolfgang Wolf wollte sich noch nicht festlegen, deutete aber unmissverständlich an, dass mit Effenbergs Debüt am Samstag auf der Bielefelder Alm zu rechnen sei: „Stefans Zustand ist recht gut, dass er kein Mann für die Bank ist, ist ja kein Geheimnis." Ungeachtet dieses Vertrauensvorschusses kündigte Wolfs neuer Star am Montagnachmittag und am Dienstag drei zusätzliche Trainingseinheiten absolvieren zu wollen. Klar ist bereits, dass Effenberg bei den Niedersachsen die Rückennummer zehn erhält. Dies ist der ausdrückliche Wunsch von Krzysztof Nowak. Der ehemalige polnische Nationalspieler trug in der Vergangenheit dieses Trikot, musste jedoch seine Karriere wegen einer Nervenkrankheit beenden. Als Anerkennung für die Leistungen des 26-Jährigen, der mittlerweile im Rollstuhl sitzt, sollte die Rückennummer nicht wieder vergeben werden. „Ich betrachte dies als große Auszeichnung, deshalb werde ich dieses Trikot in Ehren tragen", sagte der Neu-Wolfsburger. (sid)

Ich freue mich tierisch auf diese neue Aufgabe.
STEFAN EFFENBERG

Ankunft in der glamourösen Welt des VfL Wolfsburg: Stefan Effenberg (r.) und sein neuer Trainer Wolfgang Wolf weichen erfolgreich dem Eingang zur VfL-Gaststätte aus. Dies entsprach exakt der Ankündigung des Wolfsburger Managers Peter Pander: „Wir machen hier keinen Bezirksklassen-Fußball, wo wir hinterher grillen und Bier trinken."
BILD: BGTS

Material 3

Arbeitsblatt zum Vergleich eines Print- und Online-Artikels

1. Vergleichen Sie den Satzbau der beiden Artikel. Beschreiben Sie den Gebrauch von Haupt- Neben- und unvollständigen Sätzen.
2. Vergleichen Sie den Wortschatz der beiden Artikel. Welche Begriffe sind der Umgangssprache bzw. der gehobenen Sprachebene zuzuordnen?

3. Vergleichen Sie die thematische Ausrichtung der beiden Artikel. Welche unterschiedlichen Aspekte des Spielerwechsels werden angesprochen?
4. Versuchen Sie die Zielgruppen, für die diese beiden Artikel geschrieben sind, zu charakterisieren.
5. Warum hat man Ihrer Meinung nach den Zeitungsartikel nicht auch in dieser Form ins Internetangebot übernommen?
6. Schreiben Sie zwei eigene Artikel zu dem von Ihnen gewählten Thema. Ein Artikel soll im Internet erscheinen, der andere in einer Projektzeitung. Überlegen und entscheiden Sie, in welcher Form Sie Ihre Texte dem jeweiligen Medium anpassen sollten.
7. Diskutieren Sie den folgenden Satz: „Das Medium ist die Botschaft."

Inge Blatt

Ein Mensch denkt nach ... – Zum „Reichston" von Walther von der Vogelweide

Themenbereich: Verstehen mittelalterlicher Literatur, reflektierter Mediengebrauch
Klasse: 11–13
Stundenzahl: 12 Stunden
Voraussetzungen: Bedienung von Textverarbeitung und Internetbrowser
Technische Ausstattung: Computer im halben Klassensatz mit Word und Internetzugang
Ziele: Einen zeitlich und weltanschaulich literarischen Text mit Hilfe von Sekundärliteratur und Internet erschließen

Grundlagen und Ziele

Mit dem „Reichston" von Walther von der Vogelweide wird ein Text gewählt, der Schülerinnen und Schüler der Oberstufe in eine herausfordernde Lernsituation stellt. Um sich ein Textverständnis zu erschließen, müssen sie Begriffe klären und Literatur zu den historischen und literarhistorischen Hintergründen und Zusammenhängen heranziehen. Dabei müssen sie sich in eine ihnen fremde Gedankenwelt hineinfinden.

Da eine solche Aufgabe zeitaufwändig ist, beschränkt sich die Textarbeit auf die erste Strophe. Die beiden anderen Strophen sollen nur insoweit berücksichtigt werden, als deren Kenntnis zum Verständnis der ersten Strophe notwendig ist.

Um die Schüler zu unterstützen, erhalten sie im Unterricht systematische und methodische Anleitung und kreative Freiräume. Es wird das Lernziel verfolgt, höherrangige Verstehensfähigkeiten auszubilden. Das ist nur möglich, wenn kognitive und emotive Fähigkeiten eingesetzt werden. Dies zu betonen erscheint im Hinblick auf die PISA-Diskussion besonders wichtig, da die Gefahr besteht, dass das Pendel zu einer reinen Methodenschulung umschlägt.

Die inhaltlichen Lernziele sind darauf gerichtet,
- den „Reichston" in die historischen Zusammenhänge einzuordnen.
- die Kontroverse um die Stellung, Haltung und Intention Walthers zu erkennen und dazu begründet Stellung zu nehmen.
- die Denkerpose in dem Spruch und auf der Miniatur als Verweis auf das Richter- und Prophetenamt zu erkennen und in ihrer Bedeutung zu erfassen.
- die Sprecherrolle in ihrer Legitimationsfunktion in der Spruchdichtung zu verstehen.
- die Bedeutung der drei Werte „êre", „varnde guot" und „gotes hulde" im mittelalterlichen Weltbild und die Begründung für ihre Unvereinbarkeit zu verstehen.

Der „Reichston" ist ein exemplarischer Lerngegenstand. Die angestrebten methodischen und inhaltlichen Lernziele haben einen hohen Stellenwert in der Vorbereitung auf das Abitur. Dies rechtfertigt auch die Unterrichtszeit von zwölf Stunden.

Aufgaben, Arbeitsweise, Ablauf

Den Einstieg in die Unterrichtseinheit bildet eine produktive Schreibaufgabe. Diese Aufgabe soll wie alle weiteren Materialien in der für die Unterrichtseinheit angelegten Projektmappe eingeheftet werden. Sie kann mit der Hand oder dem Computer bearbeitet werden.

Schreiben Sie bitte als Hausaufgabe einen Text und verwenden Sie dabei folgende Vorgaben:
- Ein Mensch denkt nach.
- Er möchte herausfinden, wie man auf der Welt leben sollte.
- Es gehen ihm drei Dinge durch den Kopf, die er wichtig findet.
- Er kommt zu dem Schluss, dass sich in seinem Land etwas ändern müsse ...

Das vorstrukturierende Schreiben verfolgt das Ziel, auf die Lektüre vorzubereiten, da es einen Zugang zu dem Text aus der eigenen Lebenswelt heraus eröffnen und einer möglichen spontanen Ablehnung vorbeugen kann.

Für die Arbeit am Text erhalten die Schülerinnen und Schüler ein Arbeitsblatt mit dem Text von Strophe I in mittelhochdeutscher und neuhochdeutscher Fassung, versehen mit der Miniatur und dem Facsimile aus der Großen Heidelberger Liederhandschrift, der so genannten Manessischen Handschrift (Arbeitsblatt 1). Der Text soll anhand von sechs Aufgaben erschlossen werden (Arbeitsblatt 2).

Die Aufgaben unterscheiden sich im Hinblick auf das Anforderungsniveau und die Vorgaben (Tabelle 1):

Tabelle 1: Anforderungsniveau der texterschließenden Aufgaben

Anforderungen und Vorgaben	Aufgaben
Informationen in vorgegebenen Internetadressen finden und wiedergeben.	3 a + b) Überlieferung
Texte in vorgegebenen Internetadressen finden, kopieren und Inhalt zusammenfassen.	2) Reichston Str. 2 + 3
Informationen in vorgegebenen Internetadressen finden, auswählen, kritisch prüfen und argumentativ darstellen.	1 a + b) Leben + Werk, 4) Historischer Hintergrund
Informationen in vorgegebenen Internetadressen finden, auf Informationen aus anderen Quellen (besonders Literatur) beziehen, bewerten und interpretierend darstellen.	5) Spruchdichtung, 6) Weltbild

Die Schüler planen selbst, in welcher Reihenfolge sie die Aufgaben abarbeiten. Sie werden angeleitet, die gefundenen Informationen für jede Aufgabe in eine Datei zu kopieren und daraus eine erste Antwort zusammenzustellen, die sie im Laufe der Arbeit ergänzen und überarbeiten sollen.

In der vorläufigen Antwortfassung manifestiert sich der Ermittlungsstand. Dies bietet eine weitaus bessere Grundlage für das Weiterdenken als bloße gedankliche und mündlich geäußerte Überlegungen. Eine solche heuristische Vorgehensweise nutzen zu können, ist für eine erfolgreiche Bearbeitung größerer Schreibaufgaben sehr hilfreich. Wichtig ist, die Schüler darauf hinzuweisen, dass sie widersprüchliche Aussagen nicht glätten, um zu einer „richtigen" Antwort zu kommen, sondern mit Quellenangabe darstellen und argumentativ abwägen.

Aufgaben 1 a + b, 2a und 4 können mit Angaben aus dem Internet beantwortet werden. Die höchsten Anforderungen stellen die Aufgaben 5 und 6. Sie sind mit den Informationen aus dem Internet allein nicht zu lösen, da diese im Hinblick auf die Sprecherrolle (Prophet und Richter), vor allem aber im Hinblick auf die Bedeutung der drei Werte „Ehre", „Besitz" und „Gottes Gnade" im mittelalterlichen Wertekanon zu oberflächlich sind. So enthält z. B. die in der Linkliste angegebene Facharbeit zu Walther als politischem Dichter den richtigen Hinweis, dass das „varnde guot" ein positiver Wert ist, nicht aber den Begründungszusammenhang, dass das Streben nach Ehre wegen allzu großer „milte" die materiellen Güter beeinträchtigt (*http://www.hausarbeiten.de/rd/archiv/deutsch/deutsch-text 1030.shtml*).

Zur Lösung dieser Aufgaben erarbeiten sich die Schülerinnen Kenntnisse für ein differenzierteres Verständnis aus Sekundärliteratur. Die Literaturhinweise in Arbeitsblatt 2 sind Vorschläge, die von der Lehrkraft ergänzt werden können.

Tabelle 2: Ablauf, Stundenanzahl, Aufgaben, Mediennutzung und Sozialformen

Ablauf, Aufgaben, Stundenanzahl	Sozialformen	Mediennutzung
1) Hausaufgabe: Produktive Schreibaufgabe (Schreibaufgabe; s. S. 181). Unterricht: Vorlesen und Austausch der Texte. Planung der Unterrichtseinheit, Bilden von Zweier- und Maxiteams. Zwei Zweierteams bilden jeweils ein Maxiteam (2 Std.).	Plenum	Projektmappe
2) Hausaufgabe: Arbeitsblatt 1. Unterricht: Informationssuche im Internet anhand des Arbeitsblattes 2. Besprechung von auftauchenden Fragen in den Maxiteams (2 Std.)	Zweierteams, Maxiteams	Mappe, Internet, Textverarbeitung

Ablauf, Aufgaben, Stundenanzahl	Sozialformen	Mediennutzung
3) Hausaufgabe: Informationen aus dem Internet sichten, aufgabenrelevante Informationen auswählen und zuordnen sowie offene Fragen für die Lektüre der Sekundärliteratur ausweisen.		
Unterricht: In den Zweierteams Hausaufgaben austauschen, Sekundärliteratur sichten, auswählen und zur vertiefenden Lektüre zu Hause im Hinblick auf die noch zu lösenden Aufgaben aufteilen (1 Std.).	Zweierteam	Mappe, Buch
Klärung von offenen Fragen und Verständnisschwierigkeiten im Plenum (1 Std.).	Plenum	Tafel
4) Hausaufgabe: Die Sekundärliteratur vertiefend lesen, exzerpieren und mit den Informationen aus dem Internet für die Aufgabenlösung verbinden.		
Unterricht: Die Hausaufgaben im Zweierteam überarbeiten, Angaben überprüfen und die Lösungen in das elektronische Ergebnisblatt kopieren (Arbeitsblatt 3). Besprechung von Problemen in den Maxiteams (2 Std.)	Zweierteams, Maxiteams	Textverarbeitung, Internet, Mappe
5) Hausaufgabe: Vorbereitung der Präsentation und Diskussion der Ergebnisse.		
Unterricht: Präsentation und Diskussion der Ergebnisse, einschließlich Reflexion der Mediennutzung (2 Std.)	Plenum	Tafel/Computer + Beamer, Mappe
6) Hausaufgabe: Vergleich des selbst geschriebenen Textes mit Strophe I;		
Unterricht: Gemeinsamkeiten und Unterschiede herausarbeiten und reflektieren (2 Std.)	Plenum	Mappe, Tafel

Informationssuche im Internet

Für ihre Informationssuche im Internet erhalten die Schülerinnen eine vorausgewählte Linkliste (Arbeitsblatt 2).[1] Das „Exzerpieren" von Informationen aus dem Internet wird bei der Aufgabenbesprechung im Ple-

---

[1] Die Vorauswahl ist im Hinblick auf das Unterrichtsziel einer themenbezogenen Informationssuche sinnvoll. Internetrecherche ist ein eigenständiges Unterrichtsziel. Wenn genügend Erfahrung bei den Schülerinnen und Schülern vorliegt, können beide Ziele auch verbunden werden.

num erläutert.[2] Die Schüler kooperieren in Zweierteams und liefern gemeinsam erarbeitete Aufgabenlösungen ab. Je zwei Zweierteams schließen sich zu einem Maxiteam zusammen, um sich bei auftretenden Schwierigkeiten gegenseitig zu helfen.
Die Lehrperson berät die Teams bei der Arbeit. Sie sollte auf Fragen so eingehen, dass sie Lösungsmöglichkeiten mit den Schülern gemeinsam entwickelt. Dabei geht es vor allem darum, Lern- und Lesestrategien aufzuzeigen.

Informieren aus Sekundärliteratur und Erstellen der Aufgabenlösungen

Um die Informationen aus dem Internet zu verarbeiten, erhalten die Schüler die Hausaufgabe:
1. Sichten Sie die aus dem Internet gewonnenen Informationen und wählen Sie aus, was für die Aufgabenlösungen geeignet erscheint.
2. Notieren Sie Fragen, zu denen noch Ergänzungs- und Klärungsbedarf mit Hilfe von Sekundärliteratur besteht.

Im Unterricht tauschen die Zweierteams ihre Hausaufgaben aus und machen sich an die Arbeit, die Sekundärliteratur zu sichten. Dazu sollte ein kleiner Handapparat im Klassenzimmer oder in der Bibliothek zur Verfügung stehen, in den auch weitere Literatur aufgenommen werden kann. Die in den Literaturhinweisen angegebenen Seiten aus den Literaturgeschichten (de Boor, Scholz) sollten in Kopien im Klassensatz für die häusliche Lektüre zur Verfügung stehen. Weitere, von den Gruppen gewählte Literatur sollte ebenfalls kopiert werden. Die Zweierteams teilen die Literatur für die häusliche Lektüre untereinander auf.
Im Anschluss daran tauschen sich die Schülerinnen über ihre bisherigen Arbeitsergebnisse aus und klären offene Fragen und Verständnisschwierigkeiten im Plenum.
Die Zweierteams erarbeiten auf der Grundlage aller Vorarbeiten die Lösungen für die ausstehenden Aufgaben am Computer. Jeder hatte zu Hause seinen Teil der Sekundärliteratur gelesen und aufgabenrelevante Aussagen exzerpiert. Die Teams überprüfen alle Quellenangaben, speichern ihre Datei und drucken sie aus.

---

2 Die Schüler kopieren Textstellen mit „copy" und „paste" pro Aufgabe und mit Quellenangabe in eine Datei.

Als Hausaufgabe bereitet sich jeder auf den Austausch der Aufgabenlösungen in den beiden folgenden Stunden vor. Die Schüler sollen ihre Interpretation zu den Aufgaben 5 und 6 pointiert und argumentativ in die Diskussion einbringen sowie die historischen und literarhistorischen Hintergründe mündlich erläutern können.

Diskutieren und Reflektieren der Arbeitsergebnisse

Im Unterrichtsgespräch stehen die unterschiedlichen Positionen zur Stellung Walthers und zur Bewertung seiner Schreibintention sowie die Vielschichtigkeit des Spruches zur Diskussion: Die Rangordnung der Güter im höfischen Denken, das dualistische Weltbild und die staufische Wendung zum Diesseits; der Symbolgehalt der „Denkerpose" (Seher, Richter, Stein); der Aufbau der Autorität in der Sprecherrolle; die Beziehung zwischen innerer und äußerer Ordnung im Bild der Wegelagerei.

In der anschließenden Reflexion zur Mediennutzung vergleichen die Schüler die Arbeit im Internet und mit der Sekundärliteratur hinsichtlich der Anforderungen und des Nutzens. Abschließend erfolgt eine vergleichende Betrachtung der selbst geschriebenen Texte und des „Reichstons" unter der übergeordneten Frage nach der Gegenwartsbedeutung des Spruches. Mögliche Impulse sind:

– Es gibt zwei Grundeinstellungen:
  1. Die menschlichen Grundprobleme bleiben immer dieselben.
  2. Die menschlichen Grundprobleme sind je nach Zeitperiode total verschieden.

  Welcher Auffassung neigen Sie zu, wenn Sie Ihren Text mit dem „Reichston" vergleichen.
– Hätten Sie einen anderen Text geschrieben, wenn Sie die Entstehungszeit des Textes vor dem Schreiben gekannt hätten?
– Hat Sie die Textarbeit zum Nachdenken über Wertvorstellungen und Probleme unserer Zeit angeregt? Wenn ja, konnten Sie dadurch Erkenntnisse gewinnen, die für Sie eine Bedeutung haben?

Mögliche Lernerfolgskontrollen

Die Unterrichtseinheit soll für die Schülerinnen einen Lernraum bieten, also sollte die Bewertung von der Projektarbeit abgetrennt werden. Ist bereits der Unterricht eine Konkurrenzveranstaltung um die besten Noten, so werden die Chancen des kooperativen und heuristischen Lernens vertan.

Ein Mensch denkt nach ...

Für die Lernerfolgskontrolle bietet sich vor allem die Ausarbeitung von Arbeitsergebnissen als schriftliche Hausarbeit oder als Facharbeit an. Das Schreiben ist dabei auch eine Form der Ergebnissicherung. Da die Schüler zu Hause mehr Zeit haben als in einer Klausur und da sie auf alle Vorarbeiten zurückgreifen können, werden an die Hausarbeit hohe Bewertungsmaßstäbe angelegt.
Arbeitsaufträge können sein:
– Vergleich des selbst geschriebenen Textes mit dem „Reichston" unter dem Aspekt der Gegenwartsbedeutung
– Umschreiben des eigenen Textes anhand des in der Unterrichtseinheit erzielten Erkenntnisgewinns mit Reflexion
– Anleitung für eine erfolgreiche Mediennutzung im Hinblick auf die Chancen von Internet und Buch, die notwendigen Anforderungen und die Bewältigung dieser Anforderungen
– Anleitung für das Schreiben einer Klausur im Hinblick auf die erforderlichen Kenntnisse und deren Darbietung. Das kann an der Interpretation der 1. Strophe des „Reichston" exemplarisch aufgezeigt werden.

Vergleichbare Arbeitsaufträge in reduzierter Form können auch als Klausuraufgaben gestellt werden.

Arbeitsblatt 1

Unterrichtseinheit „Reichston"
Anweisungen zum Erstellen eines Arbeitsblattes

Übersetzt von Peter Wapnewski,
Fischer-Bücherei 732, 125

Hausaufgabe: Lesen Sie die mittelhochdeutsche und neuhochdeutsche Fassung aufmerksam durch und schreiben Sie alles heraus, was Ihnen inhaltlich unklar ist und was Sie wissen möchten. Zu diesen Punkten können Sie in der nächsten Unterrichtsstunde Informationen aus dem Internet suchen.

Arbeitsblatt 1 auf Seite 188/189

Walther von der Vogelweide: Die Lieder im „Reichston"

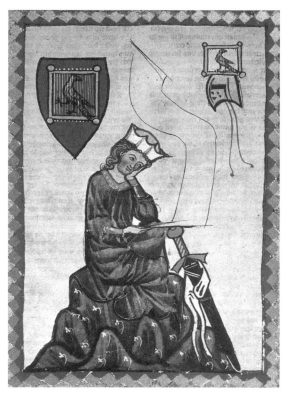

Erläuterungen:
1) inf. decken: bedecken
2) inf. smiegen: schmiegen, hineindrücken
3) meine eine Wange
4) adv. enge, sorgfältig, eindringlich
5) von denen keines verloren ginge (ohne dass eines Schaden nähme)
6) (Neutrum als Zusammenfassung von Substantiven mit verschiedenem Genus) die einander oft Abbruch tun
7) übergulte – was an Geltung etwas anderes übertrifft (lexikalisch möglich wäre auch übergulde als Übergoldung)
8) Kasten für Kleider, Kostbarkeiten, Reliquien
9) dazu
10) Versteck, Hinterhalt
11) haben keinen Schutz (keine Sicherheit), wenn nicht

Strophe 1
„Ich saz ûf eime steine"

Mittelhochdeutscher Text:

Ich sâz ûf eime steine
und dahte 1) bein mit beine:
dar ûf satzt ich den ellenbogen.
ich hete in mîne hant gesmogen 2)
daz kinne und ein mîn wange 3)
dô dâhte ich mir vil ange 4)
wie man zer werlte solte leben.
deheinen rât kond ich gegeben,
wie man driu dinc erwurbe, 10
der keinez niht verdurbe 5).
die zwei sint êre und varnde guot,
daz 6) dicke einander schaden tuot:
daz dritte ist gotes hulde,
der zweier übergulde 7).
die wolte ich gern in einen schrîn 8).
jâ leider desn mac niht gesîn,
daz guot und weltlich êre
und gotes hulde mêre 9)
zesamene in ein herze komen. 20
stîge unde wege sint in benomen:
untriuwe ist in der sâze 10),
gewalt vert ûf der strâze,
fride und reht sint sêre wunt. 24
diu driu enhabent geleites niht 11),
die zwei enwerden ê gesunt.

Neuhochdeutsche Übersetzung:

Ich saß auf einem Stein,
und schlug ein Bein über das andere.
Darauf stützte ich den Ellenbogen.
Ich hatte in meine Hand geschmiegt
das Kinn und meine eine Wange.
So erwog ich in aller Eindringlichkeit,
wie man auf dieser Welt zu leben habe.
Keinen Rat wusste ich zu geben,
wie man drei Dinge erwerben könne,
ohne dass eines von ihnen verloren ginge.
Zwei von ihnen sind Ehre und Besitz,
die einander oft Abbruch tun;
das dritte ist die Gnade Gottes,
weit höher geltend als die beiden andern.
Die wünschte ich in ein Gefäß zu tun.
Aber zu unserem Leid kann das nicht sein,
dass Besitz und Ehre in der Welt
und dazu Gottes Gnade
zusammen in ein Herz kommen.
Weg und Steg sind ihnen verbaut,
Verrat lauert im Hinterhalt,
Gewalttat zieht auf der Straße,
Friede und Recht sind todwund:
bevor diese beiden nicht gesunden,
haben die drei keine Sicherheit.

Arbeitsblatt 2

Aufgaben für die Informationssuche mit Linkliste und Literaturhinweisen

a) Aufgaben und Linkliste

Aufgaben	Linkliste
1. Leben und Werk Walthers: a) Wählen Sie für das Verständnis des „Reichstons" wichtige Informationen aus. b) Ergänzen Sie in Arbeitsblatt 1 das Entstehungsdatum des „Reichstons".	Kurzinformationen zu Leben und Werk: http://www.geschichte.2me.net/bio/cethegus/w/walthervdv.html http://www.aeiou.at/aeiou.encyclop.w/w162790.htm http://www.gutenberg2000.de/extern/ext.htm http://encarta.msn.de/find/Concise.asp?z=1&pg=2&ti=761575741 http://www.gedichtepool.de/autorw_vogelw.htm Referat: http://hausarbeiten.de/rd/archiv/germanistik/germ-vogelweide.shtml
2. Strophen 2 und 3 des „Reichstons": a) Geben Sie den Inhalt der beiden Strophen kurz wieder. b) Kopieren Sie die beiden Strophen mit Entstehungsdatum in das Arbeitsblatt 1.	Texte: http://www.emory.edu/GERMAN/Walther/ http://www.zum.de/Faecher/D/Saar/gym/litgebs3.htm http://www.zum.de/Faecher/D/Saar/gym/litgebs4.htm http://www.gutenberg2000.de/extern/ext.htm
3. Überlieferung: a) In welchen Handschriften ist der „Reichston" überliefert? b) Aus welcher Handschrift stammen die Miniatur und der Text in Arbeitsblatt 1?	Texte und Handschriften: http://www.emory.edu/GERMAN/Walther/ Referat: http://www.hausarbeiten.de/rd/archiv/germanistik/germ-vogelweide/ germ-vogelweide.shtml Miniaturen: http://www.fh.augsburg.de/~harsch/germanica/Chronologie/13Jh/ Walther/wal_ge00.html http://www.fh.augsburg.de/~harsch/germanica/Chronologie/13Jh/ Walther/wal_intr.html
4. Historischer Hintergrund: Erläutern Sie den geschichtlichen Zusammenhang im „Reichston".	Artikel: http://encarta.msn.de/find/Concise.asp?z=1&pg=2&ti=761595251#s40 http://www.zum.de/Faecher/D/Saar/gym/litgebs2.htm http://home.bn.ulm.de/%7Eulschrey/walther/ichsaz.html

Ein Mensch denkt nach ...

Aufgaben	Linkliste
5. Spruchdichtung: Was charakterisiert den „Reichston" als „Spruchdichtung"? Gehen Sie dabei vor allem auf die Sprecherrolle und die Intention des Autors ein.	Definition: http://www.aeiou.at/aeiou.encyclop.s/s723460.htm http://www.netschool.de/deu/schulw/oberst/glss_s2.htm#s21 Facharbeit: Walther von der Vogelweide als politischer Dichter http://www.hausarbeiten.de/rd/archiv/deutsch/deutsch-text1030.shtml
6. Weltbild: Was ist die Hauptaussage von Strophe 1? Erläutern Sie in diesem Zusammenhang die Begriffe „êre", „gotes hulde" und „varnde guot" im Verständnis des mittelalterlichen Weltbildes.	Glossar: http://www.ubka.uni-karlsruhe.de/vvv/2001/geist-soz/3/Werte/ Facharbeit: Walther von der Vogelweide als politischer Dichter http://www.hausarbeiten.de/rd/archiv/deutsch/deutsch-text1030.shtml
Für alle Aufgaben:	Facharbeit: Walther von der Vogelweide als politischer Dichter http://www.hausarbeiten.de/rd/archiv/deutsch/deutsch-text1030.shtml Suchmaschine: http://www.google.com/

b) Hinweise auf Sekundarliteratur
Beyschlag, Siegfried 1971 (Hrsg.): Walther von der Vogelweide, Darmstadt (=Wege der Forschung, Bd. 112)
De Boor, Helmut 1953: Geschichte der deutschen Literatur. München: Beck. Bd. 2. S. 17–19 (Wertesystem), S. 292–294 (Biografie), S. 312–321 (Spruchdichtung)
Scholz, Manfred Günter, 1999. Walther von der Vogelweide. Stuttgart und Weimar: Metzler. S. 38–47 (Sangspruchdichtung, historischer Hintergrund, Reichston).

Arbeitsaufträge:
1. Kopieren Sie die ausgewählten Informationen aus dem Internet in je eine Datei, um sie zu bearbeiten und gegebenenfalls durch Wissen aus Sekundärliteratur zu ergänzen. Geben Sie immer die Quelle an. Machen Sie einen Ausdruck für die Bearbeitung.
2. Ergänzen und überprüfen Sie Ihre Informationen aus dem Internet anhand von Sekundärliteratur.

Nino Moritz

Internetliteratur – Literatur im Internet

Themenbereich: Verstehen und Verfassen von fiktionalen, insbesondere lyrischen Texten
Klasse: 11–13
Stundenzahl: 6–10 Stunden
Voraussetzungen: Grundlagenkenntnisse im Umgang mit dem Computer, Eingabe von URL, Navigieren auf Webseiten
Technische Ausstattung: Für zwei Schüler je ein Computer (mit Internetzugang)
Ziele: Interesse an Internetliteratur wecken und diese nutzen, um klassische Gegenstände des Deutschunterrichts spannend zu gestalten; Förderung eines sinnvollen und kritischen Umgangs mit den neuen Medien; Auseinandersetzung mit der eigenen Kreativität

Internetliteratur, Hyperfiction, Hypertext – was versteht man darunter?

In den letzten Jahren entwickelte sich auch im deutschsprachigen Raum eine neue Form von Literatur, die sich vom bedruckten Papier abwandte und neue mediale Wege suchte: Internetliteratur. Damit ist nicht Literatur im Internet gemeint, die zwar im Internet publiziert wird, jedoch ohne Verlust in gedruckter Form erscheinen kann. Internetliteratur greift die neuen Medien in produktiver Weise auf und nutzt die technischen Möglichkeiten, die der Computer und vor allem das Internet bietet. Sie unterscheidet sich aufgrund ihrer Medialität entscheidend von gedruckten Texten und lässt sich nicht in adäquater Weise auf dem Papier repräsentieren. Es sind insbesondere die Aspekte der Interaktivität und der vernetzten Kommunikation, die einen großen Teil der Internetliteratur prägen. So finden sich zahlreiche kollektive Schreibprojekte im Netz, bei denen jeder Leser zum Autor werden kann, indem er sich in den stets anwachsenden Text einschreibt und die Grenze zwischen Autor und Rezipient auflöst.
Davon zu unterscheiden sind *Hyperfictions,* literarische Texte, die sich des Phänomens Hypertext bedienen. Dabei handelt es sich im Grunde um einen elektronischen Text, der aus mehreren Segmenten besteht, die über Links miteinander verbunden sind. Diese führen per Mausklick zu einem neuen Text. Ein Hypertext enthält meist mehrere Links, der Leser entscheidet, welchem Link er folgt oder ob er sie ignoriert. Die lineare Ordnung des Textes, die wir in der Regel von gedruckten Texten kennen, ist aufgehoben, wodurch eine völlig neue Leseerfahrung entsteht. Neben Tex-

Internetliteratur

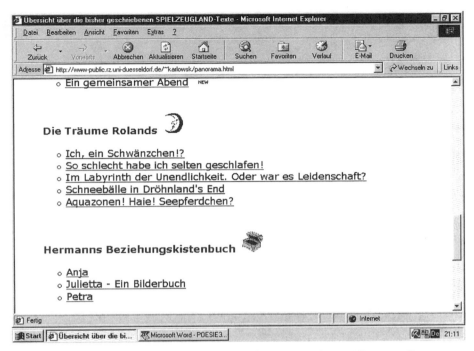

Abb. 1: Inhaltsangabe von „Spielzeugland", die unterstrichenen Wörter stellen die Links dar, die zu anderen Textpassagen führen.

ten können Hyperfictions auch Grafiken, Musik, Geräusche, Computeranimationen und Videosequenzen enthalten.[1]
Als repräsentatives Beispiel eines solchen Internettextes ist das Mitschreibeprojekt „Spielzeugland" zu nennen, auf das im Rahmen der Unterrichtsvorschläge noch näher eingegangen wird. Dieser netzartig angelegte Text dreht sich um das Schicksal einer Wohngemeinschaft in einem Industriegebiet des Rheinlandes. Durch Inhaltsangaben und Übersichten wird zwar der Überblick erleichtert, die Linearität des Textes ist aber durch die Hypertextfunktion durchbrochen. Der Text hat weder einen klar definierten Anfang oder Schluss, noch eine festgelegte Reihenfolge, es ist

---

[1] Vgl. Wegmann, Thomas: Verschaltbar statt haltbar? Eine unvollständige Bestandsaufnahme zur Literatur im Internet, in: Harder, Matthias (Hrsg.): Bestandsaufnahmen. Deutschsprachige Literatur der neunziger Jahre aus interkultureller Sicht. Würzburg, Königshausen und Neumann, 2001, S. 47.

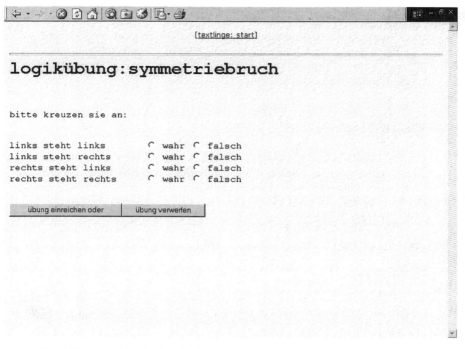

Abb. 2: Ein Beispiel für Hyperlyrik

ein offener Text, der aus vielen einzelnen Segmenten besteht, die über Links miteinander verknüpft sind (vgl. Abbildung 1). Die Reihenfolge, in denen die einzelnen Passagen gelesen werden, bestimmt jeder einzelne Leser selbst. Darüber hinaus besteht die Möglichkeit, selbst zum Co-Autor zu werden, indem man ein Textstück verfasst und es per E-Mail an das Projekt schickt, wobei man selbst bestimmt, an welcher Stelle des bisherigen Textes der Link gesetzt werden soll, der den eigenen Beitrag mit dem bisher Geschriebenen verbindet.

Eine zentrale Stellung innerhalb der Internetliteratur nimmt die Gattung Lyrik ein, die sich durch besondere Experimentierfreudigkeit auszeichnet. Die oben beschriebenen Merkmale von Internetliteratur finden sich bei Internetgedichten in konzentrierter Form: Interaktivität und Hypertexte beziehungsweise Hypermedia.

Die unterschiedliche Struktur von Internetliteratur hat Folgen für den Deutschunterricht. Sie verändert unseren Begriff vom Autor und seinem

Werk, ja unseren Literaturbegriff insgesamt. Der Leser wird zum Mitautor, die Grenze zwischen beiden löst sich auf. Im Fall der Hyperfictions organisiert der Leser den Text mit, wenn auch im Rahmen der vom Autor vorgegebenen Alternativen. Er entscheidet, welchen Links er folgt und welche er ignoriert. So werden bei komplexen Hyperfictions kaum zwei Rezipienten dieselbe Lesart eines Textes vorlegen, weil der Text jedes Mal wieder ein anderer ist. Der Leser liest in seiner individuellen Zusammenstellung einen Text, den der Autor nicht kennt, da dieser zuvor eine derartige Fülle von Kombinationsmöglichkeiten geschaffen hat, die er selbst nicht alle nachvollziehen kann. Damit stehen zentrale Grundfesten unseres Literaturverständnisses wie etwa die Einheit des Textes oder die Intentionsmöglichkeit des Autors in Frage.[2] Der besondere Charakter dieser Texte liegt demnach in der Offenheit und im Unabgeschlossenen. Die Desorientierung wird nicht als Mangel empfunden, sondern zum Prinzip erhoben, das Chaos und die Brüche werden in den Texten eigens thematisiert.[3] Mit dem Internet ist ein neues literarisches Genre entstanden, das aufgrund seiner Andersartigkeit, die in einem engen Verhältnis zu seiner Medialität steht, Literaturerfahrungen anbietet, die bislang nicht möglich waren.

Internetliteratur im Deutschunterricht

Die Auseinandersetzung mit Internetliteratur bietet die Möglichkeit, zentrale Aspekte des Literaturunterrichts für die Schüler spannend zu gestalten und sie an klassische Themen unseres Faches heranzuführen. So regen Internettexte durch ihren stark experimentellen Charakter zu grundlegenden Überlegungen über Literatur und ihre Gattungen an, im Sinne von: Was ist Literatur? Oder was ist ein Gedicht? Auch können in diesem Zusammenhang Bewertungskriterien für Literatur besprochen werden: Was macht einen „guten" Text aus und lässt sich das überhaupt so klar bestimmen?
Schülern ein Bewusstsein dafür zu vermitteln, in welch engem Verhältnis ein Kunstwerk zu seiner Medialität steht, scheint gerade angesichts der

---

2 Dies hat dazu geführt, in den neuen literarischen Formen eine Verkörperung postmoderner Theorien zu sehen, wie sie sich etwa bei Jacques Derrida oder Michel Foucault finden. Vgl. Simanowski, Chaos und Vergnügen, S. 137.
3 Vgl. Simanowski, Roberto: Chaos und Vergnügen. Literatur im Internet, in: Neue deutsche Literatur, 48. Jahrgang, 531. Heft, Mai/Juni 2000, S. 141.

immer komplexer werdenden Medienlandschaft wichtig und sinnvoll. Indem die Möglichkeit besteht, gewisse Eigenheiten verschiedener Medien am Beispiel von Literatur aufzuzeigen, lässt sich darüber auch der Umgang mit den entsprechenden Medien reflektieren und ein vernünftiger Umgang mit ihnen entwickeln. Diese Medienkompetenz zu erreichen, kann natürlich nur langfristiges Ziel sein.

Nicht zuletzt bietet Internetliteratur die Möglichkeit, die Kreativität der Schülerinnen und Schüler zu fördern. Ohne großen Aufwand kann man im Internet selbst literarisch tätig werden und sich einem Schreibprojekt anschließen. Die Teilnahme an solchen Projekten motiviert, da am Ende des Prozesses eine Publikation steht, die unabhängig vom Internet schwerer zu realisieren ist.

Unterrichtsideen

Die vorgestellten sechs Unterrichtsideen können aufeinander aufbauend oder als Einzelmodule im Deutschunterricht eingesetzt werden. Es werden verschiedene Formen von Internetliteratur behandelt: Internetlyrik, Lyrikgeneratoren und eine Hyperfiction, die zugleich ein Online-Mitschreibprojekt ist.

Da das Internet ein sehr schnelllebiges Medium ist, kann es vorkommen, dass sich die angegebenen Internetadressen (trotz größter Sorgfalt bei der Auswahl) im Laufe der Zeit ändern. Gute Orientierung auf der Suche nach anderen geeigneten Beispieltexten bieten die teilweise kommentierten Listen unter *http://www.hyperfiction.ch* und *http://www.cyberfiction.ch*

Internetlyrik

Zunächst geht es darum, dass die Schülerinnen und Schüler Erfahrungen mit Internetliteratur sammeln, da dieses Genre ihnen weitgehend unbekannt sein dürfte. Als Einstieg bietet sich Internetlyrik an, da es in der Motivationsphase sinnvoll ist, kleinere Texte vorzustellen, damit das Lesepensum nicht so hoch ausfällt. Hierzu eignen sich die Texte von Olaf Koch *(http://www.holarchy.com,* Rubrik *Literatur)* in besonderer Weise: Er greift die Möglichkeiten des neuen Mediums auf, weiß sich gleichzeitig aber dem Erbe der Konkreten Poesie verpflichtet, was einen Vergleich zu dieser Literatur nahe legt.

Zunächst sollte den Schülerinnen und Schülern genügend Zeit gegeben werden, die Texte Kochs zu lesen beziehungsweise mit den interaktiven Texten in Dialog zu treten. Durch die Hypertextfunktion und die Interaktivität der Texte, das Anklicken eines Links oder das Schreiben und Verschicken einer E-Mail ist der Lesevorgang sehr viel aktiver als bei herkömmlichen Texten. Dafür sollten die Schüler in der ersten Phase ein Gefühl entwickeln. Erst in einem zweiten Schritt wird dann ein Arbeitsblatt ausgegeben, auf dem eine Liste mit Gedichten steht, die für die weiteren Überlegungen besonders interessant sind (vgl. Material 1). Nach dieser ersten Erarbeitungsphase wird das Erlebte anhand von Fragen, die sich ebenfalls auf dem Arbeitsblatt befinden, reflektiert. Dabei ist es sinnvoll, die Erarbeitungsphase deutlich von der Reflexionsphase abzuheben.

Internetlyrik und Konkrete Poesie

Wenn nicht bereits beim ersten Zugriff auf das Thema geschehen, so sollte spätestens beim Vergleich von Kochs Internetlyrik mit gedruckter Konkreter Poesie eine Klärung der Begriffe erfolgen. Beispiele für Konkrete Poesie finden sich auf einem weiteren Arbeitsblatt, das zu Beginn der Stunde verteilt wird (vgl. Material 2). Hier wird deutlich, dass die experimentelle Internetliteratur in einer bestimmten Tradition steht. Teilweise haben Verfechter der Konkreten Poesie selbst begonnen, sich im Internet zu Wort zu melden, wie etwa Reinhard Döhl.[4] Die Beispiele veranschaulichen, dass schon vor den Experimenten der digitalen Literatur versucht wurde, die Linearität herkömmlicher Texte aufzulösen und damit die Einheit des Textes in Frage zu stellen. Insofern ist die Internetlyrik Koch'schen Zuschnitts durchaus als Weiterführung der konkreten Poesie mit Hilfe der neuen Medien zu bewerten. Um diese nichtlineare Struktur der Texte herauszufinden, sollte man nach Möglichkeiten suchen, diese Texte vorzulesen oder darzustellen. Dabei fällt sofort auf, dass die Texte anders funktionieren als herkömmliche. Eugen Gomringers Wind-Gedicht etwa (vgl. Material 2) lässt sich nicht vorlesen, man kann aber z. B. ein Standbild entwerfen, bei dem jeweils ein Schüler einen Buchstaben darstellt, um so das Gedicht zum Ausdruck zu bringen. Auf diesem Wege wird deutlich, dass die Form des Gedichtes im Vordergrund steht im Vergleich zum Inhalt dieses Textes. Dies wiederum ist eines der charakteristischen Merkmale der Konkreten Poesie sowie der Internetlyrik: Wörter oder auch Sym-

---

4 Vgl. Hohmann, Pegasus im Cyberspace, S. 73.

bole werden zum Material, mit dem optisch, in manchen Fällen auch akustisch gespielt wird.

Es empfiehlt sich, einen Lyrikordner anzulegen und Internettexte zu sammeln, auf die dann immer wieder zurückgegriffen werden kann. Dies ist selbstverständlich nur bei den Texten sinnvoll, die nicht in erster Linie interaktiv sind.

Der unkonventionelle Charakter der Texte eignet sich hervorragend, um Diskussionen über gattungstheoretische oder Qualitätsfragen einzuleiten: Was ist eigentlich ein Gedicht? Was ist Kunst? Ist Kochs *Aufstand der Links* ein „besseres" Gedicht als Jandls *wettrennen?* Kann Internetlyrik als mediale Weiterentwicklung Konkreter Poesie angesehen werden? Daran anknüpfend lässt sich die Konkrete Poesie wiederum mit ihren Vorläufern in Beziehung setzen, mit der Lyrik des Expressionismus oder des Dadaismus. Christian Morgensterns *Die Trichter* oder *Fisches Nachtgesang* bieten sich zum Vergleich an.

Lyrikgeneratoren

Diese Einheit hat ein Phänomen zum Gegenstand, das bislang noch nicht zur Sprache kam: Lyrikmaschinen. Diese Form von künstlicher Kreativität gab und gibt es zwar auch unabhängig vom Internet, sie hat aber dank des neuen Mediums eine völlig neue Form der Verbreitung gefunden. Als repräsentatives Beispiel für diese Gattung sind „Günthers geniale Gedichtgeneratoren" zu nennen *(http://www.in-chemnitz.de/guenther.gehl/index.html).* Der Leser hat hier die Gelegenheit, Stichworte einzugeben und sich Gedichte oder auch Werbeslogans verfassen zu lassen, in denen der Generator die von ihm eingegebenen Stichworte verwendet.

Am Anfang dieses Teils der Einheit steht das Verfassen von Gedichten in oben beschriebener Weise. Dies kann in einer Einzelarbeitsphase geschehen, an die sich eine Präsentation der Ergebnisse anschließt. Die nun folgende Reflexionsphase kann wieder in Gruppenarbeit erfolgen, in der die Schüler die Fragen auf einem Arbeitsblatt beantworten. Diese Fragen beziehen sich in erster Linie auf die Urheberproblematik dieser Texte: Der Leser wird aktiv in den Entstehungsprozess dieser Texte einbezogen, indem er einem Gedichtautomaten die Stichworte liefert. Die Grenze zwischen Autor und Rezipient wird aufgelöst, wer ist überhaupt der Autor? An dieser Stelle wird der Unterschied zu gedruckten Gedichten, die von einem klar fixierbaren Autor abgeschlossen und veröffentlicht werden, klar. Bei herkömmlicher Literatur hat der Leser keinerlei Einfluss auf die

Entstehung der Texte, seine Rolle ist passiv. Darüber hinaus lässt sich das Phänomen der künstlichen Kreativität kritisch reflektieren. Lässt sich formal oder auch inhaltlich erkennen, dass eine Maschine das Gedicht geschrieben hat? Gibt es Unterschiede zwischen Computergedichten und Lyrik von Menschen? Was können Menschen, was der Computer nicht kann und umgekehrt?

Internetprosa

Internetprosa zum Gegenstand von Unterricht zu machen, bringt einige Probleme mit sich, da die meisten Texte von einem Umfang sind, dass sie online innerhalb einer vertretbaren Unterrichtszeit kaum mehr zu rezipieren sind. So gehört Norman Ohlers Roman „Die Quotenmaschine" sicherlich zu den interessantesten Beispielen der Hyperfictions, aber selbst die Kompaktfassung wäre nur in einem größeren Zeitrahmen zu bewältigen (http://www.wildpark.de/quotenmaschine). Hinzu kommt die Schwierigkeit, dass diese Texte oft nicht jugendfrei und insofern für den Schulunterricht ungeeignet sind. Wer es wirklich überschaubar und absolut unbedenklich möchte, für den empfehlen sich Franziska Schröders „Minis", hier besonders der Hyperkrimi *Was nun, Tim?* (abrufbar über die ohnehin sehr hilfreiche Seite http://www.textgalerie.de). Der folgende Vorschlag greift allerdings einen anderen Text auf, da er den Vorteil bietet, dass er nicht nur eine Hyperficition ist, sondern auch ein offenes *Collaborative Writing*-Projekt, bei dem die Möglichkeit besteht, sich anzuschließen und selbst ein Textsegment zu verfassen. Textrezeption und -produktion können hier also sehr eng miteinander verbunden werden. Die Rede ist von dem bereits erwähnten „Spielzeugland", einem Text, an dem maßgeblich Schülerinnen und Schüler als Rezipienten und Autoren beteiligt sind *(http://www-public.rz.uni-duesseldorf.de/~karlowsk/spiel.html).* Der Umfang des Textes lässt sich gut in einer Doppelstunde bewältigen, wobei damit nicht gemeint sein kann, den vollständigen Text oder jede erdenkliche Kombination des Textes zu erfassen. Dass dies nicht möglich ist, soll ja gerade deutlich werden. Die Schüler erhalten den Auftrag, den Text (oder besser: Teile des Textes) zu lesen, wobei sie in der Wahl der Links, die sie verfolgen, völlig frei sind. Allerdings soll über jedes Textsegment, das sie über das Anklicken eines Links erreichen, ein Protokoll erstellt werden.[5] Dieser Arbeitsschritt sollte zu Beginn der Stunde an

---

5 Diese Idee stammt von Kepser, Internetliteratur im Deutschunterricht, S. 118.

einem Beispiel verdeutlicht werden, damit die Zusammenfassungen nicht zu ausführlich ausfallen. Das Lesen und Zusammenfassen des Textes sollte in Gruppen erfolgen, um eine überschaubare Anzahl verschiedener Lesarten zu erhalten, die sich in der Lektüre der Hyperfiction ergeben werden. Die anschließende Reflexionsphase kann mit der Präsentation der unterschiedlichen Lesarten beginnen. Dabei sammelt ein Repräsentant aus jeder Gruppe die Protokolle beispielsweise auf einem Plakat und präsentiert diese der Klasse. In der anschließenden Diskussion können die Aspekte herausgearbeitet werden, die im Zusammenhang mit dem Phänomen Hypertext bereits angesprochen wurden. Durch die unterschiedlichen Lesarten bekommen die Schüler ein Gefühl dafür, dass dieser Text anders strukturiert ist als ein herkömmlicher Text. Die Linearität und Einheit des Textes werden aufgelöst, die Schüler springen per Mausklick von Textstück zu Textstück, manchmal landen sie sogar auf anderen Internetseiten. Dieser grundsätzlich andere Aufbau von Texten erfordert ein grundlegend anderes Rezeptionsverhalten, die Schüler stoßen mit ihren Lesegewohnheiten immer wieder an Grenzen, die Konvention wird unterminiert. Anhand eines solchen Beispiels lässt sich natürlich trefflich über die Veränderung unseres Rezeptionsverhalten durch die neuen Medien diskutieren. Darüber hinaus ließe sich die Frage nach der Intention eines solchen Textes stellen und herausfinden, dass auch die Bewertung des Autors anders ausfallen muss. Der Autor ist nicht mehr Herr über seinen Text, die Leser ordnen den Text mit und erstellen ihre eigenen, individuellen Lesarten, wobei nicht selten die Gefahr besteht, sich in den zahllosen Möglichkeiten der Hypertexte zu verlieren.

Teilnahme an einem Mitschreibprojekt

Hier werden die Schülerinnen und Schüler selbst zu Internetautoren, verlassen die passive Leserrolle und werden selbst kreativ. Im Fall des Mitschreibeprojekts „Spielzeugland" ist dies denkbar einfach: Man sucht sich eine Stelle in der bereits vorhandenen Hyperfiction, in die man einen eigenen Text integrieren möchte und schickt diesen per E-Mail an das Projekt. Die neuen Beiträge werden im Laufe eines Monats in das bestehende Werk aufgenommen. In diesem Fall sollte von der Arbeit in Gruppen Abstand genommen werden, da der Prozess des kreativen Schreibens besser in Einzelarbeit zum Teil auch zu Hause erfolgt. Zudem würde dieser Teil eine eigene Nachbereitungsstunde benötigen, wenn die Texte im Netz erschienen sind.

Neben dem Erlebnis der eigenen Kreativität erfahren die Schüler hier, dass Internetliteratur oftmals die Möglichkeit zur eigenen Autorschaft birgt, ein zentraler Aspekt, der sie von herkömmlichen Texten grundlegend unterscheidet. Der Leser wird zum Co-Autor und gestaltet den Text mit, verändert ihn. So kann das, was vorher in der Analyse der Internetliteratur herausgearbeitet wurde, zur Erfahrung werden.

Abschließende Bewertung

In einem abschließenden Unterrichtsgespräch sollten die Spezifika des Internet gegenüber dem Printmedium eruiert werden. In Bezug auf das Medium Internet wären etwa die schnelle Aktualisierbarkeit der Daten, die Interaktivität, die den Leser an dem Prozess der Entstehung beteiligt und die nahezu unbegrenzte Möglichkeit der Vernetzung mit jedem erdenklichen Datenbestand im Internet positiv zu bewerten. Demgegenüber kritisch anzumerken wäre unter anderem die Kurzlebigkeit von Daten im Netz, wodurch viel verloren geht. Die mangelnde Ordnung und Linearität im Netz kann zwar als Chance für Unbegrenztheit, aber auch als Gefahr gewertet werden, dass man sich im unendlich scheinenden Datennetz verirrt. Nicht zuletzt ist auch das sinnliche Erleben je nach Medium ein sehr unterschiedliches.

Material 1)

1. Geben Sie die Adresse *www.holarchy.com* ein.
2. Klicken sie den Link „Literatur" an. Dort finden sie einen weiteren Link namens texte.schnellzugriff. So erhalten Sie eine Liste mit allen auf dieser Seite erhältlichen Texten. (Tipp: Über die Funktion „zurück" kommen Sie am leichtesten wieder zu „texte.schnellzugriff" zurück)
3. Im Folgenden steht eine Liste mit Gedichten, die in jedem Fall „gelesen" werden sollten.

- alles lügt, alles log
- am PC
- Aufstand der Links
- das ist ein Gedicht
- die verborgene Seite des Autors
- durchsichtiger Link
- Hypertext an sich
- Information pushing
- klick – klick
- mode mit rn
- Standortfragen
- Tunnelblick
- flimmerkiste
- Meditation über Ticker

Fragen:
- Inwiefern unterscheiden sich diese Texte von herkömmlichen, gedruckten Gedichten?
- Welche Dinge sind im Medium Internet möglich, die auf dem Papier nicht möglich sind?

Material 2)

Aufgabe:
Vergleichen Sie diese Texte mit den Internetgedichten von Olaf Koch. Wo liegen Gemeinsamkeiten und Unterschiede und wie kommen die Unterschiede zustande?

Material 3)

1. Geben Sie die Adresse *www.in-chemnitz.de/~gg/index/html* ein.
2. Verfassen Sie mit Hilfe des Gedichtgenerators und des Sloganizers Texte. Kopieren Sie Ihre Ergebnisse in eine eigene Datei, indem sie die Texte markieren, die rechte Maustaste bedienen und auf „Kopieren" klicken. In der gewünschten Datei ebenfalls die rechte Maustatste drücken und „Einfügen" anklicken.

Fragen:
- Wer ist der Autor dieser Gedichte?
- Inwieweit verändert sich hier die Rolle des Lesers?
- Inwieweit verändert sich das Verhältnis zwischen Autor und Leser?
- Unterscheidet sich ein Computergedicht von menschlicher Lyrik, wenn ja wie?
- Was kann der Mensch, was der Computer nicht kann und umgekehrt?

Marco García García, Andreas Martin Schneider

Sprachwandel – die *Chat*-Kommunikation

Themenbereich: Mündlichkeit und Schriftlichkeit, zeichentheoretische Sprachreflexion, Sprachvarietäten (Chat- und Jugendsprache)
Klasse: 11, 12
Stundenzahl: ca. 8 Stunden
Voraussetzungen: allgemeine Internetkenntnisse, allgemeine Kenntnisse über Merkmale schriftlicher und mündlicher Kommunikation
Technische Ausstattung: Computer mit Internetzugang
Ziele: Sensibilisierung für das Verhältnis von Medium und Sprache, Reflexion über Sprache und Kommunikationsverhalten

Sprachwandel

In den letzten Jahren hat sich durch die rasante Verbreitung des Internets für viele, besonders junge Menschen, ein großer Teil der Freizeit und des Kommunikationsverhaltens in die Welt des Cyberspace verlagert. Exemplarisch hierfür steht die unter Jugendlichen wohl populärste Kommunikationsform: der *Chat* (engl. „plaudern", „schwatzen") – das „Plaudern" via Computer in Internetforen.

Thema

Allgemeine Intention der Unterrichtseinheit ist eine Sensibilisierung für das Verhältnis von Medium und Sprache, bei der am Beispiel der Chat-Kommunikation Formen des Sprachwandels bzw. sondersprachliche Charakteristika aufgezeigt werden können.

Da das Chatten eine unter den Schülern ebenso beliebte wie alltägliche Kommunikationsform darstellt, ist die Motivation, sich in diesem Kontext mit sprachanalytischen und sprachreflektorischen Fragen zu beschäftigen, ungewöhnlich groß. Schnell wird den Schülern deutlich, dass neue Kommunikationsformen einen allgemeinen sprachlichen und sozialen Wandel bedingen (können). Die spezifischen sprachlichen Merkmale des Chats erklären sich durch den Einfluss des Mediums, in dem er stattfindet. Gerade im Fach Deutsch sollten diese Phänomene thematisiert werden, ist dieses doch der Ort, an dem Medienkompetenz und Sprachreflexion eine zentrale Rolle spielen. Die Schüler setzen sich mit der Veränderbarkeit von Sprache auseinander, sie reflektieren den Einfluss von Informations- und Kommunikationstechnologien auf Denken, Wahrnehmen und Kommunizieren und sie beschäftigen sich mit verschiedenen Sprachvarietäten.

Im Folgenden sollen drei Aspekte und ihre Realisierungsmöglichkeiten im Unterricht dargestellt werden:
1. die Beobachtung des eigenen Chat-Verhaltens,
2. sprachliche Analysen von Chat-Gesprächen,
3. die Diskussion von zeichentypologischen Aspekten

Einordnung des Chats zwischen Mündlichkeit und Schriftlichkeit

Die meisten Schüler verfügen über ausreichende Chat-Erfahrungen. In einem einleitenden Unterrichtsgespräch kann zunächst über persönliche Erfahrungen z. B. im Hinblick auf Anonymität und Chat-Sucht gesprochen werden.

In der zweiten Phase werden die Schüler gezielt an die Besonderheiten der Chatsprache herangeführt. Hierzu dient ein exemplarischer Ausschnitt aus einem Chat-Gespräch (vgl. Material 1). Die zentrale Frage ist, ob der Chat eher als mündliche oder als schriftliche Kommunikation zu bewerten ist. Es bietet sich hier die Möglichkeit, mit den Schülern grundsätzlich über Merkmale mündlichen und schriftlichen Sprachgebrauchs ins Gespräch zu kommen. Gerade die immer häufiger zu beobachtende Übernahme umgangssprachlicher Wendungen in Schülertexte macht diese Auseinandersetzung sinnvoll.

Ein spezifisches Phänomen, das zweifelsohne auch den gewählten Chat-Ausschnitt prägt, ist die *komplexe Dialogstruktur*, d.h. die verzweigten und relativ intransparenten Bezüge der einzelnen Redebeiträge. In der Regel nimmt kein Beitrag direkt auf den vorangehenden Bezug. Diese ungewöhnliche Gesprächsstruktur kann z. B. durch lautes, rollenverteiltes Lesen im Klassenraum erfahrbar gemacht werden. Abgesehen von diesen Verzögerungen besteht beim Chat, ähnlich wie bei einem mündlichen Gespräch, die Möglichkeit, direkten Bezug auf den Beitrag des Gesprächspartners zu nehmen. Zwischenrufe, bei denen die Äußerung von Gefühlen (Erstaunen, Ärger, Belustigung usw.) durch Intonation (steigend, fallend) und/oder durch Mimik und Gestik vorgenommen wird, werden im Chat u. a. durch Sound- und Aktionswörter ersetzt.

Bei der Analyse der sprachlichen Besonderheiten können an erster Stelle die im Chat verwendeten *Abkürzungen* in Form einer Typologie erarbeitet werden. Eine Auflistung und Erläuterung solcher Abkürzungen findet man z. B. unter *www.schulweb.de*. Diese sind, bezogen auf den Grundwortschatz, relativ unüblich und oft aus dem Englischen entlehnt (*cu* für ,see you', **g** für ,giggle'). Unter Berücksichtigung weiterer häufig verwendeter Abkürzungen lassen sich hierbei einfache *Akronyme* aus Buchstabenkombinationen (*tia* für ,thanks in advance', *BB* für ,bis bald') von *phonologisch bzw. phonographisch motivierten Abkürzungen* unterscheiden (*cu* für ,see you', *BB4E* für ,bye, bye for ever'). Wichtiger als diese Differenzierung ist jedoch die allgemeine Funktion, die der häufigen Verwendung von Abkürzungen zukommt. Sie besteht darin, die Übertragungs-geschwindigkeit des Chats zu erhöhen, was sich positiv auf die Dialogizität dieser Kommunikationspraxis auswirkt. Diesem Zweck dienen gleichermaßen die *unvollständigen Sätze* (Anakoluthe), bei denen meist das Subjekt ausgespart wird. Hierin zeigt sich schließlich die Nachahmungstendenz der Schreiber, sich an kurz gefasste mündliche Äußerun-

Sprachwandel

gen anzunähern. Abkürzungen und Anakoluthe folgen Ökonomieprinzipien, die eine Verkürzung der Produktions- und Rezeptionszeit herbeiführen. Diesem Zweck dient auch der übliche Verzicht auf Groß- und Kleinschreibung, der vor allem eine zeitsparende Wirkung hat.

Als charakteristisch hervorzuheben sind auch die so genannten *Sound- und Aktionswörter* (**seufz**, **lach**), die, ähnlich wie die *Emoticons* (:-) = ‚ich freue mich'; :-(((= ‚ich ärgere mich'), eine Haltung oder Einstellung des Sprechers ausdrücken. Chat-Äußerungen werden durch sie interpretiert und kommentiert.

Schließlich fällt auch die vielfache Verwendung von *Ausrufe- und Interpunktionszeichen* sowie die *Großschreibung* einzelner Worte auf, die den Beiträgen besonderen Nachdruck verleihen soll. Sie dienen, ebenso wie die Emoticons, als Kompensationsmittel für die nonverbale Kommunikation. Denn diese Charakteristika orientieren sich ganz bewusst an den Kommunikationsmerkmalen der mündlichen Interaktion.

In einem zweiten Schritt soll nun der Blick auf die wesentlichen Elemente der „Schriftlichkeit" gelenkt werden. Sie bestehen darin, dass die Kommunikation an das Medium der Computertastatur gebunden ist und die erwähnte Inszenierung einer mündlichen Kommunikation damit gänzlich durch *Schriftzeichen* erfolgen muss. Zu den spezifischen Schriftzeichen der Chatsprache zählen die Sound- und Aktionswörter, Chat-Abkürzungen und Emoticons. Da letztere Zeichen so zusammengefügt sind, dass sie ein *Bild* bzw. *Ikon* ergeben, nehmen Emoticons eine Sonderstellung ein, die in der folgenden Arbeitsphase thematisiert werden soll.

Der Chat stellt eine synchrone Kommunikationsform dar, bei der die Teilnehmer ihre Mitteilungen nicht mündlich, sondern schriftlich äußern. Dabei treten im Chat Merkmale der mündlichen und schriftlichen Kommunikation auf. Der Chat ist formal schriftlich, konzeptionell aber eher in den Bereich der mündlichen Kommunikation einzuordnen. Die Kommunikationsform Chat kann so als Phänomen eines allgemeinen (medienbedingten) Sprachwandels angesehen werden.

Die Frage der Bewertung dieses medial bedingten Sprachwandels kann nun in den Vordergrund des Unterrichts rücken. Hierzu einige Vorschläge:

- Die Schüler führen eine Pro- und Contra-Diskussion/amerikanische Debatte zu der Frage, ob das Chatten zu einer weitreichenden Sprachveränderung führen wird.
- Die Schüler schreiben eine Erörterung/halten eine Rede zum Thema „Sprachverfall durch den Computer".

- Die Schüler suchen aus der Sprachgeschichte weitere Anlässe für Sprachwandel und vergleichen diese mit dem Einfluss des Computers auf die Sprache (Referate).
- Die Schüler schreiben eine Sciencefiction-Geschichte über/im Sprachgebrauch in 100 Jahren.

Zeichentheoretische Reflexion: Was sind eigentlich Emoticons?
Fragen an Peirce und andere
In der zweiten Unterrichtsphase soll nun eine zeichentypologische Analyse der Emoticons erfolgen. Ziel ist es, durch einen Vergleich mit anderen sprachlichen Zeichen einige Grundsätze der Zeichentheorie zu verdeutlichen. Hier kann z.b. auch auf den Zeichenbegriff von Saussure zurückgegriffen werden.[2].
Emoticons unterscheiden sich von anderen sprachlichen Zeichen grundsätzlich dadurch, dass sie formal eine Ähnlichkeit mit der Sache oder Vorstellung aufweisen, die sie repräsentieren. So stehen der Doppelpunkt, der Bindestrich und die Klammer(n) beim Smiley „:-)", dem wohl prominentesten Emoticon, für Augen, Nase und einen lächelnden Mund. Wegen der einfachen Zugänglichkeit dieses Zusammenhanges kann mit diesem Beispiel leicht ein Bezug zu der Zeichentheorie von Charles Peirce hergestellt werden.[3] Er unterscheidet drei verschiedene Zeichentypen:
Ikon (Abbild),
Index (Anzeichen),
Symbol.
Im Rahmen dieser Typologie lassen sich die Emoticons aufgrund der Ähnlichkeit zwischen Zeichen(körper) und Inhalt prinzipiell als Ikons klassifizieren. Für symbolische Zeichen, zu denen die meisten sprachlichen Zeichen im engeren Sinne – also Wörter – zählen, kann eine vergleichbare Ähnlichkeitsbeziehung nicht hergestellt werden. Gleiches gilt für indexikalische Zeichen, bei denen eine reale und kausale Beziehung zwischen Zeichen und Bezeichnetem besteht (Bsp. *Rauch* ist ein Index für Feuer). (Mat. 2)

---

2 Vgl. Texte und Methoden 1, hrsg. von Stadler, Hermann. Berlin, Cornelsen 1997, S. 15f.
3 Vgl. Charles S. Peirce: Semiotische Schriften, Bd. 1, hrsg. von Kloesel, Chr. und Pape, H. Frankfurt am Main, Suhrkamp 1986, S. 193–201. Vgl. dazu auch Material 3.

Vor dem Hintergrund dieser zeichentheoretischen Auseinandersetzung wird den Schülern deutlich, dass Emoticons schriftsprachliche, kreative Spracherneuerungen sind, die von den Möglichkeiten der Computertastatur beeinflusst, bzw. begrenzt werden.

In einem zweiten Schritt sollen sich die Schüler kritisch mit dem Klassifikationsschema auseinander setzen (vgl. Aufgabe 2, Material 2). Hierbei soll die Zuordnung der Emoticons überdacht und die Peirce'sche Typologie damit zugleich hinterfragt werden. Im Ergebnis sollte sich zeigen, dass eine eindeutige Klassifizierung oft schwierig ist. So haben *Fußspuren* oder *Schatten* sowohl ikonische als auch indexikalische Elemente. Ähnliches gilt für Emoticons, die nicht nur ikonische, sondern – wie die meisten sprachlichen Zeichen – auch symbolische Merkmale aufweisen: Die Beziehung zwischen Zeichen(körper) und Bezeichnetem ist hier zwar ikonisch angelegt und als solche auch meist rekonstruierbar, allerdings beruht die Bedeutung immer auch auf Konventionen und ist damit nur aufgrund eines vorgängigen Wissens zu erfassen. So muss der Empfänger eines Emoticons u. a. wissen, dass er es um 90° (nach rechts) drehen muss, damit er es überhaupt als Ikon interpretieren kann.[4] Insofern dieses Wissen per Konvention in der Sprach- bzw. Chatgemeinschaft festgelegt ist, haben Emoticons auch stets Merkmale symbolischer Zeichen. Besonders deutlich lässt sich dies an unbekannteren Emoticons wie z. B. „:,-)" (= ‚Chatter weint vor Freude') veranschaulichen, die rein ikonisch nicht zu erschließen sind. Um die Symbolhaftigkeit an weiteren Beispielen zu illustrieren bietet es sich an, eine im Internet veröffentlichte Liste von Emoticons heranzuziehen.[5]

Einordnung des Chats als Sondersprache bzw. Sprachvarietät

Sind Emoticons, ebenso wie Chat-Abkürzungen, in den bisherigen Unterrichtsphasen als unterschiedlich konzipierte Zeichen betrachtet worden,

---

4 Genauer gesagt, muss der Empfänger bereits wissen, dass die Zeichenkombination aus Doppelpunkt, Gedankenstrich und schließender Klammer oder ähnlichen Verknüpfungen ein einzelnes (ikonisches) Zeichen darstellt und es sich nicht um drei (sinnlos aneinander gefügte) Zeichen handelt.
5 Vgl. z. B. *http://www.heisoft.de/web/emoticon/emoticon.htm*. Häufig benutzte Emoticons sind etwa:
:-) => lachendes Gesicht, „nicht-alles-so-ernst-nehmen"
:-(=> trauriges Gesicht, „find' ich schade!", unglücklich,
;-) => Augenzwinkern, „War nicht so ernst gemeint",
:-P => Zunge rausstrecken, Lippen lecken, hecheln wie ein Hund
:,-) => Chatter weint vor Freude

die vor allen Dingen der Sprachökonomie dienen, so zeigt der symbolische Aspekt dieses Codes auch sozio-linguistische Funktionen. Die Bedeutung von Emoticons und Chat-Abkürzungen ist oft schwer ableitbar und damit nur „Eingeweihten" zugänglich. Für die Chat-Abkürzungen (*bs* = ‚bis später'; *WWW* = ‚wir werden warten'), die im Gegensatz zu den Emoticons rein symbolischer Natur sind, gilt dies im besonderen Maße. Damit trägt die Chat-Kommunikation – ebenso wie etwa das „SMSen" (die schriftsprachliche Kommunikation per Mobiltelefon) – deutliche Züge einer Sondersprache. Die Nutzer einer solchen „Geheimsprache" können sich durch sie bewusst abgrenzen und sich als Gruppe identifizieren. Dabei geht es weniger um echte Inhalte als um die Pflege von Netzwerken: „Man teilt sich mit, ohne dass man wirklich etwas zu sagen hat"[6].

Bei der Vermittlung dieses sozio-linguistischen Aspekts, der als Abschluss der Unterrichtssequenz gedacht ist, sollte schließlich die Frage nach dem Sprachwandel durch das Chatten aufgeworfen und zur Diskussion gestellt werden. Folgende Leitfragen geben dabei den Rahmen vor:

- Handelt es sich bei den zahlreichen Abkürzungen und Emoticons eher um kurzlebige Innovationen oder um einen dauerhaften Sprachwandel?
- Gehören Emoticons und Chat-Abkürzungen ausschließlich zum Zeicheninventar des „Chat-Slangs" oder sind sie bald bzw. schon Teil des allgemeinen Wortschatzes?
- Wie lassen sich die Chancen einschätzen, dass Emoticons und Chat-Abkürzungen auch in andere Textsorten Eingang finden? Gibt es hierfür bereits Beispiele?

Die Erörterung dieser Fragen soll zu einer grundsätzlichen Diskussion führen, bei der die Schüler das erworbene Wissen in ihre Argumentation einbauen und zur Thematik der Unterrichtssequenz abschließend Stellung beziehen.

Ausblick

In Anknüpfung an die letzte Unterrichtsphase, die den Chat vor allem unter einem sozio-linguistischen Aspekt betrachtet hat, könnte nun der Blick auf kommunikationstheoretische und soziale Fragen im Zusammenhang von Kommunikation im Internet gerichtet werden. Dabei sollen vor allem Sachtexte gelesen und bearbeitet werden, die sich mit dem Phä-

---

6 Zit. nach einem Bericht des KÖLNER STADTANZEIGERS vom 19.09. 01.

nomen der Anonymität und der damit verbundenen neuen Form der Interaktion zwischen den beteiligten Personen beschäftigen.[7] Da die Beteiligten im Chat nicht körperlich anwesend sind und Präsenz allein durch schriftliche Äußerungen erkennbar ist, besteht für den Nutzer die Möglichkeit der Nicht-Kommunikation (Auseinandersetzung mit der These Watzlawicks, dass man nicht nicht kommunizieren kann). Das heißt, er kann Gespräche mitverfolgen ohne das Wissen anderer, aber auch Gespräche unverbindlich führen und ggf. vorzeitig abbrechen. Darüber hinaus hat er die Möglichkeit, ein Spiel mit Identitäten zu beginnen, bei der der Experimentierfreude mit verschiedenen sozialen Rollen quasi keine Grenzen gesetzt sind. Damit in enger Beziehung steht aber auch das Problem der Wertigkeit von sozialen Normen im Internet. Denn sobald die Möglichkeit besteht, dass der Einzelne sich der Verantwortung für sein sprachliches Handeln entziehen kann, verlieren gültige moralische und soziale Normen ihre Verbindlichkeit. Es fehlt (noch) ein wirksames Regulativ, das hier entsprechend entgegenwirkt. Kommunikation in diesem Sinne ist im Vergleich zur herkömmlichen zwischenmenschlichen Interaktion nicht darauf ausgerichtet, soziale Kontakte herzustellen, sondern ist bestimmt von egoistischen Interessen. Diskussionswürdig ist dieser Hintergrund, wenn danach gefragt wird, ob diese veränderten Kommunikationsbedingungen positiver oder negativer Art sind, und welche Veränderungen sich in gesellschaftlicher Hinsicht, insbesondere in Bezug auf das Sozialverhalten, ergeben.

ANHANG

Material 1

1 Allie: >sea würd mich am liebsten bei dir ausheulen, *seufz*
2 Gleufl: Wo ist mein Zettel, wo, wo, wo bloß :-(((
3 Thrasea: allie> *g* was spricht dagegen?
4 Loreta: gleufl> was'n für ein Zettel???
5 Allie: sea> hmmm – dann musst du dich aber auch mir widmen *bigsmile*
6 Gleufl beginnt mit zitternder Stimme vorzutragen *schwitz*
7 SEKARA: ich hasse euch alle !!!
8 Thrasea: allie> nur wenn M@ry kommt, wird sie auch einen Teil von mir haben wollen *entzweiteil*

---

[7] Empfehlenswert ist hier: Marijana Kresic (2000), Kommunikationstheorie und Internet"; S. 115–118, URL: *http://www.websprache.uni-hannover.de/networx/docs/networx-15.pdf*

9 SEKARA: IHR SEID ECHT ALLE TROTTEL
10 Gleufl: loreta> mit dem was ich dir alles sagen will*lach*
11 perrin hat den Kanal betreten.
12 Blob Gilb: thras> na du bleibscht mir eins bitte!
13 Loreta: sekara> doch nicht böse werden!
14 Blob Gilb: hi perrin
15 Thrasea: hi perrin *wink*
16 Allie geht dann mal anrufen und kommt in einer halben Stunde wieder *s* bis dann dann
17 Blob Gilb: cu allie
18 Loreta: gleufl> und was willst du denn sagen??
19 Thrasea: bis dann allie! *wink&knuddel*

Quelle: Marijana Kresic (2000), Kommunikationstheorie und Internet"; S. 59, URL: http://www.websprache.uni-hannover.de/networx/docs/networx-15.pdf

Beantworten Sie bitte die folgenden Fragen!

1) Wofür steht der Ausdruck cu (Z. 17)? Wofür steht das *s* (Z. 14)? Sind Ihnen ähnlich strukturierte Abkürzungen bekannt?
2) Kommentieren Sie den Satzbau in Z. 1 oder in Z. 13!
3) Wie läßt sich die Funktion von Ausdrücken wie *seufz* (Z. 1), *schwitz* (Z. 6), *lach* (Z. 10) usw. umschreiben?
4) Was bedeutet die Zeichenfolge am Ende der Z. 2?
5) Welchen Zweck erfüllt die Großschreibung (Z. 9) und die mehrfache Verwendung von Frage- und Ausrufezeichen (z. B. Z. 4, Z. 7)?

Material 2

Die Relationen von Zeichen und Objekt nach Charles S. Peirce

Der amerikanische Philosoph Charles Sanders Peirce (1839-1914) unterscheidet in seiner Zeichentheorie im Hinblick auf den Bezug zwischen Zeichen und Objekt drei verschiedene Zeichentypen: die Klasse der ikonischen, die der indexikalischen und die der symbolischen Zeichen. Wesentliche Merkmale der einzelnen Klassen sind folgende:

Ikon (gr. eikon, „Bild", „Abbild")
– Bsp.: Verkehrsschilder, Schatten, lautmalerische Ausdrücke (kikeriki)
– Ikone sind visuelle oder akustische Zeichen, die in unmittelbarer Beziehung zur bezeichneten Sache stehen.
– Sie imitieren abbildhaft Aspekte des realen Objekts, auf das sie sich beziehen und weisen daher ähnliche und gemeinsame Merkmale auf.

Index (lat. index, „Anzeiger")
– Bsp.: Rauch ist ein Index für Feuer, ein beschleunigter Puls ist ein Index für Fieber
– Indizes haben den Charakter eines „Anzeichens".

Sprachwandel

- Bei Indizes besteht eine direkte reale (kausale) Beziehung zwischen Zeichen und Bezeichnetem. Das Bezeichnete ist ein tatsächlich vorhandenes Objekt.
- Die Beziehung zwischen Zeichen und Bezeichnetem besteht also nicht auf Konvention (vgl. Symbol) oder Ähnlichkeit (vgl. Ikon). Indizes sind hinweisende (auf Erfahrung basierende) Zeichen.

Symbol (gr. sýmbolon, „Erkennungszeichen")
- Bsp.: die meisten sprachlichen Zeichen, also sämtliche Wörter, aber auch Gesten (z. B. Begrüßungsformen) oder bildliche Darstellungen (z. B. Taube als Symbol des Friedens)
- Die Beziehung zwischen Zeichen und Bezeichnetem beruht bei Symbolen ausschließlich auf Konvention.
- Sowohl Ähnlichkeitsbeziehungen (vgl. Ikon) als auch kausale Relationen (vgl. Index) fehlen. Die Beziehung von Zeichen und Bezeichnetem ist daher nicht motiviert, sondern sprach- bzw. kulturspezifisch festgelegt.

Aufgaben:
1. Ordnen Sie die folgenden Zeichen den Peirce'schen Zeichenklassen zu!
   Fußspuren; eine Alkoholfahne; Landkarten; Emoticons; Abkürzungen
2. Ist eine eindeutige Einordnung immer möglich? Wo und warum ergeben sich Probleme?

Sonstiges

Ute Fenske
Internetrallyes durchführen und erstellen

Internetrallyes könnte man auch als „Schnitzeljagd" durchs Internet oder als „Internetquiz" bezeichnen. Dem Spieler einer Internetrallye wird eine festgelegte Anzahl von Fragen (oder Aufgaben) gestellt, die er mithilfe des Internets lösen soll. Oft sind die Internetseiten, auf denen man die richtigen Informationen für die Lösung finden kann, als Link auf der Seite mit den Fragen angegeben. Thematisch gibt es keine Grenzen. Die Internetrallyes können sich eng auf ein Thema beschränken, z. B. bei einer Internetrallye über einen Schriftsteller, aber auch sehr vielfältig sein.

Internetrallyes durchführen
Klasse: in jeder Jahrgangsstufe möglich
Stundenzahl: ca. 1 Stunde für 10 Fragen (bei umfangreichen Rallyes mit vielen Fragen länger); ohne Angabe der Internetadressen: Doppelstunde.
Voraussetzungen: Umgang mit Maus, Tastatur, erste Erfahrungen mit dem Internet (bei einer Internetrallye ohne Angabe der Internetadressen: Erfahrungen im Umgang mit Suchmaschinen); das Anspruchsniveau ist abhängig vom jeweiligen Schwierigkeitsgrad der Rallye (Suche ohne Angabe der Internetadressen: hohes Anspruchsniveau)
Technische Ausstattung: Internetzugang, installierter Browser
Ziele: Umgang mit dem Browser, Internetadressen, gezieltes Lesen von Internetseiten

Internetrallyes sind dazu geeignet, den Umgang mit dem Browser zu üben. Die Schülerinnen und Schüler lernen spielerisch, wie man im Internet surft, außerdem lernen sie Internetseiten kennen. Bei guten Internetrallyes sollten dies natürlich besonders informative und interessante Seiten sein. Die Schüler werden durch den Suchauftrag gelenkt, sie suchen gezielt nach bestimmten Informationen und gewöhnen sich an das Lesen von Internetseiten. Internetrallyes können in verschiedene Phasen einer Unterrichtsreihe eingebaut werden: Zu Beginn einer Unterrichtsreihe führen sie in ein bestimmtes Thema ein. In einer späteren Phase wird die Internetrallye dazu genutzt, Möglichkeiten zur Informationsbeschaffung aufzuzeigen, z. B. wenn Referate geschrieben werden sollen. Steht eine

Internetrallyes durchführen und erstellen

Internetrallye am Ende der Beschäftigung mit einem Thema, können die Schüler die aufgerufenen Seiten nach Abschluss der Rallye nach ihrem Kenntnisstand beurteilen.

Für die Durchführung von Internetrallyes gibt es verschiedene Möglichkeiten. Zunächst kann der Lehrer auf Internetrallyes zurückgreifen, die bereits im Internet vorhanden sind. Gute Angebote zu thematischen Rallyes gibt es z. b. im Schülerbereich „Learnetix" des Internetangebots vom Cornelsen-Verlag (*http://www.learnetix.de/learnetix/fun-action/rallies/rallies_einstieg.html*). Hier finden sich Rallyes über Städte, Länder, aber auch über literarische Themen wie Schriftsteller (z. B. Hans-Erich Nossack, Siegfried Lenz, Rose Ausländer, Goethe, Rilke) oder Rallyes zu Epochen. Thematische Rallyes mit Arbeitsblättern und Anleitungen für den Unterricht sind unter der Adresse *http://e-lisa.at/linkexpress/archiv* gesammelt (z. B. über Astrid Lindgren oder Sachthemen). Weitere Internetrallyes findet man mithilfe der gängigen Suchmaschinen. Für die Bearbeitung sollte man jeweils eine maximale Bearbeitungszeit angeben.

Internetrallyes eignen sich auch zur Einführung in den Umgang mit dem Internet. Hierzu gibt es eine ganze Reihe von Angeboten, z. B. eine „Schnitzeljagd durchs Internet", die den Schülern zeigt, was das Internet alles bietet (*http://www.gerdzen.de/schnitzel/schnitz03-3.htm*) oder eine Rallye zum Kennenlernen des Internets für 5. Klassen (*http://schulen.hagen/GEHA/TE_97_98_13/rallye/internetrallye.html*).

Natürlich kann man auch selbst Internetrallyes zusammenstellen. Die Seiten können gezielt zum Lerngegenstand des Unterrichts und zum Anspruchsniveau der Lerngruppe passend ausgesucht werden. Die Erstellung beginnt mit der Recherche nach gut gemachten und informativen Internetseiten zum Thema des Unterrichts. Die Internetadressen werden notiert bzw. gespeichert (als Bookmarks oder Favoriten). Danach liest man die Seiten gezielt durch und sucht auf jeder Seite, auf die man verweisen möchte, eine wichtige Information heraus. Zu dieser Information entwickelt man eine Frage, die die Schülerinnen anschließend mithilfe der angeführten Seite beantworten können. Die Fragen mit den aufzusuchenden Internetadressen kann man auf ein Arbeitsblatt schreiben, auf das die Lösungen einzutragen sind. Komfortabler ist es, die Fragen für die Schüler als Datei mit Links aufzubereiten und ihnen zugänglich zu machen (z. B. auf Disketten oder auf der Schulhomepage speichern). Die Motivation für die Schüler kann man noch dadurch steigern, dass man Zeitlimits für die Suche insgesamt oder für einzelne Aufgaben angibt. Man kann auch Punkte für das Lösen einzelner Aufgaben vergeben oder zwischen verschiedenen Teams sind Wettbewerbe möglich. – Für erfahrenere Lerngruppen erhöht sich das Anspruchsniveau, wenn die Internetadressen nicht vorgegeben werden, sondern selbst zu ermitteln sind. Hierbei wird die Fähigkeit geübt, mit Suchmaschinen umzugehen.

Internetrallyes mit Schülern erstellen

Klasse: in einfacher Form (mit Suchmaschinen für Kinder) ab Klasse 5; sonst ab Klasse 7
Stundenzahl: hängt vom Umfang der Rallye ab, bei fünf Fragen mindestens zwei bis drei Unterrichtsstunden zum Erstellen der Rallye, eventuell eine Stunde zum Präsentieren, wenn mehrere Rallyes in Gruppenarbeit erstellt werden (wenn Zeit vorhanden ist, eine weitere Stunde zum Ausprobieren der Rallyes von anderen Gruppen)
Voraussetzungen: Erfahrungen im Umgang mit dem Internet und Suchmaschinen, Erfahrungen mit einem Textverarbeitungsprogramm (z. B. Word); das Anspruchsniveau kann unterschiedlich gestaltet werden
Ziele: genaues Lesen von Internetseiten, Auswahl und Bewertung von guten Internetseiten, Internetseiten Informationen entnehmen, Übung im Umgang mit Suchmaschinen

Das Erstellen von Internetrallyes durch die Lerngruppe selbst erfolgt in mehreren Phasen. Zunächst beschäftigen sich die Schülerinnen und Schüler mit einem bestimmten Thema und erwerben mit unterschiedlichen Medien Erfahrungen.

Beispiel für eine 6. Klasse: Märchen

Die Schüler haben schon einige Märchen kennen gelernt, sie wissen, dass es Märchensammlungen gibt, sie kennen den Aufbau von Märchen und Märchenelemente. Mithilfe von Suchmaschinen für Kinder suchen sie nun Internetseiten heraus, auf denen Märchen zu finden sind oder etwas über Märchen zu erfahren ist. Informative Internetseiten werden notiert, die Adressen untereinander ausgetauscht. Beim Anschauen der Seiten machen sich die Schüler gegebenenfalls bereits Notizen über Märchen oder Informationen, die sie besonders gut oder wichtig fanden. Sonst kann dies auch in einer anschließenden Phase erfolgen. Gemeinsam werden die Internetseiten ausgewählt, die man in die Internetrallye als Station aufnehmen will. Anschließend wird die Aufgabe gestellt, auf jeder Internetseite, die man in die Rallye aufnehmen will, eine Information herauszusuchen, die erfragt werden soll. Daraufhin formulieren die Schüler entsprechende Fragen.

Beispiel: Über die Suchmaschine Mininetz (*http://www.mininetz.de*) suchen die Schülerinnen und Schüler Informationen zu den Brüdern Grimm. Sie stoßen auf eine Internetseite, die viele der Grimm'schen Märchen enthält (http://www.maerchen.com/mliste01.htm). Sie formulieren den Suchauftrag: Wie heißt das erste Märchen der Brüder Grimm im Inhaltsverzeichnis? Antwort: Allerleirauh. (Oder: Nenne ein Märchen der Brüder Grimm, das mit „u" beginnt.) Gemeinsam werden die gelungensten Fragen ausgewählt. Es kann auch zu jeder Station ein kleiner Einleitungstext geschrieben werden, der etwas über den Inhalt der aufzurufenden Internetseite aussagt. Damit wird die Rallye natürlich für spätere Nutzer interessanter. Der Text für die gesamte Rallye wird getippt und zu einem Arbeitsblatt gestaltet. Dies kann auch in Gruppenarbeit durchgeführt werden. Eventuell kann die Rallye von der Lehrerin auf der Schulhomepage veröffentlicht werden.

In höheren Klassen und erfahreneren Lerngruppen kann man die Internetrallyes in Gruppenarbeit erstellen lassen. Die Schüler wählen selbst die Internetseiten aus, die sie aufnehmen wollen. Sie formulieren selbstständig die Fragen und schreiben gegebenenfalls Texte zu den einzelnen Stationen. In einer Präsentationsphase erklären die Gruppen, wie sie vorgegangen sind, welche Seiten sie ausgewählt haben. Wenn genügend Zeit vorhanden ist, können die Mitschüler die Rallyes der anderen Gruppen ausprobieren. Es ist auch möglich, aus den Rallyes der einzelnen Gruppen eine „Klassenrallye" zu entwickeln.

Ute Fenske

Computerspiele beschreiben und bewerten

Themenbereich: Computerspiele
Klasse: 6–8
Stundenzahl: hängt ab von der Anzahl der vorgestellten Spiele, ca. 3 Stunden
Voraussetzungen: Umgang mit PC, Tastatur, Maus, erste Erfahrungen mit Computerspielen
Technische Ausstattung: in der Regel Rechner mit Windows 95 oder 98, bei Windows XP gelegentlich noch Treiberprobleme oder Inkompatibilität; Rechner/Grafikkarte: Die Anforderungen hängen vom Alter des Spiels, der Grafik und den vorhandenen interaktiven Möglichkeiten ab. Bei neueren Spielen recht hohe Anforderungen, z. B. bei Siedler IV: Pentium III, 500MHz, 128 MB RAM, 32 MB-Grafikkarte, ca. 350 MB freier Arbeitsspeicher (Tipp: Immer unbedingt die Angaben im Beiheft/auf der Packung beachten!)
Ziele: Hinführung zum reflektiertem Umgang mit Computerspielen

Schüler und Schülerinnen, die mit einem Computer umgehen können, kennen Computerspiele und spielen sie zumeist auch gerne. Untersuchungen besagen, dass Jungen dies sehr viel öfter tun als Mädchen. Die Diskussion über Computerspiele erinnert stark an die Diskussion über Comics in den 70-Jahren: Die einen wollen Computerspiele am liebsten gänzlich verbieten, andere haben selber Spaß daran, wieder andere wollen Computerspiele auf keinen Fall zum Unterrichtsgegenstand machen. Manche Sorge ist berechtigt, da in vielen Computerspielen Gewalt und Aggression vorkommen – gerade dies zu thematisieren, wäre allerdings auch pädagogisch sinnvoll. Es gibt aber auch viele Computerspiele, die durchaus lehrreich sind und beim Spielen Fähigkeiten wie Konzentration, Kombinationsfähigkeit, manuelle Geschicklichkeit trainieren. In den Deutschunterricht lassen sich Computerspiele in den Klassen 6 bis 8 (je nach Schulform und Lerngruppe) in den Lernbereich „Sprechen und Schreiben" einbinden. Die Schüler können dabei – analog zu Buchvorstellungen – ihnen bekannte Computerspiele beschreiben, vorstellen und bewerten. Ein solches Vorgehen eignet sich durchaus auch dazu, Schülern, die bisher keine oder wenig Erfahrung mit dem Computer hatten, die Scheu davor zu nehmen. Wenn die Computerspiele nicht ausführlich während der Unterrichtszeit ausprobiert oder vorgestellt werden, können dafür auch die letzten zehn Minuten einer Stunde eingeräumt werden.

Unterrichtsreihe von drei Stunden

Zunächst wird geklärt, wer welche Computerspiele besitzt und mitbringen kann. Dabei sollten Computerspiele mit Gewaltaspekten von vornherein ausgeschlossen werden.

In der ersten Stunde macht der Schüler, der das Spiel mitgebracht hat, kurze Angaben zum Thema und zur Art des Computerspiels. Je nach Anzahl der vorhandenen Rechner und Spiele ordnen sich die Schüler einem Spiel und damit einer Gruppe zu. In jeder Gruppe wird ein Spiel untersucht und beschrieben. Die einzelnen Beschreibungsaspekte können vorher im Plenum erarbeitet oder auch in der Gruppe selbst zusammengestellt werden.

In der zweiten Stunde stellen die Gruppen ihren Mitschülern ihr Computerspiel vor. Dabei muss die Gruppe selbst entscheiden, wie sie ihre Ergebnisse präsentiert: mit Hilfe eines Plakates, mit Folien oder mit Vorführung von Teilen des Spiels (sofern ein Beamer vorhanden ist).

Die dritte Stunde findet wieder im Plenum statt. Die Schüler sprechen über die verschiedenen Kategorien von Computerspielen, die sie vorgestellt haben (Rollenspiele, Simulationsspiele, Actionspiele u. a.). Anschließend entwerfen sie gemeinsam ein Arbeitsblatt mit Kriterien zur Beurteilung von Computerspielen.
Tipp: Die Schülerinnen und Schüler können ihre Beurteilungen auch der Bundeszentrale für politische Bildung zusenden. Gute Besprechungen werden in der Datenbank Search&Play veröffentlicht!

Literatur und Linktipps

Search&Play Plus. Interaktive Datenbank für Computerspiele. Diese CD ist erhältlich bei der Bundeszentrale für politische Bildung. Die Datenbank auf der CD enthält Beurteilungen von Computerspielen, eine Aufsatzsammlung über den Umgang mit Computerspielen und Demo-Versionen von Computerspielen (z. B. von Siedler II, Sim City).
Vorsicht! Neuere Rechner bleiben bei den meist alten Demoversionen oft hängen!
http://www.bpb.de/snp: Die Datenbank Search &Play im Internet.
Fritz, Jürgen/Fehr, Wolfgang (Hrsg.): Handbuch Medien. Computerspiele. Bonn 1997 (=Bundeszentrale für politische Bildung). – In dieser Aufsatzsammlung finden sich auch Hinweise für einen alternativen, kreativen Umgang mit Computerspielen.
Informationsdienst „Computerspiele auf dem Prüfstand", hrsg. v. der Bundeszentrale für politische Bildung. Dieser Informationsdienst erscheint zweimal jährlich mit je acht Besprechungen von Computer- oder Videospielen.

Ute Fenske
Tipps und Tricks
Unterrichtsvorbereitung

Im Internet findet man inzwischen eine große Anzahl von Seiten mit Unterrichtsmaterial oder Beiträgen über den Einsatz der neuen Medien im Deutschunterricht. Neben didaktischen Einführungen gibt es auch viele konkrete Beschreibungen von Unterrichtsstunden oder Projekten. Die fol-

genden Tipps beziehen sich auf solche Adressen, bei denen ein breites Angebot vorliegt oder gute weiterführende Linkstipps gegeben werden.
- *http://lehrer-online.de/deutsch:* Diese Seiten sollen die Unterrichtsvorbereitung und -gestaltung im Fach Deutsch mit Hilfe moderner Informations- und Kommunikationstechnologie erleichtern. Geboten werden sowohl fächerübergreifende Unterrichtseinheiten und -projekte zum Einsatz der neuen Medien im Deutschunterricht (Bereich „Unterrichtspraxis") als auch Anregungen für kleinere Unterrichtssequenzen (Bereich „Unterrichtsvorschläge"). Es gibt die Möglichkeit zum fachbezogenen Austausch (Forum, Chat).
- *http://kreidestriche.de* ist ein Online-Forum für den Bereich der neuen Medien, bei dem Lehrer Hinweise für die Unterrichtsvorbereitung und -durchführung erhalten.
  Im Bereich Werkstatt geht es ganz konkret um die Umsetzung von medienpädagogischen Ideen. So wird z. B. aufgelistet, welches Material man für bestimmte Projekte braucht. (Das Angebot befindet sich noch im Aufbau. Bislang sind „Audio"-, „Video"-Werkstatt, „Sprechen und Schreiben" sowie „Nachrichten" aktiv; die „Multimedia"-Werkstatt ist noch in Vorbereitung.)
  Die Bibliothek bietet ein breites Spektrum an medienspezifischen Beiträgen (Aufsätze zur Mediendidaktik, zur Geschichte der Medien, zur praktischen Medienarbeit, Lexika). Im Bereich Projekte werden Medienprojekte einzelner Schulen und Klassen im Internet vorgestellt und Erfahrungen darüber mitgeteilt.
- *http://gutenberg2000.de:* Unter der Internetadresse des Projekts Gutenberg finden sich Texte von über 1000 Autoren zum Downloaden.
- *http://www.sondershaus.de:* Unter dieser Internetadresse findet man über 400 ausgewählte Linktipps für den Deutschunterricht, deren Richtigkeit ständig überprüft wird. Über die Linkliste kann man auch bequem Stichworte zu Bereichen der neuen Medien auswählen (z. B. CD-ROMs, Medienstellen, Hyperfiction).
- *http://lo-net.de* steht für Lehrer-Online-Netzwerk. Lo-net ist eine Arbeitsplattform für Lehrkräfte, auf der sie ihre eigenen Ideen und Projekte realisieren können. Dazu stehen alle Instrumente für die Kommunikation und zur Abwicklung der Projekte kostenlos zur Verfügung. Für Mitglieder gibt es weitere Angebote, wie z. B. Online-Kurse (z.Z. über Medienpraxis und Pädagogische Praxis). Die Mitgliedschaft ist kostenlos.

- *http://dbs.schule.de:* Auch beim Deutschen Bildungsserver findet man Informationen über neue Medien. Besonders nützlich ist eine Linkliste zu den Bildungsservern in Deutschland, der Schweiz und Österreich (http://dbs.schule.de/landserv.html). Bei fast allen Bildungsservern findet man Angaben zu neuen Medien. Unter der Internetadresse http://dbs.schule.de/db/flisten.html findet man eine Datenbank, die Medien des FWU und Lernsoftware aus SODIS, einem Software-Dokumentations- und Informations-System, verzeichnet hat.
- *http://www.zum.de* ist die Internetseite der privaten, bundesweiten Initiative „Zentrale für Unterrichtsmedien im Internet", auf der man Unterrichtsmaterialien jeglicher Art abrufen kann. Dank einer Gliederung nach Fächern, Klassen und den Lehrplänen der verschiedenen Bundesländer und Schultypen können gesuchte Materialien schnell und einfach gefunden werden. Mitmachen ist erwünscht: Lehrerinnen und Lehrer können hier ihre eigenen Unterrichtsvorschläge auch abspeichern lassen.

- Folgende Zeitschriften beschäftigen sich mit dem Einsatz neuer Medien im Unterricht:
- Computer und Unterricht (Friedrich-Verlag)
- medien praktisch. Zeitschrift für Medienpädagogik (Gemeinschaftswerk der evangelischen Publizistik). Internetadresse: *http://www.medienpraktisch.de*
- L.A.Multimedia (Westermann-Verlag). Internetadresse: *http://www.lamultimedia.de*

Unterrichtsorganisation

Vor dem Einsatz des Internets im Unterricht sollte das Ziel der Nutzung für die jeweilige Unterrichtsstunde genau festgelegt und auch für die Schüler transparent gemacht werden. Nur ein gut geplanter und sinnvoller Einsatz kann zur gewünschten Medienkompetenz führen.
Viele Lehrer scheuen die Arbeit mit dem Internet wegen des befürchteten zusätzlichen Arbeitsaufwands. Die Nutzung eines technischen Mediums scheint ihnen mit zu vielen möglichen Problemen verbunden. Hier hilft es sicher, wenn man vor dem Unterricht routinemäßig die technischen Voraussetzungen an dem oder den PCs im Klassenzimmer oder im Computerraum überprüft (s. Checkliste). Die Arbeit mit dem Internet

erfordert Zeit. Es ist daher gut, wenn man zeitlich nicht zu eng plant und lieber noch eine Aufgabenstellung für den Fall vorbereitet hat, dass man noch Zeit zur Verfügung hat.

Checkliste für die Arbeit mit dem Internet

Raum aussuchen und belegen
- entscheiden, wie viele PCs man braucht
- entsprechend den Raum vorher belegen
- bei Arbeiten mit dem Internet, die über einen längeren Zeitraum ausgeführt werden sollen, Raum über mehrere Wochen belegen
- bestehende Regeln für die Nutzung des Raums beachten und Regeln an die Schüler weitergeben (eventuell kopieren)

Technische Voraussetzungen mit Hilfe des Systemadministrators prüfen
- Leistungsfähigkeit der PCs
- Betriebssystem auf dem PC (prüfen wegen der Kompatibilität von Programmen und Software)
- Internetanschluss vorhanden?
- Internetzugang freigeschaltet und stabil?
- Kopfhörer (Lautsprecher) vorhanden (z. B. wenn die Schüler sich einen Gedichtvortrag anhören sollen)?
- Diskettenlaufwerke/Disketten vorhanden (zum Speichern von Rechercheergebnissen oder Präsentationen)?
- Drucker vorhanden und angeschlossen?

Prüfen, welche Software vorhanden ist
- Gibt es ein Textverarbeitungsprogramm?
- Ermöglicht das Textprogramm das Schreiben von HTML-Texten?
- Ist ein Browser installiert?
- Ist ein E-Mail-Programm installiert? Funktioniert es?
- Gibt es im E-Mail-Programm über den Schulserver einen Sammelzugang oder gibt es die Möglichkeit von Einzelzugängen für Lehrer und Schüler?
- Gibt es die Möglichkeit, auf das Textverarbeitungsprogramm während des Internetzugangs zuzugreifen (etwa um Texte oder Bilder aus dem Internet in eine Textverarbeitung zu kopieren)?
- Gibt es ein Bildprogramm (um Grafiken und Bilder aus dem Internet weiterverarbeiten zu können)?
- Gibt es eine Software, die das Ansehen von Videos und Filmsequenzen im Internet ermöglicht? (Z. B. Windows Mediaplayer)
- Gibt es eine Software, die das Anhören von Musikdateien ermöglicht (z. B. bei einer Vertonung von Gedichten)?
- Gibt es eine Software, die die Darstellung von interaktiven Sequenzen unterstützt?

Während des Unterrichts

Bei der Arbeit mit dem Internet ändert sich die Lehrer- und die Schülerrolle. Der Lehrer ist vornehmlich für die Lernorganisation zuständig und als Coach für die Schüler verantwortlich. Diese neue Lehrerrolle kann zunächst verunsichern, sollte aber vor allem als Chance gesehen werden: Man wird als Lehrer im Unterrichtsverlauf entlastet, es laufen nicht mehr alle Aktionen direkt über den Lehrer. Der Lehrer kann sich auf die Unterstützung der Schüler in deren weitgehend von ihnen selbst bestimmten Lernprozess konzentrieren. Man sollte als Lehrer auch durchaus die Fähigkeiten der Schüler nutzen und nicht unsicher werden, falls Schüler mehr Kompetenzen im Umgang mit dem Computer besitzen sollten. In der Regel bestehen diese Kompetenzen vor allem darin, den Computer richtig zu bedienen und im Internet surfen zu können. Im Bereich der effektiven Internetrecherche und im kritischen Umgang mit Informationen ist meistens auch auf Seiten der Schüler, die häufig den Computer nutzen, noch viel Nachholbedarf. Neu ist auch, dass der Schüler über den Internetzugang – anders als im traditionellen Deutschunterricht – prinzipiell einen unbeschränkten Informationszugriff hat.

Ein Vorteil für die Arbeit mit dem Internet besteht darin, dass Informationen mehrfach abrufbar sind, Schüler also parallel arbeiten können. Außerdem sind die Informationen prinzipiell jederzeit abrufbar, auf guten Seiten werden sie öfter aktualisiert, Links sind sofort verfügbar. Ein Problem für die Nutzung von aus dem Internet stammenden Informationen besteht darin, dass die Informationen nicht geprüft und natürlich in keiner Weise didaktisiert sind.

Internet als Rechercheinstrument

Das Internet wird in der Schule am häufigsten als Rechercheinstrument eingesetzt. Aufgabe des Unterrichts muss es dabei vor allem sein, zum effektiven und kritischen Umgang mit der Datenfülle im Netz zu befähigen. Es muss vermieden werden, dass Schüler Informationen aus dem Netz ungeprüft nutzen, sie brauchen Hilfen, angesichts der Überflutung von Informationen den Überblick nicht zu verlieren. Sinnvoll ist es daher, die Schüler von vornherein und schrittweise an Verfahren zu gewöhnen. Wichtig ist, dass ihnen das Vorgehen immer transparent ist, damit sie es für selbstständige Recherchen nutzen können. Das bedeutet: Im ersten Schritt gibt der Lehrer Rechercheziele vor, gibt die Webseiten, auf denen recherchiert werden soll, an, grenzt die Recherche durch gezielte Aufgabenstellungen ein. Damit wird das Verfahren eingeübt, die Schüler und Schülerinnen haben bei ihrer Suche aber auch vorhersehbare Erfolgserlebnisse. Wichtig ist eine anschließende gemeinsame Reflexion über das methodische Verfahren bei der Recherche. Immer sollten Internetrecherchen auf den Unterricht bezogen sein.

Eine gute Möglichkeit, den Umgang mit dem Internet zunächst spielerisch einzuüben, bieten vom Lehrer zusammengestellte Internetrallyes. Diese Rallyes beziehen sich im Idealfall natürlich immer auf den gerade im Deutschunterricht behandelten Unterrichtsgegenstand. Nach erfolgreichen vom Lehrer bestimmten Recherchen erlernen die Schülerinnen und Schüler schrittweise selbstständiges Vorgehen, wobei die Abfolge der Schritte festgelegt und immer gleich verlaufen sollte: 1. Vorgegebenes Rechercheziel genau erkennen bzw. selbst festlegen; 2. Suchstrategien festlegen; 3. Suchergebnisse bewerten, aus den Suchergebnissen lohnende Internetseiten/Linktipps selektieren; 4. Ergebnisse auswerten und Fundstellen archivieren (Archive mit Linklisten, Literaturverzeichnisse anlegen).

Für das Speichern von Suchergebnissen gibt es verschiedene Möglichkeiten, die den Schülern vorgestellt werden sollten und über die man sich vorher verständigen muss (Speichern auf dem Rechner, Speichern auf Diskette oder CD-ROM, Übertragung und Speichern in Dokumenten eines Textverarbeitungsprogramms).

Häufig werden die Schüler ihre Rechercheergebnisse direkt in ein Worddokument einbinden wollen. Die Verfahren hierfür müssen eingeübt werden (Kopieren von Text- oder von Bilddateien in ein Textdokument). Wichtig ist, den Schülern beizubringen, dass auch Texte aus dem Internet Quellen sind, die angegeben werden müssen. Hinweise für die übliche Zitierweise von Quellentexten aus dem Internet gibt es im Netz (z. B. bei *http://www.mediensprache.net/de/publishing/zitieren/* oder *http://www.student-online.net/zitieren.shtml*).

Recherche in Online-Lexika

Ist ein PC mit Internet-Anschluss im Klassenzimmer vorhanden, können aus dem Unterricht auftauchende Sachfragen direkt mit Hilfe von Online-Lexika geklärt werden. Das erspart Verzögerungen, wenn sonst die Recherche in der Bibliothek oder zu Hause stattfinden muss. Die Ergebnisse können im Unterricht unmittelbar weiterverwendet werden.

Tipps und Tricks 223

Es stehen eine ganze Reihe von Online-Lexika und Wörterbüchern zur Verfügung, die noch nicht kostenpflichtig sind, z. B.:
- Microsoft-Encarta-Lexikon: *http://encarta.msn.de/reference.Default.asp.*
- Bertelsmann-Lexikon: *http://www20.wissen.de/xt/default.do*
- einbändige Brockhaus: *http://xipolis.net/suche/suche_profi_form.php*
- Encyclopedia Britannica: *http://www.britannica.de*
- Langenscheidt Fremdwörterbuch: *http://www.langenscheidt.aol.de*
- Wortschatzlexikon der deutschen Sprache: *http://wortschatz.uni-leipzig.de*

Eine Auswahl von meist kostenpflichtigen Lexika findet man unter: *http://xipolis.net*

Einbindung von Internetrecherchen in Unterrichtssequenzen

Eine Internetrecherche sollte nie Unterrichtsgegenstand an sich sein, sondern immer sinnvoll in eine Unterrichtssequenz eingebunden werden. Nur so erwerben die Schülerinnen und Schüler im Umgang mit dem Internet Medienkompetenz in dem Sinne, dass sie das Internet als ein Medium unter anderen nutzen und sich jeweils nach dem Mehrwert eines Mediums fragen. Im Deutschunterricht bieten sich in jeder Jahrgangsstufe gängige Unterrichtssequenzen an, in denen sinnvolle Internetrecherchen eingebaut werden können, z. B.:

Klasse 5/6: Umgang mit der Bibliothek, Buchvorstellungen;
Klasse 7/8: Schülerzeitung erstellen, Umgang mit Zeitungen, Recherchen über Sachthemen zum Schreiben von Sachtexten
Klasse 9/10: Berufsvorbereitung, Referate und Facharbeiten schreiben, Recherchen zu Autoren und Hintergrundinformationen zu Lektüren, Recherchen zu unterschiedlichen Stoffsammlungen für Argumentationen und Erörterungen.

Internet als Kommunikationsinstrument und Arbeitsplattform

Durch das Internet als Kommunikationsinstrument eröffnen sich zahlreiche Kommunikationsmöglichkeiten vormittags im Unterricht oder nachmittags und abends ergänzend zum Unterricht. So können problemlos Schülerinnen und Schüler untereinander per E-Mail oder Chat kommunizieren, um ihre Hausaufgaben miteinander zu machen oder Gruppenarbeiten fortzusetzen.

E-Mails

Bei Projekten kann der Lehrer Aufgabenstellungen, Hilfen und Tipps per E-Mail verbreiten. Kontakte in der ganzen Welt können ohne großen Aufwand unterhalten werden. Kommunikation untereinander ist somit zeit- und raumunabhängig möglich. Bei der Arbeit mit E-Mail-Programmen in der Schule muss die Lehrerin klären, ob es möglich ist, für jeden beteiligten Schüler einen E-Mail Zugang einzurichten (bei vielen Schulservern ist das möglich!). Unter Umständen könnten sich die Schüler auch bei Providern kostenfreie E-Mail-Zugänge einrichten (z. B. über *http://hotmail. com; http://www.web.de; http://gmx.de*).

Im Internet findet man zahlreiche Anregungen und Beispiele für E-Mail-Projekte, teilweise aus dem Fremdsprachenunterricht, die sich aber auf den Deutschunterricht übertragen lassen: z. B. bei *http://www.goethe.de/z/ekp/deindex.htm*: Infos über den Ablauf von E-Mail-Projekten, Projektbeispiele, Entwurf eines Formulars, mit dem Partnerklassen für Projekte gesucht werden können) oder *http://lbs.hh.schule.de/Handreich/h1html* (Bildungsserver der Stadt Hamburg). Im „transatlantischen Klassenzimmer" (*http://www.tak.schule.de*) kann man an E-Mail-Konferenzen zu verschiedenen Projektthemen teilnehmen.

Das Chatten kann z. B. bei Projekten durchgeführt werden, wenn mehrere örtlich getrennt arbeitende Schüler in einer Gruppe zusammenarbeiten wollen. Möglichkeiten zum Chatten bestehen über das WWW. Unterhaltungen können durch Eingabe von Texten mit Hilfe der Tastatur geführt werden. Chatten über das IRC (Internet Relay Chat) funktioniert schneller als im WWW. Schülerinnen und Schüler nutzen zum Chatten häufig das Programm ICQ, das kostenlos erhältlich ist (*http://www.icq. com*).

Präsentieren im Internet

Das Internet bietet auch die Möglichkeit, die Ergebnisse eines Unterrichtsprojekts einer großen Anzahl von möglichen Lesern zu präsentieren. Wie bei Druckprodukten wird hierbei darauf zu achten sein, dass diese Präsentationen von Lesern außerhalb der Lerngruppe sicher nicht mehr ganz so wohlwollend betrachtet werden. Es sollte daher immer eine Auswahl getroffen werden und sprachliche Richtigkeit muss wie bei Printprodukten unbedingt vorliegen. Es zeigt sich aber auch bei der Vorbereitung von Texten für das Internet, dass die Veröffentlichung einen Anreiz zur sorgfältigen Textüberarbeitung und -verbesserung bietet. Für die Veröffentlichung von Texten im Internet müssen diese im HTML-Format geschrieben sein. Dazu muss man die HTML-Sprache nicht selbst beherrschen. HTML- Dateien werden am einfachsten mit Texteditoren erstellt, die ähnlich wie ein Textverarbeitungsprogramm funktionieren. Der Editor erstellt im Hintergrund – ohne dass der Nutzer es sieht – für alles, was auf einer Seite geschrieben wird, automatisch den entsprechenden HTML-Quellcode (z. B. Frontpage).

Im Netz gibt es eine ganze Reihe von Möglichkeiten, für den Unterricht einen virtuellen Klassenraum einzurichten. Darunter versteht man eine Arbeitsplattform, mit der Unterrichtsprojekte durchgeführt und deren Ergebnisse präsentiert werden können. Unter der Internetadresse www.lo-net.de können sich Lehrerinnen und Lehrer kostenlos registrieren lassen und haben dann die Möglichkeit, auf der Arbeitsplattform des lo-net Projekte durchzuführen und die Ergebnisse der Erarbeitung auch dort zu präsentieren. Innerhalb des eingerichteten Gruppenraums kann auch gechattet werden.

Will man für die Schule oder für eine Lerngruppe eine eigene Homepage einrichten, bekommt man über das lo-net ebenfalls Hilfe. Ohne über Programmierkenntnisse verfügen zu müssen, wird man in die Benutzung eines Homepagegenerators eingeführt. Schrittweise erhält man Anweisungen. Die Gestaltung einer einfachen Homepage kann so in 15 bis 20 Minuten möglich sein. Die so gestaltete Hompepage wird im lo-net platziert. Hilfen zur Gestaltung von Homepages und die entsprechende Software für eine einfache Gestaltung bieten aber auch viele Internetprovider an (z. B. T-Online oder Aol). Mit professionellen Programmen wie Dreamweaver von Macromedia hat man sehr viele Möglichkeiten zur Gestaltung, sie sind aber auch recht teuer und schwieriger zu handhaben.

Internet als Gegenstand der Reflexion

Für die Förderung der Medienkompetenz ist es wichtig, das Medium Internet im Deutschunterricht auch zum Gegenstand der Reflexion zu machen. Das heißt, dass das Internet nicht nur in den aufgezeigten Funktionen Recherchieren, Kommunizieren und Präsentieren genutzt werden soll, sondern dass das Nachdenken über einen sinnvollen Umgang selbst Unterrichtsgegenstand wird. Diese Reflexion kann jeweils im Anschluss an Internetnutzungen erfolgen, es sind aber auch in jeder Jahrgangsstufe kleine eigene Unterrichtseinheiten denkbar.

In Klasse 5/6 können sich die Schüler bereits zu Vor- und Nachteilen des Internets gegenüber anderen Medien bei der Recherche in Bibliotheken oder beim Nachschlagen in Wörterbüchern und Lexika äußern. (Thema: Wann nutze ich welches Medium?)

Bei Schülerinnen der 7. und 8. Klasse kann über die Veränderung der Kommunikation durch das Internet gesprochen werden (Themen: Vor- und Nachteile beim Schreiben von Briefen und E-Mails; Untersuchung von Unterhaltungen im Chat, am Telefon).

In Klasse 9 und 10 kann darüber diskutiert werden, ob es überhaupt sinnvoll ist, dass im Netz jeder alles publizieren kann (Themen: Soll das Netz wirklich jedem für eine Veröffentlichung zur Verfügung stehen? Soll es eine Zensur im Netz geben?).

In höheren Klassenstufen könnte man durchaus auch die Veränderungen durch neue Medien im Unterricht selbst bedenken. Auch Schülerinnen und Schüler stellen sicher fest, dass sich bei der Arbeit mit dem Internet die Lehrerrolle und ihre eigene Aktivität ändert. Hierüber könnten Diskussionen geführt werden.

Die Autorinnen und Autoren

Andreas Borrmann unterrichtet Deutsch, Mathematik und Informatik an der Herderschule in Rendsburg, arbeitet an der Lernwerkstatt Kiel in der Lehreraus- und -fortbildung und leitet die AG Mediencurriculum im Netzwerk Medienschulen einer Stiftung.

Dr. Sybille Breilmann unterrichtet Deutsch, Kommunikation und Spanisch am Berufskolleg an der Lindenstraße in Köln. Sie ist Lehrbeauftragte an der Universität zu Köln und hat verschiedene Beiträge zum Thema „Neuen Medien im Unterricht" veröffentlicht.

Dr. Inge Blatt arbeitet am Institut für Didaktik der Sprachen am Fachbereich Erziehungswissenschaft der Universität Hamburg.

Dr. Gerd Brenner unterrichtet Deutsch und Englisch an einem Gymnasium. Er ist Autor pädagogischer Bücher und arbeitet an Lehrwerken und Materialien (Print- und Lernsoftware-Produkten) mit.

Jan Diehm unterrichtet Deutsch, Geschichte und Politik an einem Gymnasium in Bonn. Er arbeitet an Arbeitsmaterialien für den Deutschunterricht mit.

Rainer Erhardt ist Lehrer für Deutsch und Englisch an einem Gymnasium in Nürnberg und er hat verschiedene Publikationen zur Integration der Neuen Medien in den Unterricht veröffentlicht.

Ute Fenske, Lehrerin für Deutsch und Geschichte, ist Schulbuch-Autorin im Fach Deutsch. Sie ist an der didaktischen Konzeption und Erstellung von Software-Produkten beteiligt und hat im Print- und Online-Bereich veröffentlicht.

Marco García García unterrichtete zunächst im DAF-Bereich und ist z. Z. Lehrbeauftragter für germanistische Linguistik am Institut für Deutsche Sprache und Literatur der Universität zu Köln.

Dr. Cordula Grunow unterrichtet Deutsch und ev. Religion an einem Gymnasium in Bonn, Sie hat an Lehrwerken (Sekundarstufe I und II) sowie an Lern- und Übungssoftware für die Sekundarstufe I und II für den Deutschunterricht mitgearbeitet.

Matthias Holthaus ist Lehrer für Deutsch, Chemie und Werte/Normen am Gymnasium Wildeshausen.

Christian Holzmann unterrichtet Deutsch, Englisch und Informatik am Rainergymnasium in Wien und hat einen Lehrauftrag am Institut für Anglistik und Amerikanistik der Universität Wien. Er hat an Englisch-Lehrbüchern und CD-ROMs mitgearbeitet und zur Kinder- und Jugendliteratur veröffentlicht.

Pierre Hornick ist Deutschlehrer am Athénée de Luxembourg, einem Gymnasium in Luxemburg.

Charles Meder ist Deutschlehrer am Athénée de Luxembourg, einem Gymnasium in Luxemburg.

Nino Moritz hat nach seinem Staatsexamen für Deutsch und Philosophie im Februar diesen Jahres das Referendariat am Studienseminar Troisdorf begonnen.

Dr. Günter Sämmer, Lehrer für Psychologie, Pädagogik und Mathematik ist Hauptseminarleiter am Studienseminar Sek. II in Köln; verschiedene Veröffentlichungen zum fächerübergreifenden Unterricht nach dem „Bergheimer Modell".

Dietmar Schade ist Lehrer am Evangelisch Stiftischen Gymnasium in Gütersloh und unterrichtet die Fächer Philosophie und Deutsch. Seit Februar 1999 unterrichtet er kontinuierlich in Laptopklassen.

Gerd Scheimann ist Diplompsychologe und beschäftigt sich seit über zehn Jahren mit der Konzeption und Entwicklung von multimedialen Lernangeboten.

Michael Schopen ist Deutschlehrer an einem Berufskolleg und Lehrbeauftragter an der Universität zu Köln. Zurzeit arbeitet für das Projekt Lehrer-Online bei „Schulen-ans-Netz e.V.".

Andreas Martin Schneider studiert Germanistik, Geschichte und Deutsch als Fremdsprache an den Universitäten Köln und Bonn. Er arbeitet zusätzlich als Deutschlehrer für Immigranten und Asylbewerber.

Petra Wamelink unterrichtet Deutsch und Französisch am Gymnasium Arnoldinum in Steinfurt.

Register

Abkürzungen 204
Adressatenbezug 170
Akronyme 204
Aktionswörter 204, 205
Anakoluth 204 f.
Anekdote 56
AOL-press 121
Arbeitsplan 79
Argumentation 223
Aristotelisches Theater 115
Audiodatei 29
Ausbildungsberuf, -platz 167, 168, 170, 171
Autorenbegriff 194, 198, 201
Autorenprogramm 109

Ballade 56, 57
Bearbeitungsmodus 143
Bericht 157, 174
Bertelsmann-Stiftung 97
Berufsbildende Schulen 167, 169
Berufsinformationszentrum des Arbeitsamtes (BIZ) 172
Berufswahl 163, 167, 171, 172, 223
Bewerbung 172
Bildbearbeitung, -gestaltung 118, 121, 128
Bilddatei 44, 119
Bildgedicht 50, 52
Bildsuche 58
Binnendifferenzierung 98
Boolísche Operatoren 60, 61
Browser 121, 127
Buchbesprechung, -präsentation 10, 63 64, 65
Bundesinstitut für berufliche Bildung (BIBB) 172
Bundeszentrale für politische Bildung 217

Charakterisierung 116
Chat-Kommunikation 202 ff., 208, 224
Checkliste 28, 22o
Clickfish 58
Clipart 45, 47, 50
CNN 36
Collaborative Writing 199
Comenius-Projekt 99
Computer als Lernwerkzeug 15

Computergedicht 199
Computerpädagogik 83
Computerspiel beschreiben, bewerten, vorstellen 215 ff.

Dadaismus 198
Dateiaustausch 166, 170
Dateiname 123
Datenbank, literarische 109
Deutscher Bildungsserver 219
Deutscher Industrie- und Handelstag (DIHR) 172
Dialogstruktur 204
Diktat 20, 21
Dinosaurier 14
Distanz, ironische, fiktionale 90 f.
Dokumentenmappe 160
Drehplan 105
Duden-Korrektor 142, 143

E-Mail 35, 36, 79, 80, 81, 92, 142, 145, 166, 200, 224
Emoticon 206, 207
Epische Texte 102
Ergebnissicherung 53, 62, 80, 222
Erörterung 223
Erzähltext 90
Excel 75
Expertenchat 169
Expressionismus 62, 198
Exzerpieren 184

Facharbeit 187, 223
Fachkonferenz 82
Fachübergreifender Unterricht 73, 74
Fehlerstatistik 21, 25
Fernsehen 31, 85
Filmmusical 73, 77
Flüchtlinge 154
Folien 63
Förderunterricht 25
Fortsetzungsgeschichte 89, 91, 153, 157
Forum 166, 169
Fotografie, digitale 70
Fotoroman,- story 77, 102, 108
Freiarbeitsstunden 24
Fremdenfeindlichkeit 149
Frontpage 44, 75, 81, 121

Funkvernetzung 74
FWU 219

Galerie 101, 115
Gattungstheoretische Fragen 195, 198
Gedichtautomat 198
Gedichte 67, 68
Gestaltungsmerkmale 125, 142
Gewalt 149, 152, 154
Glossar 77
Glosse 174
Grafikdatei 119
Grammatik 19, 21, 22, 24, 26, 75, 143
Groß- und Kleinschreibung 205
Gruppenarbeit 19, 26, 54, 159, 168

Handlungsorientierung 83
Hausarbeit, schriftliche 187
Hausaufgaben 25, 26
Hexen 40, 41
Homepagegenerator 164, 167, 170, 225
Hör- und Sehgewohnheiten 29, 34
HTML-Editoren 118, 121
HTML-Formatvorlage 125
Hyperfiction 192, 193, 195, 196, 200
Hyperkrimi 199
Hyperlink 95, 118, 137
Hyperlyrik 194
Hypermedia 121, 129, 194
Hypertext 44, 45, 93, 94, 138, 140, 192, 193, 194, 197

Ich-Erzähler 41
Ikon 206, 210
Index 206, 210
Indianer 13
Industrie- und Handelskammer (IHK) 169
Informationsbeschaffung 167, 169, 184, 212
Informationskompetenz 150
Informationsmedium 81
Informationsverarbeitung 151, 160, 167, 170, 185
Intel Lernen für die Zukunft 112
Interaktivität 110, 194
Internet 31, 40, 73, 74, 79, 81
Internet als Arbeitsplattform 223 f.
Internet als Gegenstand der Reflexion 225 f.

Internet als Kommunikationsplattform 223 f.
Internet als Präsentationsinstrument 224
Internet Explorer 121
Internetliteratur 192, 194, 195, 196, 199
Internetlyrik 194, 196, 197
Internetquiz 212
Internetralleye 212 ff., 222
Internetrecherche 29, 67, 76, 221 ff.
Internetzeitung 177
Interpretation, inszenierende 116
Intranet 76, 80, 81
ITG-Projekt 82

Journalistische Textsorten 173, 174
Jugend- und Medienforschung 83, 84, 85
Jugendbuch 10, 11

Kamera, digitale 102, 105
Katalog 9
Kinderbuch 40
Kinderprogramm 35
Kinofilm 78
Klassenarbeit 20, 21, 33
Klassenfahrt 115
Klassenpartnerschaft 97
Klassenrallye 215
Klassenzimmer, transatlantisches 224
Kommentar 174
Kommunikation 81, 168, 205
Kommunikationstheorie 208, 209
Konkrete Poesie 196, 197
Kontrollliste 160
Kooperation 99
Kopiervorgang 134
Kurzgeschichte 56, 102, 108

Laptop 73 ff.
Layout 95, 174
Learnetix 213
Lehrer-Online-Network 163, 172, 177, 218
Lehrkraft als Coach und Lernberater 23, 27, 221
Lehrpläne 82
Leistungsbeurteilung 25, 27, 68
Lektüre 40, 116
Lernerfolgskontrolle 25, 27, 186
Lernmedium 81

Register

Lernsoftware 16, 81, 219
Lernstrategie 185
Lesenacht 42, 43
Leseverhalten 42, 173, 175, 185, 197, 200
Linksitzung 132
Literaturbegriff, -verständnis 195
Lyrik 47
Lyrikgenerator 196, 198

Märchen 10, 214
Matchware Mediator 112, 121
Media literacy 83
Medien, digitale 19, 83, 114, 116, 184
Medienpädagogik 83, 84
Medientagebuch 27
Medienvergleich 174
Mediothek 79
Metasuchmaschine 62
Mind-Maps 80, 122, 130
Mitgliederliste 166
Mitschreibeprojekt 152, 193, 196, 200
Modularität 93
Multimedia 112
Mündlichkeit 202, 203

Nachrichten 29, 31, 35
Nachschlagewerke 81
Netscape Composer 121
Netscape Navigator 121
Nordirlandkonflikt 73, 75
Novelle 109

octOpus 121
Online-Lexika 223
Online-Zeitung 174, 177

Partnerarbeit 42, 54
Partnerschulen, europäische 92
pdf-Datei 114
Peirce, Charles 206, 207, 210
Phonologie 204
Porträt 174
PowerPoint 63, 65, 67, 68, 70, 71, 75, 80, 81, 107, 108
PPT 66
Präsentation 37, 43, 44, 62, 63, 64, 71, 74, 77, 80, 171, 184
Präsentationskompetenz 172
Präsentationsprogramm 34, 63
Printmedien 82

Print-Zeitung 177
Projekt 42, 62, 70, 75, 79, 105
Projekt Gutenberg 218
Projekthomepage 170
Protokoll 25, 59
Prozess- und Produktorientierung 42, 53, 85, 102
Pubertät 90

Quellenangabe 183, 222
Quickinfo 132, 139

Radio 31, 85
Radio Lilipuz 30, 36
Ralleye, thematische 213
Rassismus 148
Recherche 9, 56, 58, 59, 61, 74, 76, 168
Rechtschreibung 19, 21, 22, 24, 44, 75
Referat 153, 161, 223
Reflexion der Mediennutzung 70, 184, 186
Reflexion über Sprache 37
Regelsammlung 21
Regiebuch 107
Reichston 180 ff., 190
Reportage 174
Revisionsprozess 141
Rezeption 198, 205
Richtlinien 82
Robben 11 ff.
Rollenbiografie 158
Roman 73, 76, 97

Sachtext 12, 14
Sachthemen 10
Satire 87
Satzbau 170, 175, 176, 179, 204
Schreibaufgabe 181, 183
Schreiben, kreatives 47, 84, 90, 200
Schreiben, medienspezifisches 37, 54, 168, 171
Schreibkonferenz 126
Schreibkultur 140, 141
Schreibwerkzeug 74, 81, 141
Schriftlichkeit 202, 203, 205
Schriftstellerübung 143
Schrifttyp 45
Schulen ans Netz e.V. 163
Schülerverwaltung 164, 167
Schülerzeitung 223
Schulhausrundgang 115

Search&Play Plus 217
Sekundärliteratur 184, 185
Smiley 206
Sondersprache 207
Soundwörter 204, 205
Sozialformen 184
Soziolinguistik 208
Sportberichterstattung 174
Sprachebene 179
Sprachreflexion 202, 203
Sprachrichtigkeit 170
Sprachvarietäten 202, 203, 207
Sprachwandel 202 ff., 207
Spruchdichtung 181, 191
Standbild 116, 117
StarOffice 118
Stationen 89, 104
Steckbrief 93
Stiftung Lesen 78
Stilkompetenz 143
Sturm und Drang 115
Suchanfrage 56
Suchdienste 9, 55 ff.
Suchergebnis bewerten 10, 13, 29, 55, 59, 61
Suchmaschine 9, 10, 11, 12, 35, 55, 57, 59, 215
Symbol 206, 211
Szenische Darstellung 77, 80

Tabellenkalkulation 34
Tabulator 50
Tagebuch 76
Tageszeitung 174, 178
Teamarbeit 74, 101, 184, 185
Terminkalender 166
Text, Linearität 193
Textanalyse 22, 37, 145, 152, 173, 175, 177, 180
Texte, mediale Beeinflussung 178
Texteditor 225
Texteinheit 195
Textformen, kreative 86
Textkohäsion 170
Textmarke 137
Textproduktion 170, 175, 199
Textrezeption 175, 199
Textüberarbeitung 139, 140, 143, 144, 225
Textverarbeitung 38, 44, 81, 86
Textverarbeitungsprogramm 169
Theaterstück 59

Thesaurus 44
Thesenpapier 160
Tierschutz 58
Toleranz 149
Tonbandaufnahme 29
Tondokument 43, 68
Transnational Learning Network 100

Übungsprogramm 15 ff., 81
Unterrichtsmaterial 217
Unterrichtsprojekt 26
Unterrichtsvorbereitung 217 ff., 219, 221

Verbesserungsvorschlag 146
Verlinkung 124, 127, 132
Vernetzung 101
Verstehensfähigkeiten 181
Video 102
Virtuelle Lernumgebung 163, 168
Virtueller Klassenraum 163, 164, 169, 225
Virtuelles Lexikon 21
Visitenkarten 86, 91
Vorlagen (Wizard) 113

Walther von der Vogelweide 180 ff., 190
Wandzeitung 123, 124
Webkatalog 11, 12, 56, 57, 58
Webseite/Website 42, 43, 44, 45, 70, 75, 76, 77, 80, 167, 170, 172
Webspace 167
Werbung 121
Wertekanon, mittelalterlicher 183, 191
Word 44, 75
Wortarten 47, 50, 51, 170, 175
Wörterbuch 223
Wortschatz 175, 176, 179

Zeichensetzung 19, 21, 44, 205
Zeichentheorie 203, 206, 210
Zeitschrift 173
Zeitung 82, 83, 173, 223
Zeitungsanalyse 173
Zeitungstext 175, 177
Zentrale für Unterrichtsmedien im Internet (zum) 219
Zitierweise 222
Zivilcourage 149, 152, 156